영원히 철들고 싶지 않은 남자, **독립을 꿈꾸다**

프롬북스
frombooks

나는 비겁하고 한심하게 노인네 흉내로 세월을 허비하느라 스트레스 팍팍 받고 사는 불쌍한 남자들을 위해 이 책을 썼다. 용기 없는 바보멍청이 대다수 우리 남자들이 새 삶을 살 수 있기를 바라는 마음에서다.

매일 어깨춤이 절로 나오고 신바람 나는 마음으로 계단을 두세 개씩 펄쩍 뛰어오르며 비아그라가 없어도 여자를 녹다운(knockdown) 시키는 희열을 맛보게 하고 싶기 때문이다.

만으로 60이면 노인네 취급 받으며 환갑잔치하던 시절과 지금은 엄청난 차이가 있다. 지금 60이면 육체나 정신 모두 진짜 청춘이다. 100세 시대에 절반을 조금 넘긴 나이니 인생 70세 시대로 따지면 37세쯤 되는 청춘이다. 하지만 언론에서 떠드는 100세 시대와 나는 별개라고 생각하는지 40, 50대의 팔팔한 중년신사들이 노인네 행세를 하고 자빠졌다. 축 처진 어깨를 늘어뜨리고 불쌍한 척 할리우드 액션을 하는 거다. 눈뜨고 못 볼 지경이다.

노후를 준비하느라 걱정도 산더미다. 100세 시대에 40, 50대는 아직도 살아온 만큼 더 살아야 하는데, 이쯤 되면 정말 걱정도 팔자다. 미리부터 자식들 시집 장가 보내는 밑천 때문에 걱정을 달고 산다. '무자식 상팔자!'라는 말을 뼛속 깊이 공감하면서도 행동은 정반대로 하고 있다. 하지만 생각해보자. 왜? 부모가 자식 시집 장가를 보내줘야 하는가 말이다. 자기들 능력으로 결혼을 해야 맞는 것 아닌가?

왜? 자식들 대학등록금에 용돈까지 챙겨줘야 하나? 대학에 가기 전까지 키워줬고 첫 학기 등록금만 대주면 나머지는 자식들이 알아서 마련하도록 내버려두면 정말 안 되는 걸까? 남들이 다 그렇게 해주니까! 잘못된 집단적 사고방식을 걷어찰 용기가 없어서! 사서 고생하고 스트레스 받느라! 정작 내 인생은 썩어 문드러지고 있다. 영화 〈국제시장〉의 아버지(황정민 역)처럼 가족을 위해 희생하며 살아야 하는 시대는 지났다. 지금 그렇게 살면 비겁한 바보멍청이일 뿐이다.

나는 어떤 좌절과 어려움도 유쾌하게 놀며 시련을 극복한 이 시대 진정한 한량이라고 나 자신을 자평한다. 이혼한 지 오래돼 책임질 가족도 남지 않아 자유롭고 편하다. 이런 나는 사랑 없이 억지로 유지되는 결혼생활은 무의미하다고 늘 주장한다.

사랑도 없는 부부가 매일 지지고 볶고 투쟁하며 다 큰 자식들의 현재와 미래를 온전히 책임지느라 불쌍한 인생이 좀먹어가고 있다. 그러나 누굴 탓하랴? 노는 법을 배운 적 없으니….

제지회사를 경영했던 부유한 부모님 덕에 어린 시절 배운 피아노 연주가 수준급이라 여자 감동시킬 때 긴요하게 써먹곤 한다. 그러나 내 나이 20대에 일찍 돌아가셔서 그 혜택은 청년시절로 끝나고 말았다. 물려받은 막대한 재산도 지키지 못하고 모두 탕진하고 말았다. 하지만 30대에 시작한 주경야독(晝耕夜讀) 아니, 낮에는 공부하고 밤에는 일하는 지독하게 힘든 시절에도 특유의 낙천적인 성격은 변하지 않았다. 낮에 외국어로 공부하는 스트레스를 밤에 술집에서 일하며 풀었고, 술집에서 일하며 상한 자존심은 낮에 공부하며 만회했다. 천하의 한량 기질에 낙천적인 성격이 더해지니 너덜너덜 고난이었던 유학생활도 고생인 줄 모르고 해치워버렸다. 만약 부모님이 장수하셔서 부모님의 그 모든 혜택을 누렸다면 아마도 나는 몸이 망가지든, 정신이 망가지든, 둘 중 하나는 틀림없이 망가졌을 것이다.

사실, 본인의 행복을 위해서도 자식에게 쓸데없이 베풀면 안 되지만, 무엇보다 자식의 행복을 위해서도 부모로서 무모한 희생을 버려야 한다고 생각한다. 이제는 자기 행복을 위해 그야말로 '난리'를 쳐야 한다. 그래야 자식도 행복해진다. 부모의 희생은 더 이상 미덕이 아니다.

나는 정말 열심히 놀 줄 안다. 1996년 이혼하고 그동안 많은 여성들과 연애도 실컷했다. 그렇지만 아직도 연애와 사랑에 배가 고프다. 파란만장, 우여곡절 많던 인생도 이런 나의 행복을 가로막지 못했고, 지금은 그 어느 때보다 더 행복하다.

만약 하나님이 "봉규야~ 언제로 돌아가고 싶냐? 그때로 돌려보내 줄게."라고 물으신다면 나는 주저 없이 "전 지금이 제일 좋습니다. 절대로 과거로 돌려보내지 마세요!" 하고 애원할 것이다.

독자들도 지금이 가장 행복하고 앞으로 닥칠 매 순간이 지금보다 더 행복해질 수 있다. 이 책에서 대한민국 최고의 한량으로 자부하는 나의 즐겁게 노는 법, 행복해지는 노하우를 가감 없이 전할 테니 말이다.

바둑이나 당구도 고수에게 배우면 좀 더 빨리 그 수가 늘게 마련이다. 필자는 대한민국 최고의 한량이요, 재미있게 놀고 신나게 살기, 스트레스 받지 않고 행복 추구하기, 그러면서도 제멋대로 자존심 팍팍 세우기에 둘째가라면 서러워할 고수다. 행복도 만드는 법을 배워야 한다. 그리고 노는 것도 배워야 아는 거다. 비겁하고 쭈글스럽게 노인네 행세로 세월을 한심하게 보내고 있는 이 시대 불쌍한 중년들이여~ 인생은 지금부터다! 앞으로 50~60년을 째지게 재미있고 행복하게 살자!

마지막으로 지금껏 나를 보살펴준 누나, 지지해준 동생들, 나를 언제나 아빠라고 불러주는 딸, 이들에게 이 책을 바친다.

1장

Life 생각보다 더 비참한
남자의 자리

남자에게도 갱년기가 있다는 것쯤 이제는 누구나 들어 익숙해진 이야기다. 체력이 예전 같지 않고, 술 먹은 다음날이면 어김없이 물건(?)에도 힘이 좀 빠진 듯하고, 별것 아닌 일에도 위축되고 자존심이 상하는 등 그 증상도 명명백백 자주 들었다. 그러나 남자에게는 분명 밤일에 대한 두려움 말고도 복잡하고 미묘한 감정이 많다. 그도 그럴 것이 오로지 자신만을 위한, 자신의 행복만을 위한 시간이나 설계를 해본 적 없으니, 현실과 이상 사이에서 삶에 회의가 느껴질 수밖에.

2장

Enjoy ## 화끈하게 던져라!
그리고 신나게 놀아라

여자들만 연예인을 부러워하는 건 아니다. 티를 안 낼 뿐이다. 다만 아예 따라갈 수 없으니 나와는 상관없는 딴 세상 사람들로 생각해 버린다. '저건 사람의 몸이 아니지', '우리와는 다른 탁월한 유전자를 물려받은 존재들이야' 하면서 말이다. 그렇다면 당신은 축 처진 뱃살과 펑퍼짐한 엉덩이를 가진 아저씨 몸매로 평생을 살아가야 한다.

3장

Love 남자의 사랑,
이렇게 시작하라

사랑하는 여인과 하루라도 떨어지기 싫어서 결혼했듯이 그 여인과 살아보니 언젠가부터 하루하루가 지옥이라면 이혼이 상책이다. 그것이 행복하게 사는 길이다. 100세 시대라고 해도 인생은 너무나 짧다. 망설일 시간이 없다. 배우자를 미워하는 시간은 절대적인 낭비다. 우리에게 주어진 인생의 시간은 가슴 시리도록 사랑하기에도 부족하다. 내가 즐겁고 행복해야 마누라도 있고 자식도 있고 세상도 있는 것이다.

4장

Men 이기적으로 사는 남자들
—이봉규가 본 남자들의 노는 법

미친 듯 자기 인생을 사는 남자들이 있다. 그렇다고 가족이 없는 것
도 아니고, 자식이 없는 것도 아니다. 이들은 자신들이 원하는 삶을
꾸리는 데 비상한 재주가 있는 사람들이다. '한세상 살면 얼마나 산
다고 남의 비위 맞추면서 살다 가겠냐'고 꾸짖기라도 하듯, 원 없이
자기 인생을 힘껏 누리는 남자들이다. 겁낼 것 없다. 가정을 버려야
가능한 일도 아니고 자식을 버려야 가능한 것도 아니니까. 그저 행복
에는 '용기'가 필요하다는 것만 알면 된다.

5장

Play 남자여, 이제부터 미친 듯이 놀아보자

아무리 착하고 순종적인 여인일지라도 내가 원하는 대로 행동해주지는 않는다. 그러나 이들 AV 스타는 내가 필요할 때 언제든지 나타나 나를 즐겁게 해주고 내 마음에 꼭 맞게 행동하고 나를 따라준다. 때로는 컴퓨터를 통해, 때로는 스마트폰을 통해 그녀들은 나에게 최상의 만족과 행복감을 선사한다. 그래서 나는 거의 매일 그녀들을 만나면서 마음속의 연인으로 삼는다.

내 인생에
황금 펀치를 날려라!

내가 무엇을 좋아했고, 무엇을 하면 행복했는지 스스로에게 물어보
자. 그리고 이제 자신에게 이렇게 말해주자. '이제 너 자신을 위해
행복하게 살아도 된다'고 말이다. 중년 이후 50년. 남은 인생을 행
복하게 살 것인지, 아니면 불행하게 살 것인지는 지금 당신의 선택
에 달려 있다.

Life

1장

생각보다 더 비참한
남자의 자리

남자에게도 갱년기가 있다는 것쯤

이제는 누구나 들어 익숙해진 이야기다.

체력이 예전 같지 않고,

술 먹은 다음날이면 어김없이

물건(?)에도 힘이 좀 빠진 듯하고,

별것 아닌 일에도 위축되고 자존심이 상하는 등

그 증상도 명명백백 자주 들었다.

그러나 남자에게는 분명 밤일에 대한 두려움 말고도

복잡하고 미묘한 감정이 많다.

그도 그럴 것이 오로지 자신만을 위한,

자신의 행복만을 위한 시간이나 설계를 해본 적 없으니,

현실과 이상 사이에서 삶에 회의가 느껴질 수밖에.

1
아!
눈물아

중년남성의 적 '갱년기'

얼마 전 집에서 「행복」이라는 영화를 보면서 펑펑 운 적이 있다. 시한부 인생을 사는 여자 주인공의 사연과 삶이 안타깝고 마음 아파서였다. 그런데 한참을 울다가 나는 황당할 수밖에 없었다.

'이 영화는 이미 본 영화가 아닌가? 게다가 같은 대목에서 또다시 울다니…내가 왜 이러지?'

아줌마들 보고 깜빡깜빡한다고 손가락질할 일이 아니었다. 나 역시 언젠가부터 금방 들은 것도 깜빡 잊는 일이 잦아졌다. '어제 내가 누구를 만나서 무슨 얘기를 했지?' 한참을 생각해야 겨우 기억해낼 정도다. 걱정스러운 건 이른바 정치평론을 한다는 사람이 주요 정치인들의 이름도 잊어버릴 때가 많아졌다는 것이다. 이러다

TV 출연 중에 말문이 막혀 창피를 당하지 않을까 겁이 날 정도다. 그뿐인가? 실수도 많아졌다. 괜한 일에 욱해서 사람들과의 관계가 어색해지기도 하고, 별것 아닌 일로 노여움을 타는 경우도 많아지면서 뒤끝 있는 사람이 돼버렸다.

"이 박사님, 무슨 일 있으세요? 안색이 좋지 않아요?"

가끔 같이 일하는 작가들이나 동료 출연자들이 조심스럽게 물어본다.

"아니 그런 일 없는데…?"

하지만 가만히 생각해보면 언젠가부터 짜증이 많아졌고 마음이 괜히 불안하고 초조하다. 하루 종일 업무에 지쳐 피곤한데도 방 안을 서성거리거나 쓸데없는 걱정들로 잠을 못 이룰 때가 많다. 그러다 삶의 회의감이 몰려오기도 한다.

'그동안 무엇을 위해 달려왔지? 지금 나에게 남은 건 뭔가…?'

후배들이 술이나 한잔하자는 데도 선뜻 대답을 못하고 주머니 사정을 먼저 생각한다. 그러다 '언제부터 내가 이렇게 소심한 짠돌이가 된 거지?' 하면서 우울해지고 만다. 40대를 넘기면서 성격이 변한 것이다. 다행스러운 건 그게 다 갱년기 증상이라는 것이다.

갱년기에 들어서면 정신적 변화뿐만 아니라 신체적 변화도 찾아오게 마련이다. 아침에 눈을 뜨고 숟가락을 들려고 하는데, 이 별거아닌 숟가락이 돌덩이처럼 무겁게 느껴질 때가 있다. 남자는 숟가락 들 힘만 있으면 섹스를 한다는데 왠지 나에게만은 해당이 되지않을 거 같아서 불안해진다. 평소에는 박박 잘 감는 머리도 이때만큼은 팔을 들 힘조차 없어 감는 둥 마는 둥 하게 되고 조금만 걸어도 숨이 차고 기력도 없다. 상처가 나서 약을 발라도 잘 낫지 않는 내 몸에 연민마저 느껴진다.

여자들은 갱년기가 되면 가족들로부터 위안도 받고 도움도 받지만, 남자들은 창피해서 어디에다 하소연도 못한 채 혼자서 속앓이를 할 수밖에 없다. 여자들은 원래 남자들에 비해 약한 존재라는 인식이 있지만, 남자는 자신의 약해진 모습에 자존심이 상하고 스스로 상처를 받는다. 그래서 더 우울감을 느끼게 되는지 모른다.

발기가 잘 되지 않고 성욕 감퇴가 느껴지는 순간!
키가 좀 줄어든 건 아닌가, 느끼는 순간!
기력이 좀 떨어졌나, 하는 순간!
자주 울적해지거나 불안감이 들고 괜히 짜증을 내는 순간!
식사 후에 바로 '졸리다'라고 느껴지는 순간!
어제는 10kg 아령을 들었는데, 오늘은 버겁다고 느껴지는 순간!
삶이 고통스럽다고 느껴지는 순간!

내가 갱년기라고 느낀 순간이었다.

제발 좀 발딱 서다오!

내 친구 가운데 하나도 갱년기를 겪으며 딴사람이 된 듯했다. 평소에 그렇게 얌전하던 사람이 운전 중에는 괴물이 되어버린다. 앞차가 조금이라도 방해가 된다거나 갑자기 끼어들면 고래고래 소리를 지르며 욕설을 한다. 같이 술을 마시다가 옆 테이블 사람들이 좀 시끄럽게 떠들면 시비라도 걸 기세로 까칠하게 군다. 그러던 그가 하루는 집에 들어가기 싫다며 심각하게 속내를 털어놓았다.

"아침에 와이프랑 한바탕 하고 나왔어…."

"왜?"

"아침을 먹으라고 밥을 차려놨는데…기가 막혀서…숟가락 집어 던지고 나왔잖아."

아내가 차려준 아침 밥상이 예전 같지 않아 자신을 무시하는 것처럼 느껴진다고 털어놓았다.

딱히 무슨 일이 있었던 것은 아닌데 요즘 아내의 행동을 보면 그렇게 느껴진다는 거였다. 당시에는 '이 친구가 왜 이렇게 변했나' 싶었는데 생각해보니 그게 다 갱년기 탓이었다. 젊었을 때는 매사에 자신감이 있으니 모든 걸 그냥 쿨하게 넘길 수 있었지만 갱년기가 되면 이렇게 달라진다.

물론 사람들마다 차이는 있겠지만, 독자들도 아래의 체크리스트에 따라 스스로를 한번 진단해보기 바란다.

① 나는 성적 흥미가 감소했다.   예   아니오

② 나는 기력이 몹시 떨어졌다.   예   아니오

③ 나는 근력이나 지구력이 떨어졌다.   예   아니오

④ 나는 키가 줄었다.   예   아니오

⑤ 나는 삶에 대한 즐거움을 잃었다.　　　　　　　예　　아니오

⑥ 나는 슬프거나 불안감이 있다.　　　　　　　　예　　아니오

⑦ 나는 발기 강도가 떨어졌다.　　　　　　　　　예　　아니오

⑧ 나는 운동할 때 민첩성이 떨어졌다.　　　　　예　　아니오

⑨ 나는 저녁식사 후 바로 졸리다.　　　　　　　예　　아니오

⑩ 나는 일의 능률이 떨어졌다.　　　　　　　　　예　　아니오

1번 혹은 7번 질문에 또는 그 이외 다른 질문에 세 개 이상 예인 경우 의심

* 출처: 세인트루이스 대학교, ADAM 설문지.

샤워할 때 벗은 몸을 보면 뱃살뿐 아니라 엉덩이마저 처져 있고 허벅지는 가늘어져 있다. 그러다 보니 옷을 입어도 예전 같지 않아서 폼이 나지 않는다. 어디 그뿐이랴? 젊었을 때는 술을 아무리 많이 마셔도 하루 자고 일어나면 아무렇지 않았는데, 이젠 그 후유증이 몇날 며칠 이어져 업무에까지 지장을 받는다. 무엇을 해도 예전 같지 않다 보니 '이젠 정말 내가 다됐구나…' 낙담하면서 강철 같았던 마음이 실바람에도 흔들리게 된다. 특히 젊었을 때 여자들에게 인기가 많았던 남자일수록 좌절감과 상처는 더 커질 것이다. 나 역시 그랬다.

뭔가 처방이 필요해 병원을 찾아도 의사들은 하나같이 들으나마나 한 이야기를 한다.

"술, 담배 하시죠? 건강하게 오래 사시려면 둘 다 끊으세요. 그리고 될 수 있으면 스트레스를 줄이고 운동하세요~."

의사의 진단인즉슨, 다른 말로 갱년기를 앓고 있어도 뾰족한 처방이 없다는 것이다. 스스로 몸과 마음을 건강하게 만들어 잘 이겨내는 수밖에 없다.

갱년기를 맞은 내 또래의 중년남자들을 보면 많이 약해지고 위축되어 있다. 차라리 70대의 노인이라면 모든 것을 포기하고 건강이나 잘 챙기면서 노년을 보내야지, 하고 마음먹으면 된다. 하지만 40, 50대는 아직까지 청춘이라고 생각하기에 이렇게 변해가는 자신의 모습에 용서가 안 되는 것이다. 내가 늙는다는 사실을 인정하고 싶지도 않고, 내가 변하고 있다는 사실을 받아들이기도 힘들다. 그러나 갱년기가 왔다고 '이젠 남자로서 끝난 거 아닌가' 하고 너무 우울해 하거나 낙담하지 말자. 여성의 갱년기가 호르몬의 변화에서 비롯됐듯이 남성의 갱년기 역시 마찬가지다. 여성은 50세 전후에 난소에서 여성호르몬 분비가 급격히 저하되면서 갱년기가 온다고 한다. 여성의 경우 증상이 뚜렷하다.

"덥다고 부채질을 한다. 얼굴이 자주 붉어진다. 밤에 잠을 이루지 못하고 왔다갔다 한다. 자주 짜증을 내고 무기력해진다. 신세 한탄을 유독 많이 한다. 그리고 월경이 끊어졌다고 한다." 아내가 이런 증상을 호소하면 '갱년기가 왔구나' 생각하고 옆에서 잘 다독여주고 잘 극복할 수 있도록 도와주어야 한다.

남성의 경우도 남성호르몬인 테스토스테론의 분비가 저하되면서 갱년기 증상이 나타나는 것인데, 여성과는 달리 그 증세가 미미하다.

"성욕이 떨어지고 활력이 감소한다. 우울한 느낌과 무기력감이 반복해서 나타난다. 피로감이 가시지 않는다."

남성의 경우 호르몬 분비가 여성과 달리 아주 서서히 감소된다. 따라서 이런 증상의 원인이 호르몬 감소에 있다고 느끼지 못하고 신체기능의 저하나 노화에서 비롯된다고 느끼게 된다. 그래서 남성은 갱년기가 도래했다는 사실을 느끼지 못하는 것이다.

집에 일찍 가서 뭐하지?

중년의 남자들은 이제 어디에서고 더 이상 주인공이 아닌 조연이다.

"김 과장, 최 대리…오늘 점심 뭘 먹을까?"

"아…전 오늘 약속 있는데요."

"저도 오늘 외부 미팅이 잡혀서 나가봐야 합니다."

직장에서 점심시간이 되면 자주 벌어지는 풍경이다. 어쩌다 같이 식사를 하러 나가면 마치 후배들이 나와 함께 밥을 '먹어주는' 느낌을 받는다. 밥값은 당연히 내가 내는데 왠지 눈치를 보는 느낌이랄까? 퇴근길에 술을 한잔하고 싶은데 선뜻 말을 꺼내기가 쉽지 않다. 거절당할 것 같은 두려움 탓이다. 30대까지만 해도 퇴근길이면 누가 먼저랄 것 없이 '삼겹살에 소주 한잔' 하면서 회사 돌아가는 얘기며 세상 살아가는 얘기를 함께 나눌 사람이 많았는데 말이다. 부장으로 승진하고 나서부터는 왠지 소외당한 것 같아 외롭고 쓸쓸하다. 일을 할 때도 마찬가지다.

젊었을 때는 열정적으로 일한 만큼 성과가 나타났고, 내 아이디어가 받아들여지면서 뭔가를 추진하고 그렇게 탄력을 받아 또다시 열심히 일을 했었다. 그런데 중책을 맡은 이후부터는 왠지 부하직원들 눈치를 보게 된다. 언제부턴가 후배들이 다 차려놓은 밥상에 숟가락 하나를 얹어놓는 파렴치한 퇴물로 취급받는 느낌이 들기도 한다. 어쩌다 아이디어를 내면 구식이라는 핀잔을 듣기도 한다. 몸은 편한데, 어쩐지 작아져만 가는 자신의 역할에 위축되어가고 있다. 젊었을 때는 그 위치에 가고 싶어서 안달이었지만 막상 가보고 나니 소외감만 느끼기 일쑤고, 너무 간섭을 하면 뒤에서 내 욕을 하는 것이 느껴진다. 그야말로 진퇴양난이다.

"오늘 좀 일찍 퇴근할 거 같은데, 집에 가서 저녁 먹으려고…"

"안 되는데~저녁 먹고 오면 안 돼요? 오늘 애들이 학원 갔다 늦게 오는 날이라 저녁 안 하고 대강 때우려고 했는데…"

언제부턴가 집안의 주도권은, 내가 아닌 아이들 위주로 돌아가는 중이다. 젊었을 때는 내가 가정의 주도권을 잡고 있었고 내가 주인공이었다. 그런데 40대부터는 주도권이 아내한테 넘어가더니 자식들이 커가면서 아이들이 주인공의 자리를 차지하게 됐다. 빛나는 조연도 내가 아닌 아이들 엄마다. 열심히 돈을 벌어다 주는데도 가장인 중년남성은 이제 엑스트라 같은 존재가 돼버렸다. 그런 현실이 중년남성들을 더없이 서럽고 외롭게 만들고 있다.

요즘 위태로운 중년남성을 다룬 기사들이 신문의 사회 면에 심심치 않게 등장한다. 남성, 특히 우리나라 중년남성의 자살률은 다른 OECD 국가들보다 훨씬 높은 편이다. 여성들보다 두 배나 많은 수치다. 전문가들은 이 같은 자살률에 대해 우리나라 중년남성들이 받는 사회적·경제적·심리적 압박이 상대적으로 큰 탓으로 분석

한다. 우리나라 중년남성들은 실직이나 사업실패 등 경제적인 문제에 직면하면 모든 책임을 혼자서 짊어져야 한다고 생각한다. 더구나 그동안 돈을 번다는 이유로 가족들과 소원하게 지냈기에 가족들에게 솔직히 털어놓고 함께 해결할 엄두조차 내지 못한다. 결국 혼자서 이런저런 고민을 하다가 탈출구를 찾지 못하면 자살한다는 것이다.

자살 얘기는 우리나라 중년남성이 처한 현실을 단적으로 보여준다. 그만큼 경제적 압박과 부담감이 크다는 얘기다. 가정을 위해 한평생 열심히 달려왔건만, 정작 자신의 노후를 위해 해놓은 건 하나 없는 게 현실이다. 부유층이라든가 자식들을 다 출가시키고 자식농사를 제대로 끝낸 사람들은 열외겠지만, 아직 자식들이 학생이거나 결혼 전이라면 앞으로 돈 들어갈 걱정이 태산이다. 한평생 뼈 빠지게 고생하며 일해왔는데 그 돈은 도대체 다 어디로 간 걸까? 앞으로 얼마나 더 직장생활을 할지 장담할 수 없는데, 자식 걱정뿐 아니라 노후 걱정에 긴 한숨만 나온다. 그것이 우리 중년남성의 현실이다.

2014년 3월. 미국 워싱턴 자살예방자원센터(SPRC)에서 특별한 세미나가 열렸다. 주제는 경제적 어려움을 겪는 '중년층 자살 고위험군들을 어떻게 도와줄 것인가' 하는 것이었다. 중년층의 정신건강뿐 아니라 실직, 은퇴, 이혼 등 사회적 어려움을 해결할 수 있는 노하우에 초점이 맞춰졌다. 나는 관심 있게 이 기사를 읽어봤다. 하지만 이렇다 할 결론이 없다는 사실에 실망하지 않을 수 없었다. 이 세미나에서 내놓은 답은 중년을 위한 시스템을 구축해야 한다는 것이었다.

'당신은 혼자가 아니다', '내일이 오늘보다 낫다'라는 확신을 심어줄 수 있도록 사회적인 시스템을 만들어야 한다는 것이다. 하지만 구체적인 실천 방안이 없었다. 사실 이런 문제는 국가적으로 나서서 해결해야 할 문제인지 모른다. 실직이나 은퇴 같은 문제를 더 이상 개인에게만 맡기지 말고 국가가 사회복지 차원에서 함께 고민하고 해결해야 하지 않을까? 어쨌든 이제 세계적으로 관심을 가질 만한 문제가 됐다니 반가운 일임에는 틀림이 없고, 가까운 시일 내에 좋은 소식이 들려오길 바랄 뿐이다.

나는 그동안 누구보다 열심히 살아온 중년남성들이 좀 더 행복해졌으면 좋겠다. 그리고 다른 누군가를 위하지 말고 중년남성 자신을 위한 삶을 살았으면 좋겠다. 남자들이 나이를 먹어간다는 것, 그것이 어떤 의미일지 자연스럽게 받아들이면서 말이다. 많은 이들은 '청춘 예찬'을 외치며 젊은 시절로 돌아가고 싶다고 말하지만 나는 차라리 나이를 먹는 것이 좋다. 치열하게 살지 않아도 되고, 큰 꿈을 꾸지 않아도 되니까 말이다.

물론 중년 이후에 또 다른 꿈을 갖고 더 열정적으로 멋진 삶을 살아가는 사람들이 많다. 귀농을 해서 억대 부를 이룬 사람도 있고, 직업교육을 받아 요리사가 된 뒤 멋진 레스토랑을 경영하는 사람도 있다. 인생 2막을 새롭게 준비해 더 즐겁고 멋진 인생을 살아가는 사람들은 얼마든지 찾아볼 수 있다.

인생은 마라톤과 같다. 그리고 이제 우리는 겨우 반환점에 이르렀을 뿐이다. 하루가 24시간이라면, 우리는 이제 막 점심시간을 맞이했을 뿐이다. 아침 9시까지 출근하는 비즈니스맨이라면 오후와 저녁 일과가 더 많이 남아 있는 셈이다. 지금의 상황이 불만족스럽다고 해서 포기할 필요는 없다. 마음을 느긋하게 먹고 인생을 좀 더 멀리 내다보며 그렇게 즐기면서 완주하자. 때로는 한눈도 팔고, 때로는 게으름도 피우면서 말이다. 당신 인생의 주인공은 바로 당신이니까!

2
가정인지 집구석인지
헷갈리는 집

아이구, 이 불쌍한 중생을 봤나!

1990년대 초반 「사랑이 뭐길래」라는 드라마가 인기리에 방영된 적이
있다. 김수현 작가가 집필한 이 드라마는 많은 이들의 사랑을 받으며
당대 최고의 시청률을 기록했다. 이 드라마에서 내가 가장 인상 깊게
기억하는 건 바로 이순재가 역할을 맡은 '대발이 아빠'였다. 가부장
적이고 고지식한 성격의 아버지로서, 그는 집안의 모든 대소사를 마
음대로 결정하며 가족들에게 독재자로 군림했다. 다소 억지스럽고
과장된 캐릭터였지만 유교문화가 짙게 배어 있는 우리의 정서상 현
실과 크게 동떨어진 아버지의 모습은 아니었다. 아마 당시 중년남성
들은 그런 대발이 아버지의 모습을 마음속으로 동경했을지 모른다.

그런데 언젠가부터 우리 시대 중년 가장의 모습을 생각하면 씁쓸

한 기분을 감출 수가 없다. 몇 년 전, 친하게 지내던 후배가 술 한잔
하자며 나를 찾아온 적이 있었다. 몹시 어두운 표정이었다.

"무슨 일 있어? 밥은 잘 챙겨 먹고 다니는 거야?"

"네…그런데 어떡해야 할지 모르겠어요. 어제 애들 엄마한테 전
화가 왔는데 거기서 더 지내야겠다고…지금은 들어올 수 없다네
요…도통 말이 안 통하네요."

그 후배는 3년 전 처자식들을 미국으로 유학 보내고 혼자서 기러
기 아빠로 지내고 있었다. 살던 아파트를 전세 주고 자기는 자그마
한 원룸을 얻어 근근이 생활하는 중이었다. 자신이 받은 월급은 거
의 다 미국으로 송금하기 때문에 술 한잔 마음 놓고 못 먹을 정도로
궁색한 생활을 해야 했다. 조금만 참으면 아내와 아이들이 돌아온
다는 바람으로 힘든 생활을 견뎌왔던 것이다. 그런데 별안간 아내
와 아이들이 돌아오지 않겠다니, 이 무슨 말도 안 되는 소리일까?

"아이들이 미국에서 대학을 가고 싶다고 고집하는 데다가 애들
엄마도 돌아오기 싫대요. 그 문제로 몇 달 전부터 충돌하고 있는데
도저히 내 말이 안 먹혀요. 어떡해야 할지 모르겠어요."

"아니 어떻게 제수씨가 그럴 수가 있어! 여기 있는 자네 생각은
조금도 안 한다는 거야? 안 된다고 당장 들어오라 그래!"

나도 모르게 역정이 나서 후배한테 버럭 소리를 지르고 말았다.
가족들과 떨어져 홀로 기러기 아빠 생활을 3년이나 해온 것도 대단
한데, 그 지옥 같은 생활을 어떻게 더 하란 말인가? 내 후배가 무슨
돈 벌어주는 기계인가? 제수씨와 아이들이 너무 괘씸하기만 했다.
하지만 결국 후배의 가족들은 돌아오지 않았고, 성격 좋고 인물 좋

앉던 그 후배는 점점 사람들 사이에서 멀어져갔다. 그리고 언젠가 부터는 연락도 끊긴 채 이따금 흉흉한 소문만 들려왔다. 결국 이혼을 하고 홀로 지내고 있다는….

요즘 이런 기러기 아빠들이 너무나 많다. 물론 그 가운데는 아이들의 교육을 위해 정말 기쁜 마음으로 뒷바라지하고 또 좋은 결실을 맺는 경우도 많다. 하지만 많은 기러기 아빠들을 보면 너무나 쓸쓸해 보인다. 회사에서 열심히 일하고 퇴근해도 따뜻하게 맞아줄 가족이 없어서인지 무척이나 외로워한다. 가족은 어쨌든 함께 살아야 한다고 나는 생각한다. 좀 부족해도 함께 부대끼고 살면서 추억도 함께 만들고 어려운 일도 함께 겪어야 한다고 생각한다. 그게 진짜 가족이 아닐까? 아무리 직장생활이 힘들어도 나를 따뜻하게 맞아줄 아내와 아이들이 있기에 힘을 얻고 위로를 받을 수 있는 것이다. 중년남성에게 가정은 그런 곳이다.

사회생활을 하면서 여기저기서 치이더라도 내가 마음 편히 쉴 수 있는 유일한 곳, 언제나 내 편이 되어주는 아내와 나를 믿고 따르는 아이들이 있는 곳, 그렇기에 가장의 무게가 다소 버겁고 무겁더라도 기꺼이 그 짐을 질 수 있는 것이다.

우리는 돈 버는 기계가 아니라고

"남편이 집에서 삼시 세 끼 찾으면 삼식이, 두 끼 찾으면 두식이, 한 끼도 안 먹어야 영식이, 즉 영원한 식구로 대접받는다."

이런 우스갯소리가 괜히 나온 말은 아닌 듯하다. 요즘은 중년남성들이 가정에서 제대로 대접을 못 받고 사는 것 같다. 평생 가족을 위해 헌신했건만 언젠가부터 아내뿐 아니라 아이들한테도 귀찮은 애물단지로 전락해버리고 말았다.

한번은 TV에서 광고를 보고 나도 모르게 씁쓸하게 웃던 기억이 난다.

'아내가 바쁘게 외출 준비를 끝내고 하릴없이 집 안에 남아 있는 남편에게 한마디 외친다. '여보 곰국 끓여놨으니 챙겨서 드세요.' 주방에는 가스레인지 위의 커다란 들통에서 곰국이 팔팔 끓고 있다.'

늦게 들어올 테니 남편더러 알아서 끼니를 챙겨 먹으라는 말이다. 남자들은 아내가 사골국을 끓이기 시작하면 싫어한다. 아내가 장기간 집을 비우거나 귀가가 늦을 테니 '알아서 끼니를 때워라' 하는 뜻이기 때문이다. 한창 돈 벌어다 줄 때 살뜰히 끼니를 챙겨주던 아내의 손길이 그리워지는 순간이다.

중년의 나이가 되면 남편과 아내의 생활 사이클이 바뀌는 것 같다. 하루가 멀다 하고 술자리에 골프 모임에, 바깥으로만 나돌던 남성들은 집에 있는 시간이 많아진다. 반면 여자들은 외출이 잦아진다. 젊은 시절 남편과 아이들을 위해 뒷바라지하느라 자신을 돌아볼 틈이 없었기 때문일까? 중년여성들은 동창회, 동호회 같은 각종 모임에서부터 취미생활에 이르기까지 매일매일 일정이 빡빡하다. 상황이 이러니 집에 들어가도 아내는 없고 아이들은 자기 방에서 뭔가를 하느라 아버지가 들어와도 본체만체한다. 서운하고 화가 날 때도 있지만 가정의 평화를 위해 쿨하게 참아야 한다. '가장 대접을 이렇게 할 수밖에 없어?' 하고 큰소리를 치고 싶지만 '남자는 좀스럽지 않고 마음이 너그러워야 하니까' 말이다.

좀 더 우울한 이야기를 해야겠다. 돈을 많이 벌어다 주는 남편이 아내에게도 대접을 받는다는 연구결과가 나왔다고 한다. 여기서 아내에게 대접을 받는다는 건 '성관계 횟수'를 의미한다.

독일의 한 연구기관이 그리스에 거주하는 7500명의 시민을 대상으로 수입과 성관계 횟수의 상관관계를 조사했다고 한다. 그 결과 일주일에 네 번 이상 성관계를 하는 부부가 그렇지 않은 부부보다 평균 5% 이상 수입이 많은 것으로 나타났다. 또한 성관계를 많이 하는 부부가 정서적으로 소통이 잘되어 정신건강에 좋은 영향을 미치는 것으로 나타났다고 한다. 이러한 연구결과에 대해 나는 남자라서 그런지 왠지 기분이 씁쓸하다.

결국 돈을 잘 버는 사람이 부부관계를 더 많이 한다는 얘기 아닌가? 물론 부부관계가 원만하니까 사회활동 역시 잘한다는 해석이 가능하지만, 뒤집어서 말하면 돈 많이 벌어오는 남편이 아내에게 사랑받는다는 뜻 아닌가 말이다. 내가 이런 생각을 하는 데에는 나름의 이유가 있다. 내 친구 가운데도 그런 경우가 있었기 때문이다.

"내가 뭐 돈 벌어주는 기계도 아니고…마누라가 아예 남편 취급을 안 해."

"무슨 소리야. 와이프하고 사이 좋았잖아."

"아니야. 이런 말 하긴 좀 그렇지만…같이한 게 언제인지도 몰라. 돈벌이가 시원찮으니 큰소리 칠 입장도 아니고…."

자신은 그저 '사납금을 갖다 바치듯이 꼬박꼬박 돈만 벌어다 주는 존재'인 것 같다고 자조 섞인 이야기를 했다. 더욱이 눈치가 보여 잠자리는 요구조차 할 수 없다는 것이다. 한마디로 자신은 생활비를 바쳐야 하는 노예에 불과하다고 했다. 그 친구는 남들처럼 돈을 많이 벌어 큰소리나마 칠 수 있으면 좋으련만 그렇지 못한 자신을 자책했고, 마누라에게도 점점 위축되었던 모양이다. 그는 점점 집에 들어가기 싫어했고 혼자서 술집을 전전하는 일이 잦아졌다. 내가 할 수 있는 일이라고는 그저 술 한잔 사주면서 친구의 하소연을 들어주는 것뿐이었다.

하지만 그 친구에게 우울증이 심각하게 온 줄은 나도 미처 몰랐다. 그가 우울증을 앓다가 스스로 목숨을 끊었다는 소식을 들은 후에야 나는 통곡을 했다.

'얼마나 힘이 들었기에…그런 선택을 할 수밖에 없었을까?'

연락을 받고 황망히 장례식장에 모인 친구들은 할 말을 잃은 채 날이 새도록 술잔만 기울였다. 나는 장례식장에서 친구 부인이 원망스러워 북받쳐 오르는 분노를 삭이느라 무척이나 힘이 들었다. 당장 달려가서 친구 대신 따져 묻고 뺨이라도 한 대 올려주고 싶었지만 참을 수밖에 없었다. '행여 사고를 칠까 두려워서' 그 미망인과 눈을 마주치는 것조차 피해야 했다.

내 친구의 사례는 너무 극단적이지만 주변에 경제적인 문제 때문에 집에서 기를 못 펴고 사는 남성들이 적잖다. 참으로 슬픈 일이다. 세상을 살아가면서 돈보다 중요한 게 얼마나 많은데 모든 기준을 '돈'으로 삼아야 한단 말인가? 그리고 경제적인 문제를 남자 혼자 책임져야 한다는 법도 없지 않은가.

남자들이여~! 조금은 이기적이 되고 조금은 뻔뻔스러워져 보자. 아내가 돈 못 벌어온다고 타박을 주면 "요즘은 능력 있는 여자도 많더라. 남편이 못 벌면 대신 여자가 두 팔 걷어붙이고 나가서 벌어오더라" 하면서 맞서보자. 더 이상 '돈 벌어오는 기계 취급'을 받으며 불행하게 삶을 이어가지는 말자.

'아내'라는 이름의 '남'

'애인 같은 아내.' 한때 이런 광고 카피가 유행한 적이 있었다. '애인 같은 아내'는 아마 모든 남편, 그리고 모든 아내의 로망이었을 것이다. 하지만 중년남성에게 "아내는 어떤 존재인가?" 하고 물으면 대개 이런 답이 돌아온다.

"세상이라는 험악한 전쟁터에서 함께 싸워야 할 전우이자 동반자. 더 이상 애틋한 사랑의 대상은 아니다."

물론 이 말에 버럭 화를 내며 반기를 드는 부류도 있겠지만 남자 열 가운데 예닐곱은 이 말에 격하게 공감하리라. 아내는 이제 '여자'라기보다는 함께 살아가야 할 가족, 동반자로서의 느낌이 더 강하다.

아마 단언하건대 중년남자들 가운데 절반 이상은 아내를 사랑하지는 않지만 함께 살고 있을 것이다. 그러면서도 이혼하지 않는 이유는 이혼보다 억지로라도 함께 사는 것이 덜 모험적이기 때문이다. 나이 들어서 위험을 감수할 만큼의 용기와 자신감을 잃은 탓도 있다. 그런 그들을 비참하다고 해야 할까? 그런 남자들 중에는 바람을 피우는 경우가 적지 않다. 웬만한 중년남자들은 아직도 젊은 여자하고 충분히 연애할 수 있다고 착각하며 살아간다.

나도 중년의 나이에 한동안 20대 여성을 애인으로 둔 적이 있었다. 다시 가슴 설레는 사랑을 할 수 있어서, 그리고 내가 여전히 멋있는 남성이 된 것 같아 행복했었다. 하지만 내가 당시 그 여성을 만날 수 있었던 건 특별히 돈이 많아서가 아니었다.

"선생님을 만나면 마음이 편해져요. 그래서 이런저런 고민을 다 얘기할 수 있고…가끔 이렇게 멋진 데서 맛난 것을 먹을 수 있어서 정말 좋아요."

그 여성은 자신의 얘기를 내가 잘 들어주고 가끔 맛있는 식사를 함께한다거나 옷을 사주면 무척이나 행복해 했다. 나를 만나기 전에 사귀던 젊은 남자가 어지간한 짠돌이였나 보다. 내가 가끔 사주는 식사가 여유롭게 느껴진단다. 지금 생각하면 그 여성은 나이 차이를 전혀 의식하지 않는 특별한 케이스였음을 당시에 나는 잘 몰랐다. 얼마든지 중년남자들도 젊은 여성에게 어필할 수 있다고 자신했었다. 하지만 그 여인 이후에 그런 착각은 더 이상 먹혀들지 않았다. 나의 경우는 그랬다.

그렇지만 의외로 중년남자와 젊은 여성과의 사랑은 많다. 그리고 그들은 불륜이라는 죄의식 없이 행복해 한다. 집에 들어가면 아무일 없었다는 듯이 아내를 사랑하는 척 연기하면서 말이다. 내 친구들 가운데도 잘나가는 녀석들은 여지없이 젊은 여성을 애인으로 두고 있다.

"집 밖에만 나가면 젊고 섹시한 여자들이 차고 넘치는데, 집에 들어가서 와이프를 보면 좀처럼 성욕이 생기지 않아. 밤일을 하는 게 곤욕스러울 정도야."

'그러니 애인을 둘 수밖에 없다'며 중년남성들은 하소연한다. 사실 남자들은 다 똑같다. 연애까지는 아니더라도 중년의 유부남 가운데 다른 여자에 대한 설레는 감정을 한번도 느껴본 적이 없다고 하면 새빨간 거짓말이다. 요즘 말로 썸을 탄 적도 여러 번 있을 것이고, 연애를 해본 경험도 아마 여러 번 있을 것이다. 아내가 몰랐으니 그냥 넘어갔을 뿐, 만약 들통이 났다면 파탄에 이른 가정이 한둘이 아니었을 거다.

이렇게 외줄 타기를 하듯 지금의 아내와는 전우애로 살다가 50, 60대를 넘기고 60, 70대가 되면 다시 애정이 싹트기도 한단다. 한평생을 함께 살아온 데 대한 애잔한 마음에 끈끈한 정이 둘 사이를 더욱 굳건하게 만든다고나 할까. 어쩌면 육체적 사랑에서 정신적 사랑으로 옮겨가는 것이라고 말할 수도 있다. 그렇다면 결국 중년인 40, 50대의 부부관계가 가장 위험하다고 볼 수 있다.

하지만 중년의 나이쯤 되면 정반대 상황이 벌어지기도 한다. 여자의 기가 드세지고 힘도 세지면서 남자를 휘어잡고 사는 가정이 많다. 심지어 내 친구 중에는 아내에게 맞고 사는 경우도 있었다. 자그마한 체격에 얼핏 봐도 연약하게 생긴 친구였다.

어느 날 그 친구와 술을 마시는데 12시가 가까워지자 안절부절 못하면서 자꾸 시계를 쳐다봤다.

"왜 그래? 어디 갈 데 있어?"

"그게 아니라 술 마시고 늦게 들어가면 마누라 잔소리가 심해서…."

"야~ 뭐 그 나이에 마누라 잔소리를 무서워해. 남자가 술 한잔하다 보면 늦을 수 있지."

"이런 말 하기는 좀 그렇지만…심할 때는 이 마누라가 폭력도 휘둘러."

"뭐? 마누라한테 맞는다고?"

친구의 말이 황당하기도 했지만 반은 농담인 줄 알았다. 하지만 그 친구가 하도 엄살을 피우는 통에 인질로 친구의 집까지 가게 됐다. 명분은 그 친구의 집에서 3차를 하자는 것이었다. 현관 앞에서 나를 본 친구의 아내는 아무렇지 않게 반갑게 맞이했다.

"아, 봉규 씨도 오셨네요. 어서 들어오세요."

"죄송합니다, 제수씨. 실례 좀 할게요."

그때까지만 해도 나는 설마 그런 일이 일어나리라고는 상상조차 못했다. 그냥 술 마시고 늦게 귀가하면 '마누라 잔소리가 좀 심한가' 정도로 생각했다. 친구 아내는 나를 거실 탁자로 안내하더니 자기 남편을 다정하게 안방으로 불렀다. 그런데 잠시 뒤 나는 내 귀를 의심할 수밖에 없었다.

"내가 뭐라고 했니? 늦으면 맞는다고 했지? '빡~빡~~짝~!"

마치 스릴러 영화에서 나옴직한 소리가 이어졌다.

그런데 이어지는 친구의 답변은 더욱 가관이었다.

"잘못했어, 여보. 다시는 안 그럴게~. 내 친구 봐서 한 번만 봐줘~."

그 친구의 말이 끝나자마자 다시 '빡~!' 이번에는 둔탁한 소리가 났다. 술이 적당히 취한 상태였지만 그날 너무나 생생했던 친구의 비명 소리를 나는 결코 잊을 수가 없다. 결국 서둘러 그 집을 탈출해야만 했다.

그리고 며칠 뒤 다른 친구에게 그 친구의 소식을 전해들을 수 있었다.

"진철이 그 녀석, 병원에 입원해 있대. 술 먹고 넘어져서 갈비뼈가 골절됐다나 봐."

그 친구는 창피해서 나에게는 끝까지 입원한 사실을 숨겼고, 나는 모르는 척해야만 했다. TV를 통해서나 볼 수 있는 이야기가 내 주변에서 일어나다니, 나는 한동안 충격에서 벗어나지 못했다. 왜 이 지경에까지 이르렀을까?

실제로 맞고 사는 남자들이 많다고 한다. 이런 경우 남자들은 자기가 힘이 더 세면서도 맞는 것이 아내의 노여움을 풀어주는 유일한 길이기에 참고 맞는 것이라고 생각한다. 그러나 나이가 들면서 여성들은 남성호르몬이 많아지고 남성들은 여성호르몬이 많아지면서 힘의 역전 현상이 일어나는 경우도 있을 것이다. 이유야 어찌 됐든 맞고 사는 남편들의 처지가 참 딱하다는 생각이 든다. "오죽하면 아내한테 맞고 사냐?" 하는 손가락질을 받을까 두려워 어디다 하소연도 못하고 숨 죽여 살고 있을 것이기 때문이다.

부부관계가 이렇게 돌아가니 어떻게 아내를 '여자로, 애인으로' 여기며 살 수 있겠는가?

물론 세상 모든 부부가 문제를 안고 있는 건 아닐 것이다. 아내로서, 남편으로서의 본분을 다하며 가정에 충실한 부부가 더 많다. 불치병에 걸린 아내를 위해 모든 걸 포기하고 산속으로 들어가 몇 년 동안 병수발을 마다 않는 남편이 있고, 불구가 된 남편의 손과 발이 되어 평생을 헌신하는 지고지순한 아내가 있다. 손자, 손녀를 봐주며 여유롭게 노년을 함께 맞는 부부도 있다.

험난한 인생길, 한평생 인생의 동반자로서 의지하고 위로하며 아름답게 늙어가는 부부를 보며 참 부럽다는 생각을 해본다. '부부는 저렇게 같이 늙어가야 하는데' 하면서 말이다.

그냥 한집에 사는 사람들

우리나라에는 무늬만 부부인 사람들이 생각보다 많다. 이들을 '쇼윈도 부부'라고 하는데 진정한 부부관계는 깨졌지만 이런저런 이유로 함께 살아가는 부부를 말한다. 예를 들어 섹스는 없이 오누이처럼 사는 부부, 각방을 쓰며 원수처럼 지내지만 사람들 앞에서는 정상적인 부부처럼 연기하는 부부, 이혼하고 싶지만 아내는 경제적인 문제, 남편은 주변 시선이나 자식들 때문에 이혼 못하고 사는 부부…. 이런 부부들이 대표적인 쇼윈도 부부다.

미스 코리아 출신 아내와 남성 탤런트 L-K 커플이 대표적인 쇼윈도 부부였다. 이들은 방송에 나와 오랫동안 금실 좋은 부부 행세를 했지만 사실은 아니었다. 둘 다 얼굴이 알려진 연예인이라 방송 활동에 지장이 있을까 숨겨왔던 것이다. 두 사람은 나중에 이혼한 뒤에야 그동안 쇼윈도 부부였다는 사실을 털어놓았다. 개그맨 출신 B와 전 부인 Y는 부부 토크쇼 「자기야」에 함께 출연해 부부애를 과시했지만, 얼마 안 가 이혼하는 바람에 모두를 놀라게 했었다. Y는 인터뷰를 통해 이렇게 폭로했다.

"더 이상 B의 아내로 살고 싶지 않았어요. 우리는 쇼윈도 부부였습니다."

나중에 밝혀진 바로는 방송할 당시 이들은 이미 별거 상태였다고 한다.

이렇게 이미지 때문에 이혼하지 못하는 연예인이 있고, 이미 결혼 초부터 별거 중이지만 프로그램 작품 속 순정남 이미지를 유지하기 위해 쇼윈도 부부로 사는 연예인이 있다. 남의 눈치가 무서운 연예인들도 이럴진대 일반인들은 어떨까? 아마 주변에 차마 내색은 못하지만 실제로는 쇼윈도 부부로 살아가는 사람들이 엄청나게 많을 것이다. 그런 사람들에게 가정은 안식처가 아닌 무덤과 같은 곳이다. 그렇다면 당신은 과연 어떤가?

나도 한때 집에 들어가기가 죽기만큼 싫은 시절이 있었다. 집으로 향하는 차 안에서 나는 늘 한숨부터 나오고 가슴이 먹먹해졌었다. 남들은 미스코리아 출신의 아내를 둔 나를 무척 부러워했다.

"와이프가 미인이라서 얼른 들어가고 싶으시죠? 오늘 술자리는 여기서 끝냅시다!"

술자리가 끝날 무렵이면 이렇게 말하고는 나를 택시에 밀어 넣곤 했다. 때로는 미스코리아 출신인 내 마누라의 술상을 받고 싶다며 3차는 우리 집으로 가기를 원하기도 했다. 짓궂은 친구들은 게임을 유도하고 나와 마누라의 즉석 키스를 요구하기도 했다.

"키스해~키스해~!"

답답하고 미칠 노릇이었다. 남녀관계, 특히 부부관계는 당사자들 외에는 모를 수밖에 없다. 우리는 사람들 앞에서 억지로 키스해야만 했다. '우리가 문제없이 잘 살고 있다는 걸 보여주기 위해서.'

당시 우리 부부는 각방을 쓰는 상태였고 섹스리스 부부였다. 그때의 나에게 가정은 무덤이나 마찬가지였다.

결국 나는 30대에 이혼을 했다. 내가 결혼에 실패한 가장 큰 이유는 집 밖에서 즐거움을 찾았기 때문이다. 당시 나의 아내도 술을 좋아했는데, 나는 즐거움을 찾기 위해 집 밖으로만 돌았다. 물론 여러 가지 이유로 그 당시 사랑이 식은 것도 있지만, 만약 내가 집에서 아내와 함께 술도 마시고 즐거움을 찾으려고 노력했다면 아마 이혼까지는 가지 않았을지 모른다. 때문에 나는 독자들에게 마음을 고쳐먹고 노력하라고 말하고 싶다. 마음먹기에 따라 안식처도 되고 무덤도 되는 것이 가정이기 때문이다.

술을 좋아하는 사람은 집에서 술을 즐기는 법을 찾으면 되고, 영화를 좋아한다면 집에서 아내와 같이 영화 볼 수 있는 기회를 자꾸 만들려고 노력하면 된다. 가정을 얼마든지 안식처로 만들 수 있다.

지금의 나에게 집은 안식처다. 혼자 살고 있기 때문이다. 물론 "혼자 사는 사람에게 어떻게 가정이 안식처가 될 수 있어?" 하고 반문하는 사람이 있겠지만, 나는 그렇게 생각한다. 혼자 산다는 것은 집에서 오로지 나 자신이 좋아하는 것만을 할 수 있다는 장점이 있기 때문이다. TV 채널 선택도 내 뜻대로 할 수 있고, 밥을 시켜 먹는 것도, 잠자는 시간도 내가 완벽하게 조종하고 즐길 수 있다. 부부가 함께 생활할 때는 뭐든지 상의해야 하고 상대를 배려해서 결정해야 한다. 때로는 그것이 나를 엄청나게 피곤하게 만들 수 있다.

- 가령 나는 라면에 소주 한잔하고 싶은데 아내는 몸에 안 좋다고 말린다.
- 새벽까지 TV를 보고 싶은데 잘 시간에 시끄럽다고 투덜댄다.
- 혼자 살면 이꼴저꼴 안 봐도 되고 내 멋대로 살아도 된다.
- 내가 번 돈을 오로지 나만을 위해 쓸 수 있다.

이 맛이 정말 꿀맛이란 걸 경험해보지 않은 사람은 모를 것이다.

가정은 '삶의 안식처인가, 무덤인가'를 결정하는 것은 나 자신이다. 내가 삶의 안식처라고 느낀다면 안식처인 것이고, 무덤이라는 생각이 든다면 이혼을 선택해야 한다. 무덤이라고 생각한다는 것은 아내가 싫다는 것을 반증한다. 그럴 때는 나처럼 빨리 이혼하는 것도 방법이다. 그러나 노력조차 안 해보고 이혼했다가 후회하는 일은 없도록 하자.

결혼은 누구나 환상을 가지고 출발하게 마련이다. 그러나 그 환상은 곧 깨진다. 몇 달 만에 깨지는 사람이 있고, 몇 년 만에 깨지는 사람이 있지만 분명한 사실은 언젠가는 그 환상이 깨진다는 것이다. 다만 환상이 깨진 뒤에 함께 어려운 일을 극복하며 서로에게 강한 믿음과 끈끈한 정을 쌓아온 경우라면 쉽게 헤어지지 않을 것이다. 내 주변에도 몇 번이나 이혼 위기를 넘기고 오히려 더 금실 좋게 잘 사는 부부들이 있다. 과연 여러분은 가정이 안식처인가, 무덤인가? 그 해답은 여러분이 찾아야 할 것이다.

3

오래되면 변하는 사랑보다
우정이 답이다

수십 년 세월이 만든 장맛 같은 친구들

남자들은 여자들보다 상대적으로 친구를 더 많이 강조한다. 남자는 모름지기 '의리에 살고 의리에 죽기' 때문이라고 생각하는 것이다. 요즘 '의리'를 강조하는 한 남자 탤런트가 새삼 인기를 끄는 것도 그런 이유 때문이 아닐까 싶다. 20, 30대까지는 그나마 친구 사이에 의리라는 것이 존재했다.

친구와의 의리를 배신하면 큰일 날 것 같은 생각이 들기도 했다. 그런데 중년의 나이가 되면 친구 사이에 이 '의리'라는 것이 과연 얼마나 존재할까? 나는 '의리'보다는 동병상련의 정으로 친구를 만난다.

검푸른 바닷가에 비가 내리면

어디가 하늘이고 어디가 물이요

그 깊은 바다 속에 고요히 잠기면

무엇이 산 것이고 무엇이 죽었소

눈앞에 떠오르는 친구의 모습

흩날리는 꽃잎 위에 아른거리오

저 멀리 들리는 친구의 음성

달리는 기차 바퀴가 대답하려나

김민기가 부르던 「친구」라는 노래의 가사다. 우리 시대를 살아가는 중년들이라면 첫 소절만 들어도 아련하게 그 옛날이 떠오를 것이다. 질곡 많았던 1970~80년대를 캠퍼스에서 보낸 중년들에게 이 노래는 젊은 날의 고뇌와 삶 그 자체였다. 함께 시국을 논하고 삶과 사랑을 이야기하면서 밤새 소주잔을 기울이던 날들이 얼마나 많았던가. 평생을 함께할 것만 같았던 '친구'라는 존재. 당시 친구란 또 다른 나였고, 험난한 세상을 함께 헤쳐나갈 동지였다.

그러다 머리를 빡빡 깎고 군대 다녀오고, 대학졸업 뒤 뿔뿔이 흩어져서 취직하고 결혼하고, 그리고 이제는 세월에 떠밀려 각자 먹고사느라 바쁜 평범한 중년이 되었다. 그때의 친구들과는 관계도 많이 소원해졌고 심지어 연락이 끊긴 경우도 있다. 그래도 직장생활이 고달프고 가장으로서의 무게가 버겁게 느껴질 때, 그리고 아내에게도 말할 수 없는 고민이 있을 때 우리 중년들은 옛 친구를 찾는다.

"나야, 형근이. 오늘 약속 있냐? 아니, 별일은 없고 그냥 소주 한 잔하자고."

퇴근길에 이렇게 걸려오는 친구의 전화가 더없이 반가울 때가 있다. '부장님, 차장님' 같은 호칭 필요 없이 '봉규, 형근이, 희준이, 찬호' 이렇게 이름을 막 부를 수 있는 것만으로도 좋은 사람들. 그게 중년의 친구들이다. 그래서 중년에는 의리보다는 동병상련의 정으로 친구를 만난다. 세상을 살면서 소외감이 느껴질 때 한잔하면서 옛날 얘기를 하면 모든 시름이 풀어진다. 예전에는 험난한 속세의 괴로움을 잘 몰랐기에 의리를 내세운 우정만 있으면 뭐든지 해결할 수 있을 것이라고 믿었다. 그러나 나이를 먹어가면서 친구 간의 의리가 나의 어려움을 해결해주지 못한다는 사실을 조금씩 깨닫게 되는 것이다.

정도의 차이는 있지만 중년이 되면 누구나 불안하고 초조하다. 그럴 때 이런 어려움을 해결해줄 친구를 기대하기보다는 동병상련의 정을 느낄 친구가 필요하다. 그건 직장동료나 사회친구에게는 기대하기 힘든 일이다. 동병상련의 정을 느낄 만큼의 시간 또는 함께 나눈 추억이 부족한 데다 서로의 이해관계가 얽혀 있기 때문이다. 그렇기에 40, 50대가 되어 슬프거나 괴로울 때는 사회친구보다 옛 친구들을 많이 찾게 된다. 만나서 '이놈, 저놈' 하며 옛날 얘기를 하다 보면 불안하고 초조한 스트레스를 어느 정도는 날려 보낼 수가 있는 것이다.

"너 그때 생각 나냐? 화장실 뒤에서 담배 피우다가 걸려서 학생

주임한테 대걸레로 두들겨 맞았잖아."

"그래. 그때 네 여자친구 얘기 듣다가 정신 팔려서 그런 거 아니야. 그때 네 여자친구 혜진이…내가 속으로 얼마나 좋아했는데."

"그때 혜진이는 지금 어떻게 살고 있을까? 아~ 보고 싶다."

이런저런 얘기를 마구 쏟아내다 보면 어느덧 그 시절로 돌아간다. 실연의 아픔에 떡이 되도록 술을 마시고 버스에서 토하는 바람에 기사 아저씨에게 혼났던 얘기, '총각 딱지' 못 떼고 군대 가는 친구를 위해 청량리 588거리를 함께 헤매던 이야기 등 이야깃거리는 끝이 없다. 같은 시대를 살아왔고, 또 그 시간을 함께했기에 옛 친구들을 만나면 동병상련이라는 열차를 함께 탄 듯한 기분이 든다. 그래서 친구는 때로 또 다른 내 모습같이 느껴지나 보다. 친구를 통해 위로도 받지만 연민이 느껴질 때도 많은 것은 바로 그런 이유 때문이 아닐까?

통장에 찍힌 숫자보다 더 든든한 재산

중년이 되면 어릴 적 친구라 해도 가려서 만나는 경향이 있다. 물론 20대에도 사람을 가리면서 사귀는 경우가 많지만 중년의 편협한 마음과는 사정이 약간 다르다. 젊을 때는 흔히 나보다 잘난 친구를 만나고자 한다. 그 친구가 나보다 더 경제적 능력이 좋아 멋진 차를 타면 옆자리에 같이 타는 나도 더 돋보일 것 같다는 착각이 든다. 그러나 중년이 되면 달라진다. 내 처지가 스스로 한심스러워 보일까 싶어 잘난 친구의 외제차 옆자리가 싫어진다.

"너 또 차 바꿨냐? 야~! 능력 좋다."

"뭐…나야 아무거나 타도 상관없는데 회사에서 바꿔주더라고."

남자들은 좋은 차를 타면 어깨가 으쓱해진다. 어떤 차를 타느냐가 남자들의 사회적인 지위와 경제적인 능력을 말해준다고나 할까? 친구는 최고급 외제차를 타고 다니는데 나는 아직 국산 중형차를 타고 다닌다면? 어느 순간 그 친구 만나는 것을 꺼리게 된다. 쓸데없이 자존심에 상처를 받고 그 친구와 헤어져서 집에 돌아오면 나 자신이 더 작아진 느낌이 들어 한숨만 나온다. 한 번, 두 번 그런 경험을 하다 보면 더 이상 그런 기분을 되풀이하고 싶지 않은 것이다.

반대로 나보다 더 못난 친구를 만나기도 꺼려진다. 만날 때마다 지지리 궁상을 떨면서 신세한탄을 하면 어느 순간 그 친구가 부담스럽고 짜증나기 시작한다. 잘난 친구를 만날 때보다 더 싫어진다. 젊을 때는 '의리' 라는 책임감 때문에 친구의 하소연을 들어주고 잘난 체도 받아주지만, 이제는 사는 데 지쳐 그럴 힘도 없고 그럴 필요성도 못 느낀다. 그래서 결국 비슷한 처지의 친구를 찾게 마련이다. 경제적 상황이나 능력이 비슷하면 마음이 편해지고 공통점이 많아서 대화가 재미있다.

사실 20, 30대에는 나보다 잘난 친구를 만나면 혹시 내가 어떤 도움을 받을 수 있지 않을까 하는 막연한 기대를 하기도 한다. 성공을 위해서 열심히 뛸 나이이기에 누구든지 나에게 도움이 될 것 같으면 일단 부딪쳐보는 것이다. 그런데 40, 50대가 되면 다 소용없다는 것을 경험을 통해 알기에 쓸데없는 기대를 버리게 된다. '이제

와서 무슨 친구 덕을 보고, 또 내가 그 친구 덕에 잘되면 얼마나 잘 될 것인가' 하고 말이다.

40, 50대 남자에게 친구란 존재는 만나면 그저 즐겁고 스트레스를 풀 수 있다면 그만이라고 생각한다. 거기에 더해 내 속 얘기를 털어놓을 수 있고 위로를 받을 수 있다면 그 이상 무엇을 바라겠는가. 때문에 다수의 친구도 좋지만 자기를 즐겁게 만들어줄 단 한 사람만으로도 충분하다.

중년의 나이에 새로운 친구를 사귀기는 매우 어렵다. 하지만 예외가 있다. 만나서 즐겁고 대화의 공통점이 많으면 의외로 어릴 적 친구보다 더 친해질 수 있다. 나는 최근 방송을 하면서 새로운 친구들을 많이 만난다. 방송일의 특성 때문일지도 모르지만 그들과는 아주 가까운 친구가 되었다. 녹화 끝나고 다 함께 몰려가 한잔하고 헤어질 때가 많은데, 얘기가 재미있어서 시간 가는 줄 모른다.

"이 박사님, 아까 그 얘기 정말 좋았어요. 이혼한 뒤 혼자 사는 남자의 심리가 정말 그런 줄 몰랐어요. 이러다 시사평론 안 하시고 연예 프로만 하시는 거 아니에요?"

"시청률도 대박이 나야 할 텐데…. 그래야 이 프로그램이 오래가죠."

같은 방송에 출연하는 패널들과는 공감대가 형성되어 정말 마음이 잘 통한다. 술을 밤새 마시고 헤어지고 나서도 다음날 '카카오톡'을 하느라 정신이 없다. 특히 시청률이 잘 나올 때는 서로 축하해주며 기뻐하고, 그 반대 상황이면 서로를 위로하며 '파이팅'을 다짐한다. 마치 전쟁터에서 발휘되는 전우애가 생기는 느낌이다.

지금 하는 일이 재미있고 그 일을 같이하는 사람들과 마음마저 잘 맞는다면 얼마든지 좋은 친구관계가 될 수 있다. 그것이 일 때문이 아니고 골프나 등산, 낚시 등의 취미생활이라도 마찬가지다. 무엇인가에 몰입해서 함께 작업하고 그 다음에도 계속 인간적인 관계를 이어갈 수 있다면 중년이 아니라 60, 70대가 되어도 새로운 친구는 만날 수 있지 않을까?

"남자는 무조건 친구가 많아야 돼. 그게 다 너한테 재산이 될 거야."

어릴 때 나의 아버지는 이렇게 말씀하셨지만 내 생각과는 좀 차이가 있다. 아버지는 사업가였기에 폭넓은 인맥이 필요했을지 모른다. 그러나 지금 방송을 해서 먹고사는 나에게는 그런 친구를 더 만들고 싶은 생각은 없다. 지금의 나에게는 친구의 숫자가 중요한 것이 아니라 만나면 아무 생각 없이 즐거운 그런 친구가 필요할 뿐이다.

그런데 누군가 나에게 "당신을 위해 목숨을 걸어줄 만한 그런 친구를 가지고 있습니까?" 이렇게 묻는다면 나는 솔직히 "그렇다"고 대답할 자신이 없다. '나를 위해 목숨까지 걸어줄 친구가 있을까?' 아무리 생각해도 '이 친구야' 하고 떠오르는 사람이 없다. 반대로 나 자신도 목숨까지 내어줄 친구는 없는 것 같다. 그게 어디 그리 쉬운 일인가? 하지만 이 대목에서 나는 잠시 고민스러워진다. '내가 혹시 세상을 잘못 살아온 걸까?' 친구는 만나면 그저 부담 없으면 된다고 생각해온 나에게 진정한 친구가 있을까? 오늘 밤, 나는 쉽게 잠이 올 것 같지 않다.

만 리 길 나서는 길

처자를 내맡기며

맘 놓고 갈 만한 사람

그 사람을 그대는 가졌는가

온 세상 다 나를 버려

마음이 외로울 때에도

'저 맘이야' 하고 믿어지는

그 사람을 그대는 가졌는가

—함석헌, 「그대를 가졌는가」 중에서

남는 건 친구밖에 없다

얼마 전 여자들의 우정을 그린 영화 「써니」가 폭발적인 인기를 끌었다. 그 전에 장동건, 유오성이 주연으로 등장한 「친구」가 남성들의 우정을 그린 영화였다면 「써니」는 일곱 명의 여고동창생들의 우정을 그린 영화다. 여고시절 '죽을 때까지 함께하자'며 칠공주 '써니'를 결성했던 일곱 명의 여고생들. 하지만 그들은 뜻밖의 사고로 뿔뿔이 흩어지게 되고 25년이 지난 뒤 주인공이 과거 '써니'의 멤버들을 찾아 나서며 이야기가 전개된다.

가족에게만 매여 있던 주인공은 일상에서 벗어나 추억 속 친구들을 만나며 가장 행복했던 순간의 자신과 만나게 된다. 하지만 25년

이 지난 뒤 만난 친구들의 모습은 너무나 달라져 있었다. 마지막 장면에서는 여고시절 짱이었던 친구가 죽음을 맞이하면서 자신의 많은 재산을 친구들에게 물려준다. 물론 영화였기에 여성들의 우정을 더 아름답고 드라마틱하게 다뤘을 것이다.

> "우리…다시 다 만나는 거다….
>
> 잘나간다고 쌩까는 년 있으면 찾아가서 응징할 거고,
>
> 못산다고 주눅 든 년 있으면 잘 살 때까지 못살게 굴 거다.
>
> 우리 중에 누가 먼저 죽을진 모르겠는데
>
> 죽는 그날까지!"
>
> —영화 「써니」 대사 중에서

생의 마지막 순간, 친구들의 꿈과 희망을 지켜주기 위해 자신의 재산을 아낌없이 내놓은 것이다. 그들이 나누었던 명대사와 함께 영화의 마지막은 감동스러웠다. 이런 정도의 우정이라면 남자들도 부러워할 만하다. 물론 영화라서 여자들의 우정을 더 아름답게 미화했겠지만, 나는 주변에서 여성들이 오히려 더 의리가 깊은 경우를 종종 보았다.

내 여동생은 어릴 적 친구가 병이 들자 그 친구의 옆집으로 이사를 갔다. 친구를 보살펴주기 위해서였다. 친구와 서로 음식을 나누고 같이 TV를 보면서 수다를 떨고, 그렇게 일상을 함께하면서 의지가 돼주었다. 물론 동생이 바쁠 때는 친구가 몸이 아픈데도 불구하고 동생의 아이를 돌봐주기도 했다.

"힘들지 않니? 너 먹고살기도 바쁜데 친구까지 챙기기가?"

"어차피 해야 하는 일, 조금만 더 신경 쓰면 되는데 뭐. 그런데 친구가 옆에 있으니까 내가 더 좋아. 의지가 돼서."

지금은 동생이 지방에 내려가느라 그 친구와 떨어져 지내지만, 당시 아주 소소한 것까지 함께하면서 서로에게 힘이 되어주는 걸 보고는 여자들도 저런 우정을 나누는구나, 하고 내심 감탄했었다.

진정한 우정이 꼭 친구 사이에서만 생겨나는 건 아니다. 아카데미 4관왕을 수상한 영화 「킹스 스피치」는 그런 의미에서 또 다른 의미의 우정을 그린 영화다. 이 영화는 실화를 바탕으로 만들어졌다. 엘리자베스 2세 여왕의 아버지인 조지 6세가 주인공인데, 그는 소심하고 병약하고, 게다가 말더듬이다. 형이 사랑에 빠져 왕위 계승을 포기하자 그가 대신 왕위에 오르면서 영화는 시작된다. 하지만 그는 국민들에게 멋진 라디오 연설을 해야 하는 스트레스에 시달린다. '말더듬이'인 그에게는 '대중 연설'이 전쟁보다 더 두려운 일이었기 때문이다.

히틀러의 독일과 전쟁을 선언해야 하는 절박한 상황에서 그는 한 나라의 왕으로서 국민들에게 강한 인상을 남기는 연설을 해야 한다. 하지만 말더듬이인 그로서는 불가능에 가까운 일이었다. 영화에서는 조지 6세가 말 더듬증을 고치는 과정에 포커스를 두었는데, 이를 치료하기 위해 찾아간 괴짜 언어치료사 '로그'와 만나 우정을 쌓는 내용을 그렸다. 결국 말더듬이 주인공은 그와의 진정한 우정 덕분에 감동적인 연설을 해낸다. 가슴 뭉클한 결말 부분에서 둘의 우정은 확인된다.

영화 「레옹」은 어린 소녀와 중년남성의 우정을 그렸다. 주인공은 매우 독립적이고 고독한 킬러이지만 사회에서는 철저하게 소외된 약한 존재다. 레옹에게 삶의 유일한 낙은 매일 화분에 물을 주고 햇빛을 비춰주는 것뿐이다. 그런 레옹에게 소녀 마틸다가 나타난다. 마틸다 역시 레옹과 비슷한 처지다. 영화에서 화분은 사회적으로 소외된 레옹과 어린 소녀 마틸다에게 희망을 주는 상징으로 해석된다. 희망이 없는 삶을 살던 레옹과 마틸다는 화분을 키우면서 희망이라는 가치를 공유하고, 그러면서 중년남자와 어린 여자아이 사이에 우정이 싹튼 것이다.

고독한 킬러와 소녀, 이 둘은 모든 면에서 결코 어울릴 수 없을 것 같지만 그들이 나눈 대화를 들어보면 서로를 많이 이해하고 공감한다는 사실을 알게 된다.

"사는 게 너무 힘들어요.

어리기 때문인가요?

사는 게 언제나 그래."

"마틸다, 너는 내 인생의 빛이었어.

너로 인해 인생의 참맛을 알게 된 거야.

사랑한다 마틸다, 어서 가라."

—영화 「레옹」 중에서

우정이란 것이 반드시 친구들 사이에서만 생기는 것은 아니다. 나이와 성별이 달라도 얼마든지 돈독한 우정을 쌓아나갈 수 있다.

생각을 공유하고 희망을 공유하고 가치를 공유할 수 있는 사람을 만난다면 언제든 우정은 꽃필 수 있다. 아직 진정한 우정을 나눌 친구를 만나지 못했는가? 죽을 때까지도 우정을 나눌 친구를 만들 수 있다는 사실을 잊지 말자.

4
자식? 뒤통수나 안 치면
다행일 걸!

희생 무지하게 해도 잘 안 되는 자식 엄청 많더라

얼마 전 지인으로부터 들은 얘기다. 대기업에 다니는 친구에게 웃지 못할 이야기를 들었다고 했다.

"요즘은 도대체 애들을 어떻게 키우는 건지…황당해서."

"무슨 일인데?"

"이번에 그 친구 회사에서 신입사원을 뽑았대. 근데 마지막 면접을 남겨놓고 한 지원자의 엄마에게서 전화가 왔다는 거야. 자기 애가 일이 생겨서 많이 늦을 거 같다고 좀 봐줄 수 없냐고."

"엄마가 전화를 했대?"

"봐줄 수도 없는 상황이지만 그걸 왜 엄마가 전화를 해서 얘기하냐는 거지. 나이가 스물이 훨씬 넘었는데 그거 하나 스스로 못해서…"

그러면서 혀를 끌끌 차더라는 것이다. 요즘은 대학입시원서 넣을 때도 엄마가 대신 해줘, 입사지원서도 엄마가 넣어줘, 무슨 일 있을 때마다 엄마가 나서서 다 해주니 회사일마저 엄마한테 물어보고 할 지경이다. 과연 그런 아이가 사회에 나와서 어떻게 경쟁하며 살아 가겠는가.

자식 사랑이야 동서고금을 막론하고 다 마찬가지겠지만 한국 사람들의 자식 사랑은 너무 유별난 거 같다. 그렇게 애지중지 키웠기에 나중에 바라는 것도 많아지지 않을까? 내 것을 아낌없이 주었으니 보상 심리로 '나이 들어 자식이 어떻게 해주겠지' 생각할 수도 있다.

그런데 불행하게도 그렇게 자란 사람일수록 커서도 자기밖에 모르는 법이다. 만약 늙어서 자식들에게 의지해보겠다는 순진한 생각을 갖고 있다면 당장 그 꿈을 깨야 할 것이다.

언젠가 우리 사회를 떠들썩하게 만든 끔찍한 사건들이 있었다. 아직도 기억하는 사람들이 많을지 모르겠다. '박한상 사건'과 '이은석 사건'이다. 두 사건의 공통점은 부잣집에서 잘 자란 명문대생이 부모를 토막 살해한 사건이라는 것인데, 살해 동기를 보면 기가 찰 노릇이다. '유산상속을 위해 부모를 죽였다'는 것이다. 부잣집에서 부족함 없이 애지중지 키워놨더니 이런 패륜아가 된 것이다. 이후에도 이런 사건은 이어졌다.

인터넷 블로그에 버젓이 '청부살인' 광고까지 내고 부모와 친형을 살해해주면 그 대가로 2억 원을 주겠다는 젊은이도 있었다. 나중에 밝혀진 이 범인의 정체 역시 부잣집에서 나고 자라 영국 유학 중인 젊은이였다. 청부살인을 의뢰한 이유가 '유산상속을 위해서'라는 사실이 밝혀지면서 많은 사람들이 경악했다. 어쩌다 이 지경까지 되었을까? 이런 괴물 같은 인간을 만들어낸 게 바로 그들의 부모라고 하면 지나친 비약일까? 나는 결국 부모가 자식을 망쳐놓는다고 생각한다. 애초에 자식들에게 너무 많은 것을 쏟아붓지 않았다면 이런 끔찍한 사건들은 일어나지 않았을지 모른다.

내가 희생한다고 자식들이 잘된다는 보장은 없다. 대부분의 위인들은 자립심이 강했고, 스스로 어려움을 극복해가며 성공에까지 이르렀다. 부자 부모 덕에 편안하게 잘 먹고 잘 살 수는 있겠지만 시대의 영웅이 되거나 훌륭한 사람이 되는 경우는 상대적으로 드물다.

나는, 우리 세대도 이제 대학교 입학만 시키면 자식을 독립시켜야 한다고 생각한다. 학비와 용돈을 스스로 해결하게 해야 하고 서서히 자립할 수 있도록 해야 한다. 학비는 학자금 대출을 받는 방법도 있고, 장학금을 받을 수 있는 방법도 많다. 자식을 품안에 끼고 살면서 등록금에 용돈까지 쥐어주며 응석받이로 키우면 평생 자식 뒤치다꺼리를 하면서 살아야 할지 모른다. 요즘 결혼해서도 독립하지 못하고 부모님 집에서 얹혀사는 부류를 일컫는 '캥거루족'이라는 말이 괜히 나왔겠는가?

부모 잃고 재산 탕진한 후에 깨닫게 된 것들

내가 자식을 일찌감치 독립시키라고 말하는 데는 나름대로의 이유가 있다. 부자 부모를 둔 덕에 오히려 인생의 쓴맛을 봐야 했던 나의 경험 때문이다. 내가 만약 좀 더 일찍 독립했다면 아마 내 인생은 180도 달라져 있었을지 모른다.

나는 사업을 하는 부모 덕에 부잣집 도련님으로 자랐다. 제지업을 하시는 아버지는 상당한 재력가였고 당시 우리 집에는 없는 것이 없었다. 아버지는 나를 위해 피아노 전담 가정교사를 둘 정도였다. 하지만 어릴 적의 나는 부잣집 철부지 소년이었다.

중학교 2학년 때로 기억한다. 운전하는 것이 멋있어 보이기도 하고 재미있을 것 같아서 나는 우리 집에서 일하는 운전기사를 졸라대기 시작했다.

"아저씨, 나 부탁이 있는데…한 번만이요. 딱 한 번만 운전해볼게요."

"안 돼요, 도련님…위험해요."

"괜찮아요. 아저씨가 옆에서 봐주면 되잖아요, 아저씨~."

난처해 하는 운전기사를 반협박해서 자동차 키를 빼앗은 나는 몰래 운전하다가 그만 사고를 내고 말았다. 다행히 인명 피해는 없었지만 차가 찌그러져 수리를 해야만 했다. "도대체 어쩌다가 그랬죠?" 아버지는 이만저만 화가 난 게 아니었고 운전기사 아저씨는 야단을 맞으며 어쩔 줄 몰라 했다. 물론 나도 그 사건으로 인해 아버지에게 엄청 맞아야만 했다. 나의 그런 철없는 행동은 이후에도 계속 이어졌다.

고등학교 2학년 때는 가출을 감행했다. 성적 때문에 나를 나무라는 아버지의 잔소리가 싫어서였다.

"너는 뭐가 부족해서 1등을 못하는 거야?" 아버지는 이북 출신이라 투박한 평안도 사투리를 사용하셨는데 성적표를 갖다 드릴 때마다 이렇게 말씀하시곤 했다. 1등은 아니었지만 내 성적은 꽤 좋은 편이었다. 나는 그런 아버지가 너무나 야속했다. '어느 부모가 자식에게 그 정도도 안 해준다고 난리람. 그럼 모든 아이가 다 1등을 해야 되겠네. 이건 말도 안 돼. 아버지는 독재자야.'

'아버지가 치사하다'고 생각한 나는 궁리 끝에 계산서를 쓰기 시작했다. '나를 키우면서 도대체 무슨 돈이 그렇게 많이 들어갔다고.' 나름대로 셈을 해보자, 당시 돈으로 400만 원 정도가 나왔다. 나는 계산서와 함께 간략한 편지 한 장만을 남긴 채 집을 나섰다.

'이 돈은 내가 벌어서 반드시 갚겠습니다. 저를 찾지 마세요.'

어린 마음에 집을 나왔지만 막상 갈 곳이 마땅치 않았다. 그렇다고 친구들 집을 갈 수도 없었다. 결국 나는 친구를 꼬드겨 같이 무작정 열차에 몸을 싣고 치악산으로 들어가 생활했다. 하지만 나의 가출 행각은 얼마 가지 않아 끝이 나고 말았다. 나보다 몇 수 위인 아버지가 전국의 사찰과 기도원에 나의 몽타주와 사연이 담긴 엽서를 뿌려 나를 수배했던 것이다.

'발견 즉시 전화를 주시면 사례하겠음.'

결국 산을 오가던 스님들의 신고로 나는 두 달 만에 집으로 돌아오게 되었다. '이제 아버지한테 죽을 만큼 맞는 일만 남았구나' 생각했다. 그런데 나의 예상은 빗나가고 말았다. 아버지는 집에 돌아온 나를 한번 쳐다보셨을 뿐, 아무런 말씀을 하지 않으셨다. 더 이상했던 건 그 일이 있은 뒤 아버지가 오히려 나에게 더 관대해지셨다는 것이다. '도대체 왜 저러시는 거지?' 그런 아버지가 이해할 수 없어 한동안은 눈치를 봐야 했지만 나는 다시 철부지 아들로 돌아왔다. 오히려 더 제멋대로인 부잣집 도련님 행세를 했다.

'내가 더 엇나갈까 봐' 그랬던 건지, 아니면 '나를 그만큼 애지중지' 했던 건지 나는 지금도 당시 아버지의 마음을 알 길이 없다. 다만 그런 아버지의 관대함을 이용해 나는 더 내 멋대로인 철부지 아들로 자랐다. '세상의 어려움을 모르고 나만 생각하는 이기적이고 나약한 사람'으로 말이다.

아버지는 내가 20대 초반에 돌아가셨다. 지금 생각해보면 아버지만큼 나에게 든든하고 커다란 울타리는 없었다. 하지만 나는 아버지가 돌아가실 때까지 단 한번도 변변한 아들 노릇을 해보지 못한 것 같다. 그저 아버지에게 받으려고만 했고 투정만을 부렸지 감사한 마음조차 가져보지 않았다.

아버지가 돌아가시면서 나는 20대 초반에 막대한 유산을 물려받았다. 하지만 나는 그 유산을 제대로 지키지 못했다. 세상에 부러울 것이 없었던 나는 먹고 마시며 방탕한 생활을 즐겼고, 홀로 남은 병들고 늙으신 어머니는 그런 나 때문에 엄청난 마음고생을 하셨다.

"봉규야, 이제 제발 정신 좀 차려라. 공부를 더 하든지, 일을 해야지. 너 앞으로 어떡하려고 그래."

"에이, 엄마는…내가 다 알아서 할 테니까, 그만 좀 해."

어머니의 얘기를 귓등으로도 듣지 않은 나는 아버지의 사업을 물려받은 이복형에게 내 재산을 담보로 빌려주었다가 모두 날리고 말았다. 세상 물정이라고는 전혀 모르던 내가 너무나 세상을 우습게

봤던 것이다. 결국 나는 하루아침에 빈털터리 신세가 되었다.

나는 부모 덕에 유복하게 자랐고 부모 덕에 호화판 생활을 했지만 결국 방탕한 생활만 하다가 재산을 날린 철없는 아들이었다. 그리고 효도 한번 못해보고 어머니마저 저세상으로 보내야 했다. 부모님 입장에서 보면 '아들을 너무나 사랑해서 모든 것을 아낌없이 주었지만 자식 덕을 보기는커녕 자식이 모든 것을 잃는 것'까지 지켜봐야 하는 신세였다.

만약 어린 시절 우리 부모님이 나에게 한없이 베풀지 않고 나를 일찍이 독립시켰으면 어땠을까? 아르바이트를 해서 용돈을 마련해야 했기에 돈에 대한 소중함을 일찍 깨우쳤을지 모른다. 일에 대한 소중함을 20대 초반에 알았더라면 어머니의 속을 그렇게까지 썩이지 않았을지 모른다. 그랬다면 나의 어머니도 좀 더 오래 사실 수 있지 않았을까. 부질없는 줄 알면서도 나는 가끔 그런 생각을 해본다.

부모를 잃고 재산마저 전부 탕진한 뒤에야 나는 비로소 철이 들었다. 한참을 방황하던 나는 뒤늦은 결심을 하고 유학길에 올라 학비와 생활비를 벌며 공부하느라 온갖 고생을 다해야 했다. 물론 유학 초기에는 누나가 학비나 생활비를 보태줘 힘든 고비를 넘길 수 있었던 것도 사실이다. 하지만 30대 중반의 늦은 나이에 돈 한 푼 없이 유학생활을 그나마 잘 마칠 수 있었던 것은 부모님의 그늘이 사라진 뒤의 절박함이 나를 강하게 만들었기 때문은 아닐까 생각해본다.

자식을 버려야 부모와 자식 모두 '윈-윈'한다

진정 자식들이 잘되기를 바란다면 일찍 독립시켜야 한다. 그리고 자식들에게 보상받을 생각이나 기대는 애초부터 버려야 한다. 그래야 자식이 잘되고 부모는 행복한 삶을 찾을 수 있다. 자식을 위해 자신의 행복을 포기한다면 결국 모두에게 손해가 될 뿐이다.

자식 뒷바라지하느라 모든 걸 쏟아부었는데 막상 나의 노후에는 아무것도 남은 게 없다면? 더구나 늙고 병들었는데 나에게 경제력마저 없다면? 정말 초라한 신세로 전락할 수 있다. 자식들에게는 좀 인색한 부모였지만 나중에 요양원이나 병원에 갈 능력이 되고, 해외여행 갈 능력이 되면 자식이 부모의 노후를 전혀 걱정 안 해도 된다. 반대로 자식에게 다 쏟았는데 나중에 늙어서 돈 없고, 치매까지 걸리면 자식이 부담돼서 부모를 버리고 도망갈 수 있다. 그러니까 내 인생은 내가 개척하고 내가 마무리해야 한다. 마찬가지로 자식의 인생 역시 자식이 개척하고 마무리해야 한다.

나에게는 딸이 하나 있다. 그 아이가 7세 때 전 아내와 이혼하고 줄곧 떨어져 살았다. 그래서 그런지 나도 모르는 사이에 딸아이는 훌쩍 커버렸다. 내가 하나도 해준 것이 없는데 건강하고 착하게 자라줘서 고마울 따름이다. 이제 어엿한 숙녀가 된 내 딸은 밝고 씩씩하게 자기 일을 열심히 하면서 멋지게 살아가는 중이다. 당당하게 살아가는 딸을 보면 자랑스럽고 한편으로는 조금 미안한 생각도 든다.

가끔은 이런 생각을 해본다. 만약 내가 이혼하지 않고 딸을 애지중지 키웠다면 어떻게 됐을까? 지나친 비약이겠으나, 어쩌면 나의 피를 닮아 방탕하게 생활하며 지금과는 다르게 자랐을지 모른다. 하지만 이혼가정에서 어렵게 큰 내 딸은 대학에 들어가자마자 아르바이트로 자기 용돈을 벌어서 썼다고 한다.

내가 해준 게 없기에 딸에게 바라는 것도 없다. 뒤통수 맞을 일도 없다. 만약 내가 나를 희생하면서 딸에게 많은 것들을 해줬다면 살아가면서 배신감을 느낄 일이 많이 생길지 모른다. 하지만 우리 사이에는 그럴 일이 없을 것 같다. 서로 자신의 삶을 잘 개척하며 열심히 살아가면 그만이다. 서로에게 위로와 격려를 보내주면 되는 것이다.

물질적이든 정신적이든 간에, 독립을 시켜야 부모 자식 간에 동등한 사랑의 방정식이 성립된다. 일방적으로 퍼주는 주종관계의 사랑이 아니라 서로 주고받는 사랑이다. 부모가 계속 돈을 퍼주면 주종관계 내지 갑과 을의 관계가 되고 사랑도 계산적으로 변질되어 얇아지게 되는 게 아닐까?

5
옛 생각
나는구나!

한때 잘나갔던 우리들

"언젠가부터 내가 이 사회에서 쓸모없는 사람이 돼버린 것 같아. 내가 그동안 어떻게 살아왔는데 말이야."

술자리에 가면 가장 많이 나오는 탄식 가운데 하나다. 특히 20대부터 온몸을 바쳐 사회생활을 해온 사람들의 경우 그 정도가 더 심하다. 내 손으로 키운 회사가 쑥쑥 성장하고, 사회와 국가에 그만큼 이바지하고, 내가 중요한 사람이라는 사실을 실감하면서 지금까지 살아왔는데 어느 날 갑자기 뒤로 밀려난 느낌이랄까? 아무리 치열한 경쟁사회라지만 1, 2년 사이 밑에서 치고 올라오는 후배들한테 승진에 밀리고 실적에 밀려 쓸모없는 퇴물이 되어버린 느낌. 중년의 남성들이라면 차이는 있겠지만 다 이런 상실감을 느끼며 살아갈 것이다. 그러다 보니 자연스레 추억을 먹고사는 사람들이 되어버린다. '내가 왕년에' 하면서 말이다.

나도 지금은 볼품없는 중년이 되어버렸지만, 젊었을 때는 나름 잘나가던 사람이었다. 1970년대 후반에서 1980년대 초반, 세칭 장안에서 조금 논다는 아이들은 나이트클럽에서 돈을 꽤나 뿌리고 다녔다. 당시에는 나이트클럽에 가면 밤을 세워야 했다. 통행금지가 시행되던 시절이라 통행금지가 해제되는 새벽 4시까지는 싫든 좋든 밖으로 나오지 못했기 때문이다.

그때 좀 놀아본 사람들이라면 명동 입구 퍼시픽호텔 지하에 있던 '뮤젠'이라는 나이트클럽과 장충동 타워호텔, 그리고 을지로에 있던 '풍전' 나이트클럽을 한 번쯤은 가봤을 것이다. 당대 최고의 가수들이라고 할 수 있는 사랑과 평화, 최헌과 호랑나비, 윤수일과 골든 그레입스 등이 고정 출연하던 클럽들이다. 당시 20대 초반이던 나와 친구들은 그곳에서 여성들에게 인기 많은 자칭타칭 최고의 명품 날라리들이었다. 젊을 때는 능력 있는 남자들이 놀기도 잘하는 법이다.

당시 나이트클럽 문화는 지금과 조금은 달랐다. 지금은 웨이터가 여성고객들을 데리고 남자 손님 테이블이나 룸에 들어가서 '부킹'을 해주지만 당시에는 남자 손님이 직접 나서야 했다. 누가 먼저 미인을 차지할 것인지는 전적으로 자신의 능력에 달려 있었기 때문에 경쟁이 치열했다. 때문에 우리는 술집에 들어가면 누가 먼저랄 것도 없이 여자 손님들이 있는 테이블부터 재빨리 훑어봐야 했다. 다른 팀이 먼저 작업을 걸어 뺏기기라도 하면 그날은 별 볼일 없이 우리끼리 놀아야 하기 때문이다.

"야, 저기 여자들 셋이 온 테이블 괜찮지? 완전 내 스타일이다."

"아니 거기 말고, 저기 봐. 긴 생머리에 미니 스커트…죽인다."

"좋아. 그럼 오늘 부킹에 성공하는 사람은 술값 내기에서 빼주자."

우리는 차례로 각자 마음에 드는 여자 손님이 있는 테이블로 가서 이른바 부킹을 시도한다.

"저…춤 한번 추시겠습니까?" 대개 이 한마디로 부킹을 시도하면 된다. 이때 여자 손님이 수락하면 자연스럽게 부킹이 이루어져 함께 무대에 나가서 놀면 된다. 반대로 거절당하면 그날은 그냥 남자들끼리 놀아야 한다. 가끔 뻔뻔스러운 남자들이 블루스 곡이 나올 때 마음에 드는 여자에게 다가가 느닷없이 손을 낚아채며 블루스를 요청하기도 했다. 여자 손님이 받아주면 다행이지만 그 반대의 경우, 작은 소란이 일기도 했다.

나는 174cm 키에 약간 마른 편이었다. 그 정도면 괜찮은 외모였지만 나와 같이 나이트클럽을 드나들던 멤버들은 키가 178cm 정도로 훤칠한 데다가 얼굴도 핸섬한 편이었다. 능력도 있었지만 외모로도 세칭 모델급 날라리들이었다. 그 친구들과 나이트클럽에 들어가면 여성들의 시선을 한몸에 받았기에 부킹에 실패하는 경우는 거의 없었다. 그래서 우리는 점차 다른 남자들과 다른 방식으로 부킹을 시도했다. 마음에 드는 여성 멤버들이 눈에 띄면 직접 찾아가지 않고 웨이터를 통해 그 테이블의 여성들에게 춤 신청을 했던 것이다. 요즘 같은 방법을 이미 그때 시도했는데, 우리의 부킹 성사율은 거의 90% 이상이었다.

술집에서도 먹히지 않을 나이

남자들이 노는 장소는 나이에 따라서 달라진다. 20대 중반까지는 여성들을 헌팅하는 재미에 주로 나이트클럽에서 논다. 하지만 20대 후반이 되면서는 노는 무대가 달라진다. 나이트클럽이 조금은 시시하고 어린아이들이 노는 곳처럼 느껴지기 때문이다. 당시에는 '스탠드바'라는 곳이 남자들에게 큰 인기였는데, 지금의 칵테일바와 가라오케를 합쳐놓은 듯한 형태의 술집이다. 어두운 조명에 미모의 바텐더들이 손님을 상대하며 칵테일을 만들어주는데, 그곳에서 바텐더와 대화하며 마시는 술은 또 다른 차원의 쾌감이 있었다.

당시 스탠드바는 이른바 성숙된 어른들의 놀이문화였다. 그래서 스탠드바를 드나드는 사람들은 조금 나이가 있거나 돈 많은 젊은이들이었다. 거기에서도 나와 내 친구들은 인기가 많았다. 손님들 중에서 상대적으로 젊고 신선한 데다 매너가 좋았기 때문이다. 바텐더들 대부분은 젊은 여성들이었기에 나이 많은 중년남성들보다 젊고 쿨한 우리에게 마음이 더 끌렸을 것이다. 당시 나이 먹은 유부남들은 돈을 주고 술을 마시는 것이니 당연히 돈을 준 만큼 어떤 식으로든 보상받기를 원했다. 그것도 노골적으로 추근거리면서 말이다.

"어이, 미스 리? 이리 와봐. 오늘 몇 시에 퇴근해? 퇴근하면 따로 술 한잔하러 갈까?"

"사장님 빨리 들어가셔야죠~. 사모님 기다리시잖아요."

"마누라는 무슨…그러지 말고 2차 어때?"

여성 바텐더 처지에서 보면 이런 손님들이 추하고 역겨울 수밖에 없었을 것이다. 그러다 보니 중년남성들은 젊은 여성 바텐더들에게 제대로 대접을 못 받았다. 그러나 젊고 매력적인 우리 같은 손님들은 바텐더에게 추근거리지 않는다. 그저 스탠드바가 좋아 어른 흉내를 내면서 그곳을 드나드는 것이니 항상 유쾌하게 술을 마셨다. 그래서인지 나이 많은 중년남성들처럼 돈을 많이 쓰지 않아도 당시 우리는 늘 바텐더들에게 최고의 대접을 받으며 흥겨운 술자리를 가질 수 있었다.

지금 생각하면 그때가 좋았다. 왜냐하면 이제 우리가 당시의 중년 아저씨가 돼 있기 때문이다. 20, 30대는 술집에서 직업여성이나 바텐더들에게 남자로 대접을 받지만 40, 50대가 되면 사정은 달라진다. 남자로 대접받는 것이 아니라 오로지 돈으로만 취급받는다. 매출을 많이 올려주면 대접을 받고, 매출도 올려주지 않으면서 오래 자리를 차지하고 있으면 싫어한다. 노골적으로 빨리 술값을 내고 나가기를 원한다.

"김 사장님~. 오늘 왜 이러실까? 컨디션 안 좋으면 빨리 들어가셔~. 아니면 과일 한 접시 내오라고 할까? 우리 매출도 좀 올려줘야지~."

속이 훤히 들여다보이는데도 참을 수밖에 없다. 만약 그럴 때 기분 나쁜 기세를 보이면 다음부터는 진상손님 취급을 받기 때문이다. 알면서도 너그럽게 나가줘야 다음에 그 술집을 다시 찾아갔을 때 그

나마 손님 대접을 받을 수 있다. 그런 현실이 짜증난다고 어디다 하소연할 데도 없다. 그저 쿨~하게 현재의 처지를 인정해야 한다.

좀 이상하게 보일 수 있겠지만 남자들은 나이가 들었다는 걸 이렇게 술집에서부터 실감한다. 술집에서조차 제대로 대접을 받지 못하는 처지가 한없이 서글퍼지는 것이다.

'퇴물'을 인정하기 싫으면 쿨하게 거래합시다!

우리 사회에서 '돈'은 곧 능력이고 계급이 된다. 그리고 그런 공식은 중년의 남성에게 더 잘 적용된다. 사회생활은 말할 것도 없고 가정에서도 마찬가지다. 돈 많이 벌어다 주면 고마운 남편이고, 시원치 않게 벌어다 주면 아무짝에 쓸모없는 퇴물 취급을 받는다. 아내조차 나를 더 이상 매력적이고 사랑스런 남편으로 보지 않는다. 만약 실직하거나 사업이 망하기라도 하면 인간 쓰레기로 전락하고 만다. 아무리 자상한 성격의 남편이라도 돈이 없으면 필요 없는 남편이 되고, 아무리 재미있는 아빠라도 돈을 못 벌어오면 무능한 아빠가 되고 만다. 돈이 많은 중년남자라도 '나의 가치는 돈으로만 평가받는구나!' 라고 생각한다면 한없이 우울해진다. 그렇다면 어떻게 해야 할까?

만약 가정에서 '돈 때문에 내가 가장 대우를 받는구나' 하는 느낌이 들면 그 돈을 역으로 나의 무기로 사용해야 한다. 얼마를 벌어다 주든 큰소리를 치면서 당당하게 가장 노릇을 하자. 자식들에게 재산을 일찍 물려주고 찬밥 신세 되지 말고 끝까지 나의 재산을 지키자. 어차피 내 돈 내고 마시는 술, 술집에서 큰소리치면서 마시자. 하지만 돈이 없다고 위축되거나 비참해 할 필요가 없다. 돈으로만 평가받으려고 하면 진짜 퇴물이 되기 때문이다.

물론 중년이 되면 돈을 써야 어디서나 사랑받고 대접을 받는다. 오죽하면 나이가 먹을수록 "입은 닫고 지갑은 열어야 한다"는 말이 있겠는가. 나 역시 이 말에는 공감한다. 그렇다고 돈으로만 승부를 걸려고 한다면 평생 이기는 게임이 아니라 비기는 게임에 올인하며 살아가야 한다. 이제는 '돈'이 아닌, 또 다른 나만의 매력을 찾아 승부해야 한다. 그래야 이기는 게임, 성공적인 삶을 살 수가 있는 것이다.

중년이 되면서 퇴물 취급당할 때의 기분은 어디다 비할 데 없이 참 쓸쓸하다. 하지만 그것은 피해갈 수 없는 통과의례 같은 것이 아닐까? 마치 청소년들이 성장통을 겪으면서 어른이 되어가듯이 말이다. 그래서 중년의 시기에 겪어야 하는 이런 '퇴물통'도 이겨내야만 한다. 조금은 힘들어도 누구나 예외 없이 겪어야 하는 것이라고 스스로를 위로하면서 말이다. 누구에게나 젊은 시절이 있었고, 때가 되면 중년을 거쳐 노년이 된다는 사실을 인정하자. 그래야 편하고 여유롭게 내 인생 후반을 설계하고 준비할 수 있을 것이다.

6

왜 노인 행세하고
자빠졌냐?

외모는 청춘, 행동은 늙은이! 이제 하나만 하지?

우리는 가끔 스스로 모순된 행동을 한다.

"너희가 뭘 알아? 내가 젊었을 때는 이런 식으로 하지 않았어."

아직 나이가 들었다는 걸 인정하기 싫어하면서도 순간순간 이런 말들이 튀어나온다. 퇴근 후 모처럼의 회식 자리에서 부하직원들이나 후배의 이야기를 들어주는 사람은 별로 없다. 대신 분위기 파악 못하고 자신의 경험담을 쏟아놓느라 정신이 없다. 부하직원들은 상사의 이야기가 재미없는데도 어쩔 수 없이 맞장구를 쳐주면서 열심히 듣는 척해야 한다. 이 얼마나 재미없고 곤욕스러운 회식 자리인가? 술값은 언제나 상사인 내가 내는데 술자리에 끼워주려 하지 않는 이유가 여기에 있다.

퇴물 취급당하지 않고 젊게 살고 싶다면 마인드를 바꿔야 한다. 요즘 젊은이들은 우리 세대와는 다르다. 선배의 말이라면…, 하고 무조건 따르는 척이라도 했던 과거의 우리와는 다르다. 다소 능력이 부족한 듯해도 선배를 대우하느라 참고, 양보하는 것이 우리의 정서였다면 요즘 세대들은 무슨 일이든 합리적으로 납득이 되어야 받아들인다. 언젠가 지인을 통해서 이런 얘기를 들었다.

"참…요즘 젊은이들 정말 위아래가 없어. 어쩔 때는 괘씸하다니까."

"무슨 일인데?"

"우리 회사에서 매년 해외지사로 보낼 사람을 뽑잖아. 먼저 희망자를 지원받아 그 가운데 가장 적합한 사람을 선정하는데 이번에 난리가 났잖아."

그 지인의 얘기인즉 이랬다. 미국 지사는 언제나 직원들한테 인기가 높아 지원자가 많았다고 한다. 그런데 전통적으로 연차가 좀 많은 사원을 그동안 고생했다는 차원에서 배려해 보내줬단다. 그리고 암암리에 그런 분위기를 다 받아들여왔다는 것이다. 이번에도 지원자 가운데 가장 연차가 많은 직원을 선정했는데 후배 직원들이 집단 반발했다고 한다. "영어 실력에서부터 모든 면에서 더 뛰어난 후배가 있는데 왜 그 사람을 보내냐" 하는 것이 반발의 이유였다는 것이다. 하도 말이 많아 미국 지사로 선정됐던 고참 직원이 결국 고사를 했다는 것이다.

"거 참, 회사 분위기가 이상하게 돌아가. 요즘 젊은 사원들 정말 무서워."

그 얘기를 듣는데 나도 왠지 씁쓸해졌다. 실력과 능력으로 평가 받는 시대라지만 어쩐지 선배 대접도 못 받고 점점 설 자리마저 없어지는 것 같기 때문이다. '내가 예전에 선배들을 이렇게 대우해줬으니 나도 그런 대접을 받겠지' 하고 안심하다간 큰 코 다치기 십상이다. 세상이 달라졌다. 그걸 인정해야만 한다.

직급이 높다고, 선배라고 무조건 대접을 받는 시대는 지났다. 실력을 쌓아야 하고 모르는 분야는 명쾌하게 인정하고 후배들의 이야기에 귀를 기울여야 한다. 무능하지만 인간성 좋은 선배도 싫어하고, 계급이 높다고 무조건 찍어 누르는 권위적인 선배도 싫어한다. 계급장을 떼도 실력으로나 인간적으로나 함께 어울릴 수 있는 선배가 돼야 한다. 앞으로 남은 반평생을 이 사회에서 젊은이들과 더 어울려 살아야 한다면 말이다.

나이가 쉰이 넘어도 서른 갓 넘은 사람보다 특정 분야에서의 경험은 적을 수가 있다. 서른 살의 박사가 쉰 살의 학사보다는 전문 분야의 학식이 훨씬 뛰어날 수 있다. 스무 살에 피겨 스케이트로 세계를 제패한 김연아 선수는 집중력이나 자기를 컨트롤하는 능력이 쉰 넘은 평범한 중년 아저씨보다 훨씬 더 뛰어날 것이다. 또한 젊은이들은 경험 대신 발랄한 패기와 창조적인 감각이 나이 먹은 사람에 비해 한층 뛰어날 수도 있다. 사람마다 경험이 다르고 감각이나 능력이 다르다. 그런데 나이를 먹었다고 젊은이들에 비해 더 잘났다고 어떻게 우길 수가 있겠는가?

고대 철학자 플라톤은 그의 저서 『국가』에서 쉰이 되어야 비로소 지도자 자격이 있다고 평가했다. 그는 쉰 살까지의 트레이닝 방법까지 자세하게 일러주고 있다. 그러나 플라톤은 지도자 자격을 말한 것이지, 일반적으로 나이 먹은 사람들이 젊은이에 비해 우수하다고 평가한 것은 아닐 것이다.

나이를 먹어가면서 대부분의 중년은 젊음을 동경한다. 그러면서도 왜 젊은 사람들에게는 노인 행세를 하려고 드는지 아이러니하다. 장유유서(長幼有序)의 전통 풍습이 자연스레 몸에 배어 있어서 그런 걸까? 나 역시 젊어 보이기 위해 청바지를 입고 다니면서도 가끔은 아이러니한 중년의 모습을 보일 때가 많으니 반성해야 한다고 생각한다. 어른 대접을 받으려는 순간 나이를 먹었음을 인정해야 할 것이다. 남을 가르치려 들고 지적하는 행동이 늘어난다면 이 또한 나이 먹었다는 증거다. 왜 나이를 일부러 먹으려고 안달들을 하고 있나? 쿨~해지면 오히려 중년의 콤플렉스에서 벗어날 수 있다.

뇌는 니들보다 낫다

'기억력과 암기력이 떨어졌다. 더 이상 머리가 안 돌아간다.'

우리는 이 모든 게 나이를 먹어서 뇌도 함께 늙어가기 때문이라고 생각한다. 하지만 그렇게 생각하면 오산이다. 우리의 이런 일반적인 생각이 잘못됐다고 말하는 사람이 있다. 뇌과학자 겸 〈뉴욕타임스〉에서 의학 담당 전문기자로 활동하는 바버라 스트로치가 바로 그 사람이다. 그는 자신의 저서 『가장 뛰어난 중년의 뇌』에서 "중년의 뇌는 놀라운 직관과 통찰력으로 더 빨리 문제의 해결책을 찾아낸다"고 밝히고 있다. 뇌과학 연구가들도 지난 몇 년 동안 '중년의 뇌가 가장 뛰어나고 똑똑하다'는 새로운 사실을 알아내 화제가 되기도 했다. 과연 이런 주장이 사실일까?

바버라 스트로치는 나이가 들면서 뇌의 기능도 쇠퇴한다는 일반적인 생각을 전면적으로 반박하고 있다.

"중년의 뇌는 탄탄하고 오밀조밀하게 형성되어 있기 때문에 젊은 사람들보다 더 영리하고 종합적으로 판단하는 능력을 지니고 있다. 어떤 복잡하고 어려운 문제를 해결하는 데도 젊은이들보다 훨씬 더 놀라운 직관력과 통찰력을 발휘한다. 중년의 뇌는 스무 살 때의 뇌보다 더 낫다."

이런 바버라 스트로치의 주장은 자칫 황당하게 들릴지 모른다. 하지만 그는 책에서 중년을 40~65세로 규정하는데, 복잡한 인지기술을 측정하는 검사에서 중년이 '지각속도'와 '계산능력'을 제외하고 '어휘' '언어 기억' '공간 정향' '귀납적 추리'에서 최고의 수행력을 보였다. 뇌과학으로 밝혀낸 사실 역시 '중년의 뇌가 더 똑똑하고, 더 침착하며, 더 행복하다'는 것이다.

얼마 전에 읽은 칼럼에 이와 비슷한 내용이 실렸다. 49~69세 중년의 조종사들을 대상으로 3년에 걸쳐 모의 비행장치 조종 실험을 진행했다고 한다. 처음에는 조종이 서툴렀지만 시험이 반복되면서 젊은 조종사들보다 더 뛰어난 능력을 보였다고 한다. 그 이유는 중년의 뇌가 신호를 전달하는 능력이 젊은 사람에 비해 더 뛰어났기 때문이라는 것이다.

중년 뇌가 뛰어난 또 다른 이유로 '양측 편재화'라는 것을 들었다. 젊었을 때는 좌뇌와 우뇌 가운데 한쪽을 주로 사용하지만, 중년이 되면서는 좌뇌와 우뇌를 모두 사용한다는 것이다. 양쪽 뇌를 같이 사용한다는 것은 뇌가 더 활발하게 활동하면서 과제를 수행한다는 의미다. 신속하게 문제를 인식해서 더 빨리 해결책을 찾아내는 중년의 뇌는, 그래서 더 침착하고 뛰어나다고 설명한다.

이처럼 중년 뇌는 젊은이들의 그것보다 더 우수하다. 나이 들었다고 절대로 기죽지 말자. 무언가를 하면서 나이 핑계를 대고 있다면 스스로 '비겁자'라는 사실을 인정하는 셈이 된다. '나이 들어서 암기력이 떨어졌다. 건망증이 심해졌다. 복잡하고 어려운 업무를 수행할 수 없다'고 미리 포기하지 말자. 당신의 뇌는 젊었을 때보다 더 유능하게 당신의 명령에 따라 무엇이든 수행할 준비가 되어 있으니 말이다.

아버지 수명보다 30년 더 주어진 인생

'당신은 지금 인생의 어디쯤 와 있다고 생각하는가?'

나는 가끔 나 스스로에게 이런 질문을 던져본다. 남자 나이 50대 후반. 예전 같으면 '인생의 전성기는 이미 지났으니 이제 서서히 인생을 정리하면서 여행이나 다니며 살아야지.' 이렇게 생각하는 사람들이 많았을 것이다. 실제로 일반 직장의 정년이 대부분 50대 중반이었으니 사람들은 은퇴와 더불어 뒷방으로 물러나 노인으로서의 삶을 준비했다.

하지만 시대가 달라져 이제 우리는 바야흐로 100세 시대를 맞고 있다. 내 나이 50대 후반이니 100세까지 살려면 40년도 넘게 남았다. 그 긴 세월을 놀면서, 여행이나 다니면서 살 수 있을까? 불가능한 일이다. 돈도 없고 또 아무것도 하는 일 없이 노는 것은 그다지 흥미롭지가 않다. 이 대목에서 우리는 한번 더 생각해봐야 한다.

시대가 달라졌으니 인생 사이클을 다시 짜야 한다. 그동안은 우리 인생을 크게 초년, 중년, 노년, 이렇게 세 단계로 구분해놓고 그에 맞게 인생을 설계해왔다. 그러다 보니 중년을 대개는 30대 중반에서 50대 중반 정도로 설정했다. 오죽하면 예순이 되면 자식들이 장수한 것을 축하한다고 '환갑잔치'를 해주었을까.

그런데 21세기로 접어들면서 이미 유럽에서는 생의 주기를 4단계로 나누고 있다.

- **제1연령기** '배움의 단계'로 학습을 통해 인생의 1차 성장을 이루는 시기
- **제2연령기** '일과 가정을 이루는 단계'
- **제3연령기** '인생에서 가장 긴 시기로, 인생의 2차 성장을 통해 자기실현을 추구해가는 시기'
- **제4연령기** '노화의 시기' 성공적인 나이듦을 실현해가고 젊게 살다가 삶을 마감하는 시기

위의 구분대로라면 제3의 연령기는 40~60대까지의 30년간을 말한다. 바로 이 기간이 2차 성장을 통해 자기실현을 추구해가는 시기

라는 것이다. 나 역시 동감한다. 무언가를 마무리할 시기가 아니라 다시 도전하고 시작해야 하는 나이인 것이다.

하버드 대학교 성인발달연구소에서 중년의 삶을 연구해온 윌리엄 새들러는 자신이 연구한 임상실험을 토대로 책을 낸 바 있다. 중년 전문가인 그는 마흔이 넘은 남녀 200명을 인터뷰하였는데, 그 가운데 50여 명의 삶을 12년 동안 꾸준히 관찰한 뒤 그 결과를 책으로 엮었다. 책의 내용은 정말 흥미로웠다. 그들에게 인생 최고의 전성기는 마흔 이후에 찾아왔기 때문이다. 물론 그런 행복은 거저 얻어지지 않았고 그 시기를 어떻게 보냈느냐에 따라 판가름이 난다.

"다시 젊은 시절로 돌아가고 싶습니까?"라는 질문에 그들은 한결같이 "그렇지 않다"고 대답했다. 그가 실시한 인터뷰 내용을 잠시 소개한다.

"젊었을 때는 자신에 대해 지나치게 걱정이 많고, 느긋해지기도 어렵고, 사고의 깊이도 없죠. 한마디로 아무것도 모르면서 우왕좌왕하는 시기죠."

그들은 젊음에 집착하지 않았고 마흔 이후 자신들의 삶을 더 사랑하고 있었다. 이런 얘기도 있었다. 그가 만난 두 쌍의 중년을 소개하면서, 그는 그 시기를 어떻게 맞이하고 준비했느냐에 따라서 10년 뒤 그들의 삶이 어떻게 달라졌는지 소개한다. 물론 경제적인 능력이나 직업 등이 비슷한 사람들이다.

- **사례 1:** 여유롭게 인생의 황혼기를 어떻게 편안하게 보낼지 고민하는 중년부부

- **사례 2:** 자신들이 해보고 싶었던 일들에 도전하면서 하루하루 바쁘게 살아가는 중년부부

사례 1은 40대 후반이었고, 사례 2는 50대 후반이었다. 그런데 10년 뒤 그들의 삶을 추적 연구한 결과 50대 후반이었던 중년부부가 훨씬 젊고 행복하게 살고 있더라는 것이다. 저자는 중년이라고 해서 성장이 멈추는 것은 아니라고 일갈한다. 오히려 이때에 자신의 숨겨진 가능성을 발견하고 창조적 변화를 이룸으로써 활기찬 삶을 맞이할 수 있다고 강조한다.

우리도 이제 그런 시기다. 부모 세대와는 달리 30년의 수명을 보너스로 더 얻었다. 그 보너스로 얻은 시간이 내 인생의 축복이 될지, 재앙이 될지는 전적으로 나에게 달렸다. 중년의 나이를 어떤 마음가짐으로, 어떤 삶의 방식으로 임하느냐에 따라 앞으로 반세기에 가까운 우리의 삶의 질이 결정되기 때문이다.

그래서 나는 독자들에게 젊었을 때 시도해보지 못했던 일들을 찾아서 다시 한 번 도전해보라고 말하고 싶다. 중년의 삶이 훨씬 더 활력 있고, 더 흥미로워질 수 있다. 내가 어떻게 마음먹고 어떻게 사는지에 따라서 내 삶은 30대의 젊은이가 될 수도 있고 60대의 노인이 될 수도 있기 때문이다.

내가 좋아하고 즐겨 부르는 팝송이다.

벗이여

나는 충실한 인생을 살아왔네

모든 하이웨이를 여행도 했고. 아니, 그 이상으로 내 인생을 걸었다네

달아나지 않고 해낸 거라네

모든 것에 정면으로 맞서고 몸을 피하지 않았다네

나는 사랑하고, 웃고, 울기도 했고, 충족한 기쁨도,

잃는 것의 억울함도 알고 왔다네

그리고 나는 부끄러운 짓은 안 했다고 말하겠네

그런 것은 나는 할 수 없다네

그것이 나의 인생이었네

―「마이 웨이(My Way)」 중에서

긴 인생길, 그 끝에서 후회 없이 다시 한 번 이 노래를 불러보고 싶다.

Enjoy

─────────────── ❖ ───────────────

2장

화끈하게 던져라!
그리고 신나게 놀아라

─────────────── ❖ ───────────────

여자들만 연예인을 부러워하는 건 아니다.

티를 안 낼 뿐이다.

다만 아예 따라갈 수 없으니 나와는 상관없는

딴 세상 사람들로 생각해버린다.

'저건 사람의 몸이 아니지',

'우리와는 다른 탁월한 유전자를

물려받은 존재들이야' 하면서 말이다.

그렇다면 당신은 축 처진 뱃살과

펑퍼짐한 엉덩이를 가진

아저씨 몸매로 평생을 살아가야 한다.

1
일단 배부터 좀
넣으시고

배불뚝이 아저씨의 몸짱 도전

세상에 공짜는 없는 법. 행복해지고 싶다면 이제부터라도 건강은
물론 외모에 신경을 써야 한다. 노력하면 배불뚝이 중년남성들도
충분히 몸짱으로 다시 태어날 수 있다. TV에서는 다이어트와 운동
을 통해 근육남이 돼서 나타난 중년 스타들이 얼마나 많은가? 심지
어 70대 몸짱 할아버지가 화제가 된 적도 있었다. 놀라웠던 것은 그
할아버지의 몸은 정말 30대 청년으로 보일 정도였다는 사실이다.
젊고 멋지게 살고 싶다면 우선 몸짱에 도전해보자.

사실 나도 지난해 단단히 마음을 먹고 몸짱에 도전했었다. 실제
로 효과가 있을지 반신반의하면서 다이어트와 운동을 병행했다. 그
런데 효과는 기대 이상이었다. 거울을 보면 절로 웃음이 나올 정도

로 옷 스타일이 살아났고, 외출하면 자연스럽게 여성들의 시선이 따라왔다. 청바지에 딱 붙는 반팔티를 입고 야구모자로 얼굴을 반쯤 가리면 내가 봐도 30대로 보일 정도였다.

"젊어보이세요~. 얼핏 보면 30대 후반이라고 해도 믿겠어요."

외모가 살아나니 자신감이 살아났고, 더 젊어진 기분이었다. 그때의 짜릿함을 어떻게 말로 다할 수 있을까?

흔히 몸짱이 되기 위해서는 대단한 각오와 피나는 노력이 있어야 한다고 생각하는데 꼭 그렇지는 않다. 얼마든지 나에게 맞는 방법을 선택해서 스트레스받지 않고 다이어트에 성공할 수 있다.

얼마 전 중년의 아나운서가 『폭탄주 마시며 식스팩 만들기 다이어트』라는 책을 내 화제가 된 적이 있다. '내가 좋아하는 삼겹살과 폭탄주를 마시면서 다이어트를 할 수 있다니.' 중년남성들의 귀를 솔깃하게 하기에 충분한 제목이다. 과연 어떤 비결이 숨어 있을까?

첫째, 아침은 신경 쓰지 말고 평소 먹고 싶었던 만큼 꼭 챙겨 먹어라.

둘째, 꼭 필요한 회식에는 참가해도 되지만 회식 다음날은 반드시 운동하겠다고 각오를 하고 회식에 참가하라.

셋째, 어떤 상황이 발생해도 일주일에 4일 이상은 반드시 운동을 하라.

얼핏 보면 실천하기에 그다지 어렵다는 생각은 들지 않는다. 오히려 이렇게 해서 몸짱이 될 수 있을까 의문스럽기까지 하다. 하지만 위의 내용을 잘 지키기만 하면 8~12주 안에 몸짱이 될 수 있다고 저자는 자신한다. 저자 역시 직업상 술자리에 자주 참석하는 편인데, 말 그대로 폭탄주와 삼겹살을 즐겨 먹으면서도 몸짱이 될 수 있었다고 한다. 그는 자신의 경험담을 얘기하며 중년남성들에게 "같이 몸짱이 되자"고 권유한다. 물론 이마저도 실천하기 힘들다며 지레 포기해버린다면 할 말이 없다. 하지만 시간과 노력을 조금만 투자해서 중년의 내 삶이 달라질 수 있다면 이 좋은 걸 마다할 이유는 없지 않을까?

50대 중반의 중견 탤런트 K도 몸짱이 된 뒤 삶이 달라졌다고 고백한 적이 있다. 그는 사극에 단골로 출연하는데, 중저음의 목소리가 매력적인 데다가 늦둥이를 둔 자상한 아빠이기도 했다. 그런 그가 용기를 내 다이어트에 도전했는데, 당시에는 무엇보다 건강 때문이었다고 한다. 평소 당뇨와 갑상선을 앓아왔는데 체중이 늘어나면서 점점 건강이 나빠졌다는 것이다. 그는 「살과의 전쟁」이라는 프로그램에서 혹독한 트레이닝과 식단조절을 감내하며 8개월 만에 무려 11kg을 감량했다고 한다. 그리고 살을 빼면서 자연스레 건강을 되찾고 몸짱도 되었다고 하니, 말 그대로 1석 3조의 효과를 얻은 셈이다. 그는 방송에서 자신의 경험담을 이렇게 털어놓았다.

"처음에는 50대라는 나이가 부담스러웠지만 시간이 갈수록 달라지는 체력을 보면서 나 자신도 믿기지 않더라구요."

그는 현재 '배불뚝이 아저씨'에서 '50대 몸짱 스타'로 변신한 뒤 많은 사람들의 부러움을 받으며 왕성한 활동을 지속하고 있다.

「나는 꼼수다」를 통해 화려한 입담으로 잘 알려진 정봉주 전 의원을 기억할 것이다. 그 역시 20대 못지않은 탄탄한 근육을 뽐낸 적이 있다. 그는 앞에서 소개한 탤런트 K와 55세 동갑내기다. 그런데 그의 몸짱을 위한 트레이닝 장소가 특이해 화제가 되었는데, 바로 교도소였기 때문이다. 그는 교도소 수감생활 중 꾸준하게 운동해 지금의 몸을 만들었다고 언론과의 인터뷰에서 귀띔했다. 나는 평소 그의 발언 스타일이나 정치적 행보를 별로 좋아하지 않았다. 하지만 그 얘기를 듣고는 그가 정말 새롭게 보였다. 탄탄한 몸도 부러웠거니와 '교도소에서 몸짱이 되어 나오다니', 존경스럽다고 해야 할까? 의지만 있다면 방법이나 형식에 구애받지 않고 몸짱을 만들 수 있다는 교훈을 그가 몸소 보여준 것이다. 몸짱이란 남자들에게 그렇게 멋진 것이다.

요즘 바쁘다는 핑계로 운동을 게을리하지만, 나도 그를 이기기 위해서 다시 몸짱에 도전하리라 마음먹고 있다.

빳빳해야 뭐라도 하지

얼마 전인가? 남성 발기부전 치료제 비아그라가 나오면서 남성들에게 폭발적인 관심을 불러일으켰다. 비아그라는 정상적으로 발기가 되는 남성들에게는 필요가 없는 약으로서, 발기가 안 되는 남성들을 위한 치료제다. 하지만 그것이 마치 정력을 강하게 해주는 신비의 약처럼 과대포장되면서 가짜 비아그라가 판을 쳤고, 비아그라가 비싼 가격에 뒷거래되는 기현상까지 벌어졌다. 아직도 나이에 상관없이 남자들은 비아그라에 죽고 못산다. 그만큼 남성들에게 성기능은 목숨처럼 소중하기 때문이 아닐까?

중년으로 접어든 남성들의 가장 큰 고민이 바로 이 성기능 문제다. 젊었을 때는 누구나 아침이면 팬티에 텐트를 칠 정도로 시도 때도 없이 발기가 되곤 한다. 그러나 중년에 접어들면서 결정적인 순간에도 발기가 되지 않고 힘이 없어진다. 남자들은 다 공감하겠지만, 그럴 때면 왠지 의기소침해지고 집사람에게 밀리는 기분이 든다. 심지어 죽고 싶은 생각마저 든다. 아마 여자들은 이런 남성들의 심정을 죽었다 깨어나도 모를 것이다. 예로부터 남자들은 "숟가락 드는 힘만 있으면" 또는 "문지방 넘을 힘만 있으면 성생활이 가능하다"고 했는데 왜 이렇게 빨리 성기능에 문제가 생기는 것일까?

한번은 절친 후배가 술을 한잔하자며 찾아온 적이 있다.

"선배는 아직 밤일에 문제없어요?"

우스갯소리로 질문을 던졌지만 후배의 표정이 어딘지 쓸쓸해 보였다.

"나야 뭐. 혼자서 살다 보니 스트레스가 없어서 그런가. 아직까지 뭐~. 근데 왜?"

"저는 언젠가부터…잘 안 돼요. 무엇보다 집사람 보기가 민망해서."

사업을 하는 그 후배는 경제적으로는 별문제가 없는 능력 있는 남편이었다.

물론 이리 뛰고 저리 뛰느라 늘 정신없이 바쁘고 스트레스가 많은 게 사실이다. 하지만 밤일에 문제가 생기면서부터 아내와의 사이가 어색해졌다며 고민하고 있었다. 차마 내놓고 병원을 찾아가기도 좀 그렇다고 했다.

"사업하느라 너무 스트레스 많이 받아서 그러는 거 아니야? 마음을 편하게 먹고 제수씨하고 허심탄회하게 얘기를 해봐."

우리나라 남성들은 참 불쌍하다. 우리 사회에서 능력 있는 남자로 평가받으려면 경제력은 물론 밤일도 잘해야 한다. 나를 찾아온 후배처럼 남자들 스스로 그런 강박관념에 사로잡혀 있는 게 사실이다. 하지만 현실은 어떤가? 중년이 되면서 가정과 사회에서 받는 스트레스와 중압감은 점점 커진다. 이런저런 이유로 밤일도 예전 같지가 않다. 그런데 여자들은 어떤가? 남성들과는 반대로 나이가 들면서 성욕이 더 왕성해지는 여자들이 많다. 그러다 보니 아내를 만족시키지 못해 남자들은 더 의기소침해지고 심리적으로 더 위축된다.

"제수씨를 만족시켜줘야 한다는 강박관념에서 좀 벗어나보면 어떨까?"

"…"

"그냥 편하게 그 시간을 아내와 즐긴다고 생각하면 되잖아. 여자들을 만족시킬 수 있는 방법은 얼마든지 있어."

많은 남성들이 착각하는 것 가운데 하나가, 여자들은 반드시 피스톤 운동을 통한 동물적인 섹스만을 좋아한다고 생각하는 것이다. 하지만 여성들은 동물적인 남성에 비해 정신적인 충족감이 더 중요하다고 한다. 전위를 충분히 해준다거나 다른 방법으로도 여성들은 충분히 만족할 수 있다는 걸 남성들도 알아야 한다. 만약에 성기능이 예전 같지 않다면 다른 쪽으로 아내를 만족시키면 된다. 이를테면 배우자의 마스터베이션을 도와준다거나 오럴 섹스를 해주는 방법이 있다. 그렇게 느긋이 생각해야 내가 편하고 성기능도 회복될 수 있다.

예전에는 목욕탕에 가면 보형물을 성기에 넣은 사람들을 가끔 볼 수가 있었다. 그런데 최근에는 그런 사람들이 예전보다 훨씬 더 늘었다고 한다. 예전에는 금이나 쇠구슬이나 플라스틱을 넣었는데, 요즘은 신소재를 사용해 부작용이 없고 외관상으로 거부감이 없어 보여서 젊은이들에게도 인기가 많다고 한다. 언젠가 술자리에서 만난 내 친구 의사는 이런 시술을 권장한다고 했다.

"성기 인테리어를 하고 나면 파트너뿐만 아니라 본인 스스로도 만족을 느끼는 사람이 많은 것 같아."

나 역시 공감한다. 남자는 자기 성기의 크기에 따라 으쓱해지기도 하고 위축되기도 한다. 섹스할 때뿐 아니라 심지어 화장실에서 소변을 볼 때도 옆 사람과 비교하면서 기뻐하거나 절망하게 된다. 여성들이 가슴 크기에 집착해서 수술하는 심리와 같다고나 할까? 여성들도 아마 본인 스스로 만족감을 얻기 위해 가슴 수술을 강행하는 경우가 많을 것이다. 남자들 심리도 마찬가지다. 그러니 나도 만족하고 아내도 만족시킬 방법을 찾아보자. 아내를 만족시키는 방법은 여러 가지다. 충분히 대화해보고 서로에게 맞는 방법을 찾다 보면 아내도 만족을 하고 점차 성기능도 회복되지 않을까?

비아그라 등의 약물에 의존하는 것도 하나의 방법이다. 내 주변에도 말은 안 하지만 비아그라를 복용하는 사람들이 한둘이 아니다. 이런 치료제는 발기부전으로 고통받는 수많은 남성들을 고통에서 구해주었다. 더구나 최근 국제비뇨기학회에서는 발기부전 치료제를 꾸준히 복용하면 나중에 복용을 중단해도 발기력이 회복돼 약효가 일회성에 그치지 않는다는 보고를 내놓았다. 중년남성들에게 대단히 고무적인 일이다.

문제는 약을 먹어도 소용이 없는 사람들이 너무나 많아지고 있다는 것이다. 그들은 약을 먹어도 소용이 없다고 어깨를 축 늘어뜨리고 다닌다. 아마 많은 중년남성들이 언젠가 나에게도 그런 순간이 오지 않을까, 막연한 두려움을 갖고 살아가는 게 사실이다.

하지만 죽으라는 법은 없는 것 같다. 현대 의학이 발달되면서 그렇게 고통받는 남성들에게 반가운 소식이 들려오고 있다. 내가 이쪽 분야의 전문가는 아니지만 그 성기능을 되살리는 요법들을 살짝 소개해보려 한다. 성기능 장애의 가장 큰 원인은 남성호르몬 감소 때문인데, 그로 인해 성욕 감퇴와 발기력 저하 증상이 나타난다. 그렇게 되면 의욕 상실로 이어지고 성기능은 더욱 나빠져 악순환이 되풀이된다는 것이다. 이런 증상에 효과를 볼 수 있는 것이 바로 남성호르몬 보충요법이라고 한다. 반가운 사실은 성기능 장애 치료는 물론, 우울증 해소에 도움이 된다는 것이다.

치료방법은 비교적 간단하다. 남성호르몬제를 바르거나 주사를 통해 보충받을 수 있다고 한다. 주사제는 월 1회 또는 3개월에 1회, 바르는 것은 어깨나 팔 또는 복부에 1일 1회 바르면 된다. 효과가 좋다고 하니 남모르게 고민하는 분들은 빨리 병원을 찾아가 치료를 받아보라고 권하고 싶다. 나이를 먹어가면서 신체의 모든 기능은 쇠퇴하게 마련이니, 그럴 경우 의학의 힘을 좀 빌리면 어떤가? 소화기능이 떨어지거나 시력이 떨어지면 약을 먹거나 안경을 쓰듯이 이

문제도 그냥 자연스럽게 받아들이면 된다. 이러다 정말 버튼만 누르면 저절로 발기가 되는 의약품이 나오지 않을까? 많은 다른 남성들처럼 희망을 가져본다.

가장이라는 감투로 나에게 희생을 요구하지 말라

중년의 가장들이 이제 조금은 이기적으로 살았으면 좋겠다. 가장으로서의 책임감과 부담감에서 어느 정도 벗어나 가족보다는 나의 행복을 먼저 생각해보면 어떨까 하는 것이다.

지금 우리네 중년 가장은 너무나 가정에 헌신적이다. 마치 그 옛날 우리 엄마들이 가족을 위해 헌신하던 모습과 너무나 닮아 있다. 남편과 자식을 위해 온전히 자신의 삶을 희생하고, 그 덕에 남편과 자식이 잘되면 그것으로 만족하던 분이 바로 어머니들이었다. 일종의 대리만족을 통해 행복감을 느꼈다고나 할까?

그런데 그 어머니의 삶을 보고 자라난 지금의 40, 50대 중년남성들도 가정과 사회를 위해 너무나 과도하게 희생당하고 있다. 사실 예전에는 아버지가 돈 한 푼 못 벌어와도 집에서 큰소리치고 심지어 술주정마저 당당하게 했다. 한 집안의 가장이니까 어머니 이하 자식들은 그런 아버지에게 순종했다. 그런데 지금 중년의 남성들은 왜 그때의 아버지가 아닌 어머니의 모습으로 살아가는 걸까? 직장에서는 명퇴를 당할까 눈치 보기 바쁘고 가정에서는 큰소리 한번 못 치고 주눅 들어 지낸다면, 중년가장들은 도대체 어디에서 폼 잡고 살 것인가?

같이 방송을 진행한 경험이 있는 Y는 옆에서 보기에 참 딱할 정도로 부인에게 쥐어 사는 공처가였다. 그는 언젠가 방송에서 이렇게 털어놓은 적이 있다.

"우리는 경제권이 전적으로 와이프한테 있어요. 저는 용돈을 타서 쓰는 형편이죠. 그러다 보니 어디 가서 마음 놓고 술 한잔 마시기가 쉽지 않아요. 방송을 많이 해서 돈을 많이 벌어다 주는데도 늘 눈치를 보니 가끔은 이게 뭔가 싶어요. 하지만 나는 오히려 그게 편한 거 같아요."

그는 그렇게 말하면서 허탈하게 웃었다. 실제로 Y처럼 아내한테 꼭 쥐어서 사는 중년 가장들이 생각보다 주변에 많은 것 같다. 나는 죽었다 깨어나도 그렇게 살 수 없을 것 같은데, Y의 얘기를 들으며 사람 취향에 따라 그렇게 사는 것이 행복할 수도 있겠다 싶다.

하지만 나는 편한 것과 행복한 것은 다르다고 생각한다. 예를 들어 본인 스스로 정말 갖고 싶은 뭔가를 사고 싶지만 마음대로 살 수 없고, 가끔은 후배들에게 큰소리치며 술 한잔 사고 싶은데 그럴 수 없다면 진정 행복하다고 말할 수 있을까? 나는 행복이란 짜릿한 그 무엇을 느껴야 진짜 행복이라고 생각한다.

나는 결혼생활 8년 만에 이혼을 했다. 물론 이혼한 뒤 후회한 적도 있고, 아내가 해주던 일을 직접 하려니 고생스럽고 귀찮은 적도 많았다. 어쩌다 몸이 아프면 외롭고 허전한 마음에 눈물이 나기도 했다. 하지만 결론적으로 말하자면 나는 이혼한 뒤에 더 행복해졌다.

결혼생활을 할 때는 아내와 애들을 위해 나의 것을 희생해야 할 때가 많았다. 나만의 시간, 즐거움, 가치 등을 양보해야 하고 어쩔 때는 내가 하고 싶은 것을 아예 포기해야 하고 아내와 자식에게 맞춰야 했다. 내 행복의 파이를 아내와 자식에게, 심지어 장인, 장모, 처남, 처제에게까지 나눠줘야 했다. "마누라가 사랑스러우면 처갓집 말뚝에다가도 절을 한다"는 옛말이 있듯이, 아내가 사랑스러우면 무엇인들 못하겠는가? 또한 아내와 자식들에게 얻는 행복감이 어디에 비길 수 없이 소중한 것임에는 틀림없다. 하지만 그것이 더 이상 행복하지 않고 오히려 내 삶을 갉아먹고 있다는 생각이 든다면 다른 삶의 방식을 선택해야 한다는 것이다.

모두가 나처럼 이혼이라는 극단적인 선택을 할 수는 없을 것이다. 그러니 이런 극한 상황이 올 때까지 참지 말고 조금은 나를 위해서, 내가 좋아하고 행복할 만한 일들을 찾아서 해야 한다. 아내와 아이들이 불평을 해도 두 눈 질끈 감고 나 자신을 위해 시간과 돈을 투자해보라는 것이다. 그렇게 조금은 이기적으로 사는 것이 내가 행복할 수 있는 길이니 말이다.

2
세상에서 가장 중요한 것은
언제나 '나'다

칭찬을 갈구하는 노예근성

시사평론가인 나는 요즘 본업보다 방송 진행자로 더 많은 활동을 하고 있다. 그런데 방송이라는 분야가 재미는 있지만 항상 사람을 긴장하게 만든다.

"이 박사님. 어제는 시청률이 바닥이었어요. 왜 그렇다고 생각하세요? 이러다간 곧 막 내리는 거 시간 문제예요."

"아…, 네. 참….."

"그리고 출연자에게 좀 더 화끈한 이야기를 끌어냈으면 좋겠어요. 진행자가 말이 너무 많아요."

방송이 끝나고 나서 이런 지적을 받을 때면 정말 어찌할 바를 모르겠다. 금세 위축이 되고 자신감이 없어지고 만다. 그러다가 시청률이 오르거나 내 방송에 대한 칭찬이 쏟아지면 그 짜릿한 기분은 어디에 비할 수 없을 정도다. 이렇게 일희일비하는 게 방송일이라 늘 긴장하게 되고 스트레스가 많지만, 내가 좋아하는 일이기에 견딜 수 있다. 아마 내가 싫어하는 일이었다면 벌써 방송국 문을 박차고 나갔을 것이다.

우리는 칭찬에 참 약하다. 그런데 나이가 들어가면서 이상하게 칭찬에 더 약해진다. 젊었을 때와 달리 자신감이 없어졌기 때문일까? 아마 많은 중년남성들이 남의 칭찬과 남의 시선에서 자유롭지 못할 것이다. 가정에서나 직장에서나 칭찬을 받아야 자신의 존재감을 확인받고 자신감을 찾는다. 물론 "칭찬은 고래도 춤을 추게 한다"는 말처럼 누구나 칭찬을 받으면 기분이 좋아지고 작업 능률 역시 더 올라간다.

하지만 너무 칭찬에 연연하다 보면 자칫 칭찬 콤플렉스라는 함정에 빠질 수 있다. 무슨 일을 하든 칭찬을 받아야 한다는 강박관념에 사로잡히다 보면 남의 눈치를 보게 되고 남의 평가에 따라 울고 웃게 된다. 하지만 타인의 칭찬은 잠시 나를 춤추게 할 수 있지만 진정 나에게 행복을 가져다줄 수는 없다.

내가 즐거운 것, 내가 행복한 것이 중요하다. 남의 평가에 따라 춤을 추거나 남의 평가가 내 행복이라고 착각하면 칭찬의 노예가 되기 쉽다. 남에게 칭찬받으려고 또는 남에게 비판받지 않으려고 행동하다 보면 남에게 의존적으로 되어버린다. 행복을 추구할 권리마저 나는 '을'이 되고 타인이 '갑'이 된다.

나를 춤추게 만드는 '갑'의 주인공은 자기 아내가 될 수도 있고,

직장상사일 수도 있고, 사회생활하면서 만난 주변 인물일 수도 있다. 혹시 그들에게 잘 보이려고 내 행복을 줄이고 내가 좋아하는 것을 참고 그들에게 맞춰 살고 있지는 않은가? 내가 행복하기 위해서 칭찬 콤플렉스에서 과감하게 벗어날 필요가 있다.

남의 칭찬에 내 행복을 맡기다가는…

"봉규야. 니는 지필묵을 다 대주는데 와 일등을 못하간?"

학창시절 아버지가 내게 자주 하시던 말이다. 한마디로 학비 대주고, 학용품 사주고, 용돈까지 주는데 왜 1등을 못하느냐는 핀잔이었다. 남들이 들으면 내가 공부를 꽤나 못하는 줄 알겠지만 사실은 그렇지 않았다. 나는 당시 '우수반'에 속해 있었고, 전교에서 30등 안에는 들었다. 반에서는 3등 정도의 좋은 성적이었다.

그러던 어느 날, 성적이 전교 50등 이하로 떨어지는 사건 아닌 사건이 벌어졌다. 사실 전교 50등이라고 해도 반에서는 5등 정도의 성적이라 그렇게 나쁘다고 할 수는 없었다. 하지만 나는 아버지에게 호되게 야단을 맞아야 했다. 나에게 워낙 기대가 컸던 아버지로서는 있을 수 없는 일이었던 것이다. 그런데 만약 전교에서 300등 이하의 성적을 받는 아이였다면 상황은 달랐을 것이다. 그 아이의 부모는 전교 50등을 했다고 좋아하면서 칭찬해주고 탕수육까지 시켜줬을지 모른다. 나는 당시 아버지로부터 호되게 야단을 맞으면서 반성하는 마음보다 억울하다는 생각을 떨쳐버릴 수가 없었다.

이렇게 평가의 잣대는 공정하지 못할 수 있다. 아무리 나를 사랑하는 부모라도 말이다. 어찌 보면 칭찬이란 지극히 주관적이고 감정적인 것인지도 모른다. 이렇게 원칙이 불분명한 '칭찬'이라는 타인의 잣대 때문에 나의 행복을 저당 잡힌다면 그 얼마나 바보 같은 짓인가?

아이러니하게도 남들은 자신의 목적과 이익을 위해서 타인에게 할리우드 액션으로 칭찬하는 수도 있다. 직장상사는 자신의 업적을 높이기 위해, 그리고 마누라는 생활비를 더 뜯어내기 위해 또는 잠자리를 더 즐겁게 하기 위해 할리우드 액션으로 칭찬할 수 있다. 여기에 넘어가서 춤춘다면 결국 그들에게 즐거움을 주는 것이지 나의 행복과는 거리가 있을 수 있다. 때로는 그들의 할리우드 액션이 나에게 행복을 줄 때가 있겠지만 말이다.

내가 즐거운 것이 곧 행복이요, 내 삶의 성공 포인트다. 내가 즐거운 일을 하다 보면 능률이 오르게 마련이고, 그러다 보면 남보다 더 잘할 수 있게 된다. 반대로 내가 하기 싫은 일을 칭찬받으려고 억지로 하게 된다면 결과는 불을 보듯 뻔하며, 즐겁게 일하는 사람에게는 당하지 못할 뿐만 아니라 행복하지 않다.

사실 나도 아직까지 남의 칭찬과 평가에서 자유롭지 못하다. 좋아하는 방송일을 하면서 칭찬의 노예가 되지 말자고 스스로 다짐을 해보지만 그게 말처럼 쉽지 않은 게 사실이다. 하지만 매일매일 마음을 다스리며 각오를 다져본다. 칭찬을 못 받아도 내가 좋아하는 일, 즐거운 일을 소신껏 하며 살아가는 게 내가 행복한 길이라는 걸 알기 때문이다.

더 이상 착한 남자로 살지 말라

"사람은 누구나 다른 사람에게 좋은 사람으로 보이기 위해 내가 원하는 내가 아니라 남이 원하는 나를 적절하게 연기하며 살아간다."

누구나 조금은 공감하는 말이다. 이 얘기는 페르소나(persona) 또는 일종의 '사회적인 가면'을 의미하는데 타인에게 진정한 나 자신을 내보이지 않고, 이른바 가면을 쓰고 살아가는 것이라고 이해하면 된다. 이런 현상에 대해서 소설가 김살로메는 다음과 같이 말한 적이 있다.

"저마다 페르소나라는 일종의 가면을 쓰고 행동하는데, 천성이 착한 사람은 자신이 그 가면을 쓰고 있다는 것조차 인식하지 못한다. 때문에 착한 사람은 진짜 나와 가짜 나의 경계가 덜하다. 하지만 그 반대인 사람은 대중에게 착하게 보이려고 진짜 나와 가짜 나 사이의 싸움으로 내면의 기를 탕진한다."

사회생활을 하면서 싫지만 어쩔 수 없이 해야만 하는 일들이 있다. 사회적인 위치나 체면 때문일 수도 있고, 상대의 부탁을 거절할 수 없기 때문일 수도 있다. 하지만 그런 행동이 남에게 상처받기 싫어서라거나 남에게 잘 보이기 위해서라면? 그건 남을 속이고 자신마저 속이는 것이다. 진정한 나의 모습이 아니라 이른바 착한 가면을 쓴 것이다. 하지만 우리는 이것이 착한 가면을 쓴 위장술이라는 걸 인지하지 못하고 살아간다.

전문가들은 이 같은 위장술이 어려서부터의 '착한아이 콤플렉스'에서 비롯된다고 진단한다.

"착한아이 콤플렉스란 타인에게 칭찬받기 위해 과도하게 자신의 감정을 숨기는 것을 말한다. 특히 엄한 가정환경에서 자란 아이들에게서 많이 나타난다. 어렸을 때 부모가 너무 엄하면 아이는 엄마의 사랑을 받기 위해 자신의 감정을 숨긴 채 착한아이가 되려고 발버둥을 치게 된다. 이 같은 현상은 성인이 되어서도 나타나는 경우가 많다."

얼마 전 천송이 신드롬을 일으키며 「별에서 온 그대」라는 드라마가 인기리에 방송됐다. 그 드라마에서 주인공 천송이 역할을 하는 전지현의 친구로 등장한 유인나의 캐릭터를 기억하고 있을 것이다. 그녀는 어렸을 때부터 전지현에게 늘 착한 친구로 나온다. 친구들에게 인기가 많았던 전지현은 배우가 돼서도 늘 주인공 자리를 차지한 반면에, 그녀는 언제나 조연에 불과했다. 심지어 그녀가 짝사랑하는 남자조차 전지현을 사랑하는 상황이었다. 친구에게 시기와 질투를 느낄 만한데도 유인나는 한번도 그런 내색을 하지 않던 착한 친구였다. 하지만 결정적인 순간에 그녀가 착한 가면을 쓰고 있었다는 사실이 드러난다.

극중에서 전지현은 위기에 빠져 추락하게 되고 대신 유인나가 친구의 자리에 앉아 승승장구하게 된다. 하지만 그녀는 전지현에게 전혀 미안해 하지 않고, 오히려 그동안의 서러웠던 속내를 노골적으로 드러낸다. 이런 그녀의 행동을 어떻게 설명할 수 있을까? 유인나는 전지현에게 콤플렉스를 가지고 있었고 그것을 가리기 위해 착한 가면을 쓰고 행동한 것이었다.

한편 전지현은 유인나를 항상 착한 친구로만 생각했는데, 배신을 당하고 나서 충격에 빠진다. 때로는 유인나에게 화를 내고 때로는 원망을 하지만 그녀를 이해하려고 노력하고 힘든 상황을 극복해나간다. 과연 누가 진정한 친구였을까?

극중에서 유인나는 가면을 썼고 전지현은 있는 그대로의 친구였다. 가면을 쓴 유인나는 불안감과 콤플렉스로 불행했다. 전지현은 우여곡절은 있었지만 남의 시선은 크게 신경 쓰지 않고 자신의 감정에 충실했기에 행복했다고 볼 수 있다.

드라마이기에 인물 설정을 극단적으로 했지만 우리도 대개 두 사람과 비슷한 성향을 갖고 살아간다. 만약 당신이 착한 가면을 쓰고 살아가는 유인나 같은 사람이라면? 진지하게 자신에게 물어볼 필요가 있다. 착한 가면을 쓰고 살아가는 것이 행복하다면 문제가 없겠지만, 불행하다고 느낀다면 과감하게 벗어나야 한다.

그러기 위해서는 무엇보다 자신의 의지가 가장 중요하다. '주변의 시선이나 칭찬에 너무 연연하지 말 것.' 그리고 '나의 생각과 가치관, 그리고 즐거움에 충실하기.' 지금까지 착한 가면을 쓰고 살았다면 이제 그것을 벗어던지고, 있는 그대로의 내 모습으로 살아가자. 그것이 결국 행복해지는 길이다.

3
니가 진짜
원하는 게 뭔데?

오늘 당장 죽는다면…

만약 죽기 전에 꼭 하고 싶은 일이 있다면 무엇인가? 아마 상상만으로도 즐거울 것이다. 하지만 대부분의 중년남성들은 자신이 무얼 하고 싶은지 모르고 살아간다.

"원래 내 꿈은 소설을 쓰는 거였는데. 처자식 먹여 살리다 보니 소설은커녕 매일 서류 붙잡고 씨름하고 있다."

"나는 대학 다닐 때 밴드 했잖아. 다시 기타를 잡고 싶은데…"

또래들과 술을 마시다 보면 현실이 팍팍하니 꿈 많던 옛날 얘기를 안주 삼아 대화하는 경우가 많다. 잠시나마 행복한 꿈을 꾸듯이 말이다. '처자식만 없다면….' '다시 옛날로 돌아간다면….' 하지만 그런 것들이 정말 이룰 수 없는 꿈인가?

어떤 이들은 아주 현실적인 꿈들을 얘기한다. '아들, 딸 시집 장가 잘 보내는 거.' '직장생활하는 사람이면 임원이 되는 거.' 그런데 그런 것들이 정말 죽기 직전에 내가 바라는 것일까? 내가 만약 6개월 후에 죽는다고, 사형선고를 받았다고 생각해보자! 임원이 되는 게, 자식들이 결혼 잘하는 게 그렇게 중요할까? 어쩌면 진정 행복한 것들을 놓치며 살고 있는 건 아닌지 한번쯤 생각해볼 일이다.

하고 싶은 건 많을수록 좋다

잭 니콜슨과 모건 프리먼이 열연한 영화 「버킷 리스트」는 나를 감동시킨 영화 가운데 하나다. 이 영화는 6개월이라는 시한부 선고를 받은 두 남자의 이야기다. 한 사람은 재벌 사업가, 또 한 사람은 자동차 정비사. 살아온 환경과 가치관 등 모든 게 너무나 다르지만 삶이 6개월밖에 남지 않았다는 공통점이 있다.

자동차 정비사 모건 프리먼은 어느 날 의사로부터 시한부 진단을 받고 충격을 받는다. 죽음을 목전에 두고서야 대학 시절 과제였던 '버킷 리스트'를 떠올리고 자신이 하고 싶었던 것을 하나하나 작성해보지만, 이룰 수 없는 쓸쓸한 추억에 불과하다고 생각하며 절망한다. 그러던 중 같은 병동에 있던 잭 니콜슨을 만나게 되는데, 그는 얼마 남지 않은 기간 동안 버킷 리스트를 함께 실행하자고 제안해온다.

영화는 두 사람이 병실을 나와 버킷 리스트를 하나하나 실행해가는 과정을 아름답게 그려낸다. 두 사람의 '버킷 리스트'다.

① 세렝게티에서 사냥하기

② 문신하기

③ 카레이싱

④ 스카이다이빙

⑤ 눈물 날 때까지 웃어보기

⑥ 세상에서 가장 아름다운 소녀와 키스하기

⑦ 자신을 화장한 재를 깡통에 담아 경관 좋은 곳에 두기

…

그들은 스스로의 버킷 리스트를 하나씩 지워가면서 삶의 의미와 기쁨 등 많은 것을 함께 느끼게 된다. 그리고 먼저 간 친구의 화장한 재를 깡통에 담아 히말라야의 경관이 가장 뛰어난 곳에 두는 것으로 마지막 버킷 리스트를 마무리한다.

여행 중 모건 프리먼은 친구 잭 니콜슨에게 이런 말을 한다. "고대 이집트 인들은 죽어서 영혼이 하늘나라에 가면 신에게 두 가지 질문을 받는다."

"인생에서 기쁨을 찾았는가?"

"당신의 인생이 다른 사람을 기쁘게 해줬는가?"

이 질문에 어떤 대답을 하느냐에 따라 천국행 여부가 결정된다고 한다. 나에게도 많은 생각과 과제를 던져준 대사였다. 과연 나는 인생에서 기쁨을 찾았던가?

나는 이 영화를 40대 초반에 보았다. 그리고 영화를 본 뒤 나만의 '버킷 리스트'를 정리해두었다. 인생의 뒤안길에서 후회하지 않기 위해서, 그리고 나의 행복한 삶을 미리 설계해두기 위해서다. 요즘처럼 치열한 경쟁사회에서 정신없이 살다 보면 정작 내가 좋아하는 게 뭔지 모르고 늙어갈 수 있지 않을까 걱정스러워서다. 그렇게 되면 버킷 리스트가 있어도 정작 실행하기 힘들지 모른다.

무엇보다 좋았던 것은 '버킷 리스트'에 무엇을 쓸 것인가 생각하는 동안 너무나 행복했다는 것이다. 정말 오랜만에 가슴이 뛰고 벅차오르는 것을 느꼈다. 막연한 꿈이 아니라 구체적으로 실행에 옮길 수 있는 꿈이기에 더욱 그랬다. 독자 여러분에게도 버킷 리스트를 작성해보라고 권하고 싶다. 지금 이 글을 읽고 있다면 지금 실천해보라. 그러면 여러분들 스스로가 행복을 가져다주는 열쇠를 주문한 것이나 마찬가지다.

이봉규의 '버킷 리스트'

시작이 반이라고 일단 실행을 해보는 게 중요하다. 막상 버킷 리스트를 적으려고 하면 망설여질 수도 있다. '이건 너무 시시하지 않을까? 이건 너무 거창하지 않을까' 하고 말이다. 버킷 리스트는 그냥 내가 정말 하고 싶었던 것들을 적으면 된다. 어느 정도는 내가 시간과 노력과 돈을 투자해서 실현할 수 있는 것들로 말이다. 나의 버킷 리스트는 다섯 가지다.

① 전 세계에서 내 카페 운영하기

② 백인여자와 6개월 동거하기

③ 영화 한 편 만들기

④ 아네트 베닝(Annette Bening)에게 키스하기

⑤ 여행방송하기

공개하기에 좀 쑥스러운 내용이 있지만, 이 다섯 가지는 정말 내가 꼭 해보고 싶은 것이고, 어느 정도 실행할 자신이 있다.

첫 번째, 전 세계에서 내 카페 운영하기.

전 세계라고 말하면 너무 거창하게 보일지 모르겠지만 내가 원하는 건 아시아, 유럽, 아프리카, 오세아니아, 북아메리카, 남아메리카. 이렇게 6대주에서 1년씩 아주 작은 라이브 카페를 직접 운영하는 것이다. 나는 이미 한국과 미국에서 1년 이상 라이브 카페를 운영해본 경험이 있다. 그 당시 내가 직접 피아노 연주를 하고 서빙도 하면서 손님들과 어울리며 즐거운 추억을 많이 쌓은 기억이 난다. 그때 생각했다. '이렇게 살아도 참 행복하겠구나.' 그런데 버킷 리스트를 생각하다 가장 먼저 떠오른 것이 바로 '전 세계에서 돌아가면서 카페를 해보자'는 것이었다.

큰돈이 드는 건 아니다. 아주 작은 규모로 차릴 것이기 때문에 설령 망한다고 해도 큰 타격은 없을 것이다. 나는 5000만 원 내에서 작은 라이브 카페를 차릴 것이다. 1년 후에 되팔 때 1000~2000만 원 손해를 보더라도 1년 동안 여행한 경비로 치면 될 일이다. 만약 손님이 많아 돈을 좀 벌게 된다면 이보다 더 좋을 순 없을 것이다.

카페를 차린다면 처음 목적지는 아프리카가 될 것이다. 좀 더 늙기 전에 저 험난한 땅 아프리카에서 나의 능력을 시험해보고 싶어서다. 남미와 유럽은 이미 가본 적이 있지만 아프리카는 경험해보지 못했기 때문에 호기심이 발동하기도 했다. 이제 내 나이 50대 중반을 넘어섰다. 그래서 이를 실행에 옮길 시점은 생각보다 빠를 수 있다. 슬럼프에 빠지거나 일이 끊어졌을 때 나는 언제든 떠날 것이다. 설레는 마음으로 낯선 땅, 낯선 사람들이지만 그곳에서 나만의 카페를 차리고 내가 좋아하는 음악을 연주하고 그곳 사람들과 어울려 살아갈 수 있다면 얼마나 행복할까? 생각만 해도 벌써 가슴이 벅차오른다. 그리고 1년 뒤 나는 미련 없이 정리하고 다음 행선지인 정열의 땅 남미로 출발할 것이다. 그곳에서 1년 뒤 유럽으로, 그 다음은 오세아니아로…. 그렇게 나의 꿈을 하나하나 이루어가려 한다. 그리고 그 꿈을 다 이룬 뒤 나는 흐뭇한 마음으로 '6대주에서 라이브 카페 운영하기'의 버킷 리스트를 지울 것이다.

'백인여자와 동거하기', '아네트 베닝의 손에 키스하기'

'금발 머리에 파란 눈, 그리고 눈부신 피부.' 나의 두 번째 버킷 리스트는 백인여자와 6개월 동안 동거하는 것이다. 좀 황당해 하는 사람들이 있겠지만 아마 남성들이라면 한번쯤 이런 생각을 해보지 않았을까? 10대부터 마릴린 먼로를 너무나 좋아했던 나는 이런 생각을 예전부터 해온 것 같다. 하지만 마릴린 먼로는 이미 이 세상 사람이 아니고 또 어딘가에 살아 있다 하더라도 이룰 수 없는 꿈이다. 그래서 먼로 대신 섹시하고 아름다운 다른 백인여자하고 한번 살아보고 싶은 것이다. 기간을 6개월로 한정한 것은 특별한 이유가 있어서는 아니다. 동거 기간이 너무 길어지면 자칫 지루하거나 질릴 수 있기 때문이다.

내가 술자리에서 이런 얘기를 털어놓으면 주변에서는 대강 이런 반응이 나온다.

"오우~. 신선한 발상인데? 근데 남들 이목이 있는데 할 수 있겠어?"

"너무 속보이는 짓 아니야?"

부러워하는 것 같으면서도 이런 부정적인 이야기를 한다. 하지만 내가 행복하고 상대 여성도 좋아한다면 무엇이 문제일까? 중년쯤 되면 이제 남의 이목에서 좀 자유로워져야 내가 행복하다.

나의 세 번째 버킷 리스트는 '영화 만들기'다. 나는 어릴 적부터 영화감상을 무척이나 좋아했다. TV에서 해주던 주말의 명화 같은 고전 영화는 다 섭렵했고 고교시절에는 사복 차림으로 영화관을 밥 먹듯이 드나들었다. 그 정도 열정이면 아마 영화판으로 진출했어도 이름깨나 날리지 않았을까 싶다. 영화를 만들어보고 싶다는 생각은 고등학교 때부터 꿈꿔오던 일인데 아직까지 그 꿈을 접지 않고 있다. 주변에서는 꿈이 너무 거창하다면서 말리는 사람들이 있다. 하지만 요즘은 스마트폰으로 영화를 만드는 시대가 아니던가?

박찬욱 감독은 30분짜리 스마트폰 영화를 만들어 세계적으로 주목을 받은 적이 있다. 61회 베를린국제영화제 단편 경쟁부분에서 황금곰상을 수상한 「파란만장」이 처음부터 마지막까지 스마트폰으로 촬영해 만든 영화였다. 물론 박찬욱 감독이기에 가능한 일이었겠지만, 나도 도전해볼 만한 일이라고 생각한다. 영화제에 출품하려는 허황된 꿈만 꾸지 않는다면 말이다.

전공이 정치학이고 지금은 시사평론가로 활동하고 있으니 내 지식과 경험을 잘 살릴 수 있는 영화를 만들면 되지 않을까? 내가 시나리오를 쓰고 연출도 하고 스스로 카메오로 출연도 하고…. 큰 욕심 안 부리고 30분짜리 저예산 영화를 만든다면 못 이룰 꿈은 아니다. 조그만 카페를 빌려서 내가 만든 영화를 친구들과 같이 본다면 얼마나 행복할까? 그 순간을 생각하면 벌써부터 가슴이 뛴다.

「대통령의 연인」, 「페이스 오브 러브」…. 우리 또래 남자 가운데 영화를 좋아하는 사람이라면 이 영화와 동시에 아네트 베닝을 떠올릴 것이다. 그녀는 1958년 개띠로 나와 동갑내기다. 그리고 지금 살아 있는 배우 가운데 내가 제일 좋아하는 여배우다. 내 생에 단 한 번만이라도 그녀에게 키스를 해보는 것이 나의 네 번째 버킷 리스트다. 이 여인도 이젠 나이를 먹었으니 내가 간절히 원한다면 들어주지 않을까?

내가 생각해놓은 작전은 대강 이렇다. 내가 진행하는 프로그램에 출연해 달라며 그녀에게 정식으로 인터뷰를 요청한다. 다소 치졸한 작전 같지만 한국의 팬들이 당신을 너무 보고 싶어 하니 인터뷰를 해달라고. 그리고 인터뷰를 마친 뒤에 그녀의 손이나 볼에 키스를 하는 것이다. 물론 키스 전에 그녀에게 솔직히 말할 것이다.

"나의 버킷 리스트 가운데 하나가 당신과의 키스입니다. 당신의 손이나 볼에 키스하는 걸 허락해주세요. 만약 나의 부탁을 들어주면 나의 평생소원을 이룬 것이기에 당신은 천당에 갈 수 있을 것입니다"라고….

그러면 아무리 아네트 베닝이라도 허락해주지 않을까? 사실 나는 마릴린 먼로를 더 좋아하지만 죽은 여자하고 키스할 수는 없는 법이니까.

마지막 버킷 리스트는 여행방송을 하는 것이다. 이런 생각을 하게 된 것은 내가 17년간 해외에서 살아온 이력과 무관하지 않다. 나는 젊은 시절 미국에서 6년, 일본에서 7년, 그리고 남미에서 3년간을 살았다. 당시에는 먹고살기 위해 이국땅에서 고생스런 생활을 했지만 그런 만큼 얻은 것도 많다. 다시는 돌아오지 않겠다는 다짐을 하며 이국땅을 떠나 우리나라로 돌아왔지만, 이 나이쯤 되고 보니 다시 가보고 싶은 생각이 든다. 다른 모습으로 말이다.

해외에서의 경험과 지금 하고 있는 방송 경험을 살려 여행방송을 한다면 정말 잘할 수 있을 것 같다. 그 나라의 역사와 문화를 함께 체험하면서 음식도 소개하고 먹으면서 방송하는 것이다. 돈도 벌고 여행도 하고. 이 얼마나 행복한 일인가? 요즘 방송계 사람들을 만나면 이 프로젝트를 열심히 설명하는 중이다. 그리고 머지않은 장래에 꼭 이룰 수 있을 것으로 기대하고 있다.

언제부터, 그리고 무엇부터 실행에 옮길지 나도 아직은 잘 모른다. 그리고 또 이 꿈들을 다 이룰 수 있을지도 아직은 미지수다. 하지만 나는 다섯 가지 버킷 리스트를 작성한 이후부터 항상 행복한 꿈을 꾼다.

4

담배는 끊어도
술은 끊지 마라!

제임스 딘을 꿈꾸다 제 명에 못 산다

우리 시대 남성다움의 대명사는 단연 제임스 딘이었다. 우수에 젖은 눈빛과 반항아 이미지. 그의 모습에 정말 많은 여성들이 열광했고, 남자들은 그를 닮으려고 꽤나 노력했었다. 당시 제임스 딘의 이미지를 완성시킨 데에는 몇 가지 요소가 있었다. 빨간 점퍼에 흰색 티셔츠, 청바지, 그리고 마지막이 '담배'였다. 담배를 피우는 그의 모습은 남자들이 봐도 매력적이었다. 그래서 당시에는 담배를 피우는 것이 남자답고 멋진 것으로 여겨질 정도였다.

"넌 어째 담배를 피워도 폼이 안 나냐? 담배는 모름지기 이렇게 속으로 깊이 빨아들였다가 한꺼번에 훅~ 내뱉어야 제맛이야. 다시 해봐."

고등학교 때는 쉬는 시간마다 화장실 뒤에 삼삼오오 모여서 이렇게 담배를 피워대는 진풍경이 벌어졌었다. 마치 그 대열에 합류하지 못하면 낙오라도 되는 듯한 분위기였다. 나는 담배를 고등학교 때부터 피웠다. 요즘은 담배의 폐해가 부각되면서 금연하는 사람이 많아졌지만 얼마 전까지만 해도 담배는 거의 모든 남자들의 필수품이었다.

고등학교 시절에는 화장실 뒤에 모여서 선생님 몰래 담배를 피우면서 우정을 다졌다. 대학 시절에는 술집에 앉아서 재떨이가 수북해질 때까지 담배를 피워대며 시국을 논했다. 직장에 다니면서부터는 회의할 때도, 업무를 보면서도, 그리고 뭔가 일이 잘 안 풀려도 담배 한 대를 피우면서 고민을 해결했다. 담배는 그렇게 우리 남성들과 긴 인생을 함께해온 친구 같은 존재였다.

하지만 나이를 먹어가면서 점차 담배를 끊는 사람들이 늘고 있다. 건강 때문이다. 아직도 담배를 끊지 못한 사람들에게는 요즘의 금연 추세가 무척 서운하겠지만 나는 이제 담배는 끊어야 한다고 생각한다. 말 그대로 백해무익하기 때문이다.

내가 담배를 끊은 것은 이혼하면서다. 1996년 이혼했으니 담배를 끊은 지 벌써 18년 정도 되었다. 지금 생각하면 그때 담배를 끊은 것이 내 인생 가운데 가장 잘한 일인 것 같다. 보통은 이혼하면서 겪는 스트레스가 많고 무엇보다 허전함을 달래기 위해 끊었던 담배를 다시 피운다. 하지만 나는 그 반대로 이혼의 허전함과 불안함을 담배에 의지하지 말자는 단순한 생각으로 담배를 끊었다.

내가 만약 이혼 후의 허전함과 외로움을 담배로 달랬다면 지금쯤 아마 골초가 되었을 것이다. 건강 역시 많이 나빠져 그야말로 비실

비실하고 담배 냄새 풀풀 나는 중늙은이 모습으로 살아가고 있을지 모른다.

백해무익 독극물 종합 세트

아직도 애연가들은 많다. 스트레스 해소에 담배만한 것이 없다거나 가격 대비 최상의 행복감을 준다는 것이 담배를 피우는 이유다. 나도 담배를 피워본 사람으로서 전혀 이해 안 되는 바는 아니다. 하지만 전문가들은 담배가 헤로인보다 더한 마약이라고 충고한다. 담배가 가진 장점을 운운하기에는 건강에 미치는 영향이 너무나 치명적이라는 것이다.

담배는 한마디로 독극물 종합 세트라고 할 수 있다. 담배에는 니코틴, 벤젠, 톨루엔, 페놀, 청산 가스, 암모니아, 카드뮴, 비소 등 4000여 종의 화학물질이 포함되어 있다. 그 가운데 확인된 A급 발암물질만 20여 종에 이른다고 한다. 특히 타르 성분은 폐에 치명타를 안겨준다. 만약 담배를 하루에 한 갑 피운다면 1년 뒤 폐 속에 종이컵 한 잔 분량의 타르가 쌓이게 된다고 생각하면 된다.

담배를 처음 피우거나 너무 많이 피웠을 때 가벼운 구토나 현기증, 두통이 생기는 것은 니코틴의 마비성 때문이라고 한다. 담배 한 개비를 피울 때 흡수되는 니코틴은 1mg 정도다. 사람의 경우 체중 1kg당 1mg이 치사량이므로 체중 60kg의 성인이 60mg 이상의 니코틴을 일시에 흡수하면 사망할 수 있다. 다시 말해 담배를 피우는 것은 매일매일 사약을 조금씩 마시는 것과 마찬가지다.

　이런저런 이유로 아직까지 담배를 피우는가? 중년 이후의 건강을 위해서 담배를 끊으라고 권하고 싶다. 세계보건기구(WTO)는 흡연 때문에 10초에 한 명씩 죽어가는 위험성에 대해 경고한다. 간접흡연으로 인한 희생자는 포함되지 않은 수치이니 아마 그 피해는 더욱 클 것이다. 참으로 끔찍한 일이다.

　건강상의 이유 말고도 흡연가들 중에는 대개 구질구질해 보이는 사람이 많다. 근처에 가면 특유의 냄새가 나서 인상을 찌푸리게 된다. 가족들이 집에서 담배를 못 피우게 하는 데에는 다 그만한 이유가 있는 것이다. 더구나 요즘 여자들은 담배 피우는 남자들을 더 이상 멋지게 평가하지 않는다. 그리고 담배를 피울 곳은 점차 사라지는 추세다. 이런 궁상맞은 상황에서도 당신은 여전히 담배를 피우겠다고 고집할 텐가?

담배는 악, 술은 천사

우리나라 사람들만큼 술을 좋아하고 많이 마시는 민족이 또 있을까? 소주, 맥주, 막걸리, 양주, 와인 등…. 주종에 관계없이 주변에 술이 넘쳐난다. 특히 요즘은 남녀노소를 막론하고 와인이 인기 절정이다. 과거에 비해 가격이 저렴한 데다 분위기 있게 즐길 수 있어 많은 사람들의 사랑을 받는 것 같다.

　플라톤은 와인을 '신이 주신 최고의 선물'이라고 평가했고, 의학의 아버지라고 불리는 히포크라테스는 "알맞은 시간에 적당한 양의 와인을 마시면 인류의 질병을 예방하고 건강을 유지할 수 있다"면서 극찬했다. 와인은 넓은 의미에서 과일을 발효시켜 만든 알코올 음료다. 와인의 효험을 이렇게 극찬했다면 술이 분위기 띄우는 데도 좋지만 정말로 건강에도 도움이 된다는 거다. 그래서 담배는 끊어도 술은 적당히 즐기라고 권하고 싶다.

술 마시는 문화를 보면 서양과 동양, 특히 서양과 우리나라와의 차이가 크다. 미국에서 카페를 하면서 느꼈던 것은, 서양 사람들의 경우 안주를 많이 먹지 않는다는 것이었다. 그저 맥주 한잔씩 따라 놓고 음악을 즐기거나 몇 시간 동안 얘기를 나눈다. 부어라 마셔라 하는 우리의 술 문화하고는 거리가 멀다. 덕분에 매출에는 지장이 있었지만 말이다. 반면 우리나라 술 문화를 보면 술을 마실 때 무슨 안주를 먹을지 먼저 결정하는 게 보통이다. 항상 녹화가 끝날 즈음 지인들로부터 한잔하자는 전화가 온다.

"오늘 약속 있어? 끝나고 삼겹살 먹으면서 한잔 어때?"

"좋지. 근데 오늘은 왠지 회가 더 당기는데?"

"그럼 1차에서 삽겹살 먹고 2차 포장마차 가서 먹지."

이렇게 술 약속을 하면서 어떤 안주를 먹을지 먼저 챙기는 게 우리의 술 문화다. 그래서 술도 마시고 맛있는 안주도 많이 먹는데, 이런 술 문화가 나는 좋다. 그래서일까? 같은 양의 술을 마셔도 안주 없이 술을 먹는 서양 사람들의 경우 알코올 중독자가 될 확률이 더 높다고 한다. 다시 말해 안주를 잘 챙겨 먹으면서 술을 마시기 때문에 건강에 큰 지장이 없을 거라는 게 애주가인 나의 주장이다.

물론 소주 다섯 병씩 매일 마신다면 큰일 나겠지만 말이다.

의사들은 건강을 생각해서 술, 담배를 다 끊으라고 말하지만 내 생각은 다르다. 술을 즐기면서도 얼마든지 건강하게 오래 살 수 있다. 내 친구의 아버지는 올해 95세다. 그런데 지금도 매일 반주로 소주 한 병씩 즐기신다는데, 그나마 주량을 절반으로 줄인 것이란다. 젊은 시절에는 점심 때도, 저녁 때도 소주를 한 병 이상씩 드셨다고 한다. 지금은 나이를 생각해서 양을 반으로 줄인 거라면서, 친구 아버님은 우리에게 장수 비결을 이렇게 전해주셨다.

"내 장수의 비결이 뭔지 알아? 바로 이거야. 밥을 먹으면서 마시는 반주~ 허허."

약간의 과장은 섞였겠지만 일리가 있다는 것이 의사인 내 친구의 말이다.

의학지에도 이런 내용은 숱하게 나와 있다. '술은 과하게 마시면 건강에 해롭지만 적당한 안주와 함께 적당량을 마시면 오히려 몸에 이롭다' 는 것이다. 더불어 이런 내용들이 덧붙여져 있다.

"술은 심장병을 예방해준다. 혈액 속에는 동맥경화를 촉진하는 나쁜 콜레스테롤과 동맥경화를 방지하는 좋은 콜레스테롤이 있는데, 적당량의 술을 마시게 되면 알코올이 혈중의 좋은 콜레스테롤 비중을 증가시켜 심근경색 등의 질환도 예방해준다."

연구결과도 잇따르고 있다. 미국의 미시간 대학교에서는, 적당량의 음주는 혈압조절에 효과가 있어서 와인을 적당히 마신 사람이 그렇지 않은 사람에 비해 심장병 발병률이 크게 낮다고 발표했다. 맥주를 적당히 마신 사람이 마시지 않은 사람들보다 심장병 발병률이 훨씬 낮다는 연구결과도 있다.

　세계보건기구에서는 적당히 술을 마시는 사람들은 그렇지 않은 사람들보다 평균수명이 길다고 발표한 바 있다. 즉 "적당한 음주는 신진대사에도 좋을 뿐만 아니라 심혈관 질병의 발생률을 낮춤으로써 평균수명을 늘린다"는 것이다. 실제로 일본의 장수마을 노인들 가운데 84%가 매일 술을 마신다고 한다. 미국 보스턴의 한 양로원에서는 매일 오후 노인들에게 맥주를 공급했는데, 두 달 뒤에 놀랄 만한 결과를 얻었다고 한다. 걷지 못하던 노인들 가운데 스스로 걸을 수 있는 자가 21%에서 74%로 크게 늘어났다는 것이다. 놀라운 일이 아닐 수 없다.

　술의 좋은 점을 열거하라면 끝이 없을 것 같다. 술에는 생각보다 영양분이 풍부하다. 황주 당분, 텍스트린, 유기산, 32종의 아미노산, 각종 비타민, 단백질, 칼슘 등이 풍부해 우리 몸에 필요한 영양분을 공급받을 수 있을 뿐 아니라 소화제 역할도 한다. 식사 전의 적당한 음주는 소화계통 내의 각종 소화액 분비를 촉진하여 소화계통의 기능이 떨어지기 시작하는 중년층에게 유익하다는 것이다. 나 같은 애주가에게는 정말로 반가운 소식이 아닐 수 없다. 이 정도 되면 담배는 끊어도 술은 적당히 마셔야 하는 이유가 충분하지 않을까?

연애의 시작은 역시 술이지

내가 술을 예찬하는 또 다른 중요한 이유는 술은 '연애의 촉매제' 이기 때문이다. 술은 안 되는 일도 되게 만드는 마력이 있다. 술을 마시면 맨 정신으로는 못할 이야기도 술술 하게 되고, 평소 용기가 없던 사람은 용기를 내게끔 만들기도 한다. 술자리에서 대화가 통하고 마음이 통해 연애가 시작되는 경우도 바로 그런 이유 때문 아닐까?

"자다가 일어났는데 내 방이 아니다. 어떻게 된 일일까? 놀라서 주위를 둘러보니 나는 알몸이고 내 옆에는 평소 친구로 지내오던 ◯◯이가 자고 있다. 헐~. 기억을 더듬어보니 어제 술을 마시다가 어쩐 일인지 이 여인과 대화가 잘 통했고 의기투합해 2차, 3차로 이어졌다. 그리고 스스럼없이 모텔까지…."

너무나 많이 접해본 레퍼토리다. 하지만 이런 상황이 드라마나 영화는 물론 실제로 비일비재하다. 이렇게 술이 매개체가 돼서 뜻하지 않게 연애를 하고 결혼하게 된 사람들이 셀 수 없이 많을 것이다. 내 주변만 봐도 손가락으로 다 헤아리지 못할 정도다.

아무리 깐깐한 요조숙녀라도 가끔은 술을 핑계로 남자들에게 넘어가주기도 한다. 술을 마시게 되면 아무리 새침하고 까다로운 여성이라도 성욕(性慾)이 있는 인간 본연의 모습으로 돌아가게 마련이다. 그래서 상대에게 어느 정도 호감을 가지고 있었다면 그 사람에게 끌리기 마련이다. 술은 이처럼 사람을 무장해제시킬뿐더러 여유롭고, 관대하고, 담대하고, 솔직하게 만든다. 적당량의 술은 그래서 연애의 묘약이라 할 만하다.

참고로 영화 「하녀」를 보면 술과 관련해 이런 장면이 나온다. 재벌이자 주인인 이정재는 하녀인 전도연의 방으로 잠입해 들어갈 때

'와인'을 가져간다. 그러고는 침대에 누워 있는 전도연에게 명령조로 대뜸 와인을 권하는데, 전도연 역시 묻지도 따지지도 않고 와인잔을 받아들고 단번에 마셔버린다. 그리고 두 사람은 바로 잠자리에 든다. 대사 한마디 없이 모든 게 너무나 순조롭다.

술이 있었기에 두 사람이 별 거부감 없이 의기투합한 것이 아닐까 나는 생각한다. 말없이 술잔을 권하는 것은 "나하고 연애할래요?"라고 건네는 물음이고, 그 잔을 받는다면 "기꺼이"라고 대답하는 것과 마찬가지다. 영화 속에서 전도연이 만약 술잔을 받지 않았다면 정사장면이 성사되지 않았거나, 이정재가 전도연을 강간하는 장면으로 바뀌었을지 모른다.

할리우드 영화에서도 남녀 주인공은 키스하기 직전에 대부분 술잔을 기울인다. 이런 행동 역시 암묵적으로 '묻고 대답하는' 잠자리 프러포즈의 요식행위라고 보면 된다. 거기에 또 한 가지 의도가 숨어 있다면 술을 한잔하면서 상대방의 입 냄새를 없애려는 의도가 숨어 있을 것이다. 영화 「하녀」에서도 마찬가지다. 자다가 일어난 하녀에게서 입 냄새가 났을 것은 너무나 뻔한 일. 따라서 자기가 즐기는 와인 향기로 하녀의 입안을 소독하려는 속내가 숨어 있었던 것이다.

술은 잘만 활용하면 모든 게 좋다. 연애를 비롯한 인간관계를 풍성하게 해줄 뿐만 아니라 나의 건강에도 좋은 약이 될 수 있다. 그래서 술은 잘만 다스리면 내 인생의 좋은 동반자가 될 수 있다. 중년에 건강하고 행복한 삶을 살고 싶다면 당장 담배는 끊고 술은 적당히 마셔라.

5
섹스, 그 달콤한
꿈을 좇아서

장수하고 싶다면 섹스를 즐기자

당신은 언제가 가장 행복한가?

"맛있는 거 먹을 때."

"쇼윈도에 걸려 있는 멋진 옷을 사서 입고 외출하기 전 거울을 볼 때."

"퇴근 후 친구와 만나 술 한잔할 때."

"하는 일이 잘 풀려서 돈을 잘 벌 때."

"꼭 가보고 싶었던 나라를 여행할 때."

아마 답하는 사람에 따라서 수백, 수천 가지 대답이 나올 것이다. 하지만 우리를 행복하게 만드는 요소를 크게 나눠보면 결국 돈, 지위, 취미, 옷, 맛있는 음식, 술, 섹스…이런 것들이 아닐까 한다. 그렇다면 남성, 특히 중년남성을 행복하게 만드는 건 무얼까? 사람마다 성향은 다를 수 있지만 가장 강력하고 짜릿한 행복은 아마 사랑하는 여성과의 감미로운 섹스일 것이다. 거기에 더해서 사랑하는 여인과 맛있는 음식을 먹으면서 술에 취해도 보고, 취미활동도 같이하면서 섹스까지 한다면 뭘 더 바라겠는가?

섹스는 극도의 행복감을 가져다준다. 미국에서는 한 여성이 파트너와의 성관계 이후에 무려 2시간가량 오르가슴이 계속돼 결국 응급실에 실려간 일이 있었다. 영국의 한 매체가 이런 기사를 실어서 화제가 됐다. 그 주인공은 시애틀에 사는 여성이었다. 그 여성은 자신의 남자친구와 처음 섹스를 한 뒤에 쾌감이 그치지 않아 거실 바닥에서 껑충껑충 뛰기까지 했다고 한다. 그녀가 용감하게 공개한 유튜브에는 그런 그녀의 모습이 고스란히 담겨 있다.

"섹스를 마친 뒤 남자친구는 옷을 챙겨 입고 있다. 하지만 그녀는 오르가슴이 멈추지 않았기 때문인지 연신 신음 소리를 내며 침대 옆에서 껑충껑충 뛰고 있다. 좀처럼 진정되지 않자 남자친구가 와인을 따라주면서 그녀를 진정시키려 하지만 소용이 없는 듯하다."

유튜브 영상은 대강 이런 내용이다. 아주 특이한 경우이지만 오르가슴은 이렇게 고통에 가까운 극한의 쾌락을 가져다준다. 유튜브의 이 커플은 30대 정도로 보이는데, 평범한 우리 중년들도 섹스를 통해 충분히 행복감을 맛볼 수 있다.

내가 바라는 행복도 그런 것이다. 사랑하는 여인과 잠자리를 가진 뒤 단잠에 취하고 아침에 상쾌하게 일어나서는 사랑하는 여인과 모닝커피를 마시는 것. 그렇게 하루를 시작할 수 있다면 나는 더 바랄 것이 없다. 50대를 훌쩍 넘긴 중년의 나이이지만 나는 아직도 이런 사랑과 삶을 꿈꾼다.

만약 지금 함께 살고 있는 아내와 여전히 이런 사랑을 나누는 사람이 있다면 당신은 정말 행운아다. 평생 한 사람과 가슴 설레는 사랑을 나누면서 살 수 있다면 정말 축복받은 삶일 것이다. 하지만 안타깝게도 많은 사람들의 경우 사정은 다르다.

가슴이 설레는 것까지는 바라지 않더라도 여자로 느껴지지 않는다고 말하는 사람들이 많다. "그냥 집사람이고 아이들의 엄마인 사람, 가족으로 사는 것이지 더 이상 남녀관계가 아니다"라고 말이다. 그런 아내와 섹스리스로 산 지 오래됐다고 말이다. 나는 그런 밋밋하고 무미건조한 삶에 반대한다.

섹스를 통해서 얻는 것이 단순한 행복감만은 아니다. 섹스가 우리 몸에 좋다는 얘기는 이미 잘 알려진 사실이다. 중년에 건강하게 오래 살고 싶다면 "섹스를 즐겨야 한다"고 전문가들은 조언한다.

"섹스는 면역체계를 향상시키고 혈압을 낮춰준다. 심장마비로 사망에 이르는 위험을 줄여준다. 숙면을 취할 수 있게 하고, 불안감과 우울감을 낮춰주며 또래보다 젊어보이게 한다. 자신감을 높여주고 대인관계도 좋게 한다."

중년의 나이에 섹스를 자주 해야 할 이유는 넘치도록 많다. 그런데 사는 게 바빠서 또는 더 이상 아내와 섹스를 하지 않기 때문에 이 좋은 걸 포기하고 산다면 당신은 진정 불행한 사람이다. 만약 아내와 다시 예전 관계를 회복할 수 없다면 새로운 사랑이라도 찾아야 한다. 이 땅의 많은 아내들에게 몰매를 맞을 발언이지만 말이다.

평균수명은 갈수록 길어지는 추세다. 따라서 앞으로 40~50년 이상을 더 살아야 하는데 그 긴 시간들을 어떻게 할 것인가? 가정이라는 굴레 때문에 또는 나이를 먹어서 이제는 사랑을 할 수 없다고 미리 단정지을 필요는 없다. 배가 처지고, 얼굴이 쭈글쭈글해져도 얼마든지 가슴 설레는 사랑을 나눌 수 있다.

영화「메디슨 카운티의 다리」의 클린트 이스트우드와 메릴 스트립의 사랑, 그리고「페이스 오브 러브」의 아네트 베닝과 애드 해리스 간의 사랑…. 이들이 나눈 사랑은 나이가 들었어도 얼마나 아름답고 애절했는가? 물론 영화니까 좀 더 애틋하고 드라마틱하게 그려졌다고 생각할지 모르지만 현실에서도 이런 사랑은 얼마든지 가능하다.

중년의 사랑이 더 깊고, 아름다울 수 있다. 그리고 우리의 삶을 더욱 풍요하고 행복하게 만들 수 있다는 사실을 잊지 말자.

출장을 기다리는 남자들

내 주변에는 이혼을 못하고 억지로 사는 이들이 생각보다 많다.

"성격도 더러워지고 왜 그리 드센지. 이 여자가 이런 여자였나 싶어…."

"그 정도면 차라리 이혼을 해."

"애들이 있는데 어떻게 이혼해. 또 이혼한다고 해서 뭐 뾰족한 수가 있는 것도 아니고…."

아내에 대한 불만을 털어놓다가도 내가 이혼을 권하면 방어하기에 바쁘다. 애들 핑계도 있지만 그들 스스로 가정을 깰 엄두를 못내는 것이다. 그것도 이해 못하는 바는 아니다. 아내와의 사이가 나빠졌다고 이혼한다면 우리 사회는 어떻게 돌아가겠는가? 하지만 남자로서의 삶을 생각하면 안쓰럽다는 생각이 든다.

"밤일은 무슨~. 나한테 핏대를 높이고 대들다가도 밤에 콧소리 내면서 다가오면 정말 무서워."

아내와의 잠자리는 공포 그 자체라 요리조리 피하게 되고, 결국 의무 방어전 겸 연중행사로 치르고 있다고 한다. 아내와의 관계를 통해 행복감을 느끼는 일은 이제 더 이상 그른 것이다. 이런 하소연을 하는 중년남성들이 어디 내 주변에만 있을까?

그런데 남자들의 심리란 것이 참으로 요상하다. 출장 가서 술 한 잔 걸치면 다른 여인과의 섹스 생각이 간절해 잠이 오지를 않는다. 당연히 굶주린 하이에나처럼 호텔 바를 찾아 두리번거리거나 아예 돈 내고 섹스할 수 있는 술집을 찾게 된다. "아내와의 잠자리 때는 끄덕도 안 하던 그 물건이 이상하게 잘 서더라." 이런 이야기는 남자들 세계에서 더 이상 우스갯소리만은 아니다.

하지만 직업여성과 잠자리를 하는 것은 매우 위험한 데다가 불법이다. 더욱이 돈도 돈이지만 찝찝한 뒷맛을 지울 수가 없다. 그런데 아내 앞에서는 미동조차 없다가 생전 처음 보는 젊은 직업여성 앞에서는 발기가 잘 된다는 것이 신기할 따름이다. 남자란 본능에 충실한 동물이라서 그런가? 정신적으로는 뭔가 개운치 않은데도 몸이 반응하는 이런 이율배반적인 행태를 그저 수컷 본능이라고 이해해야 할까? 그런데 이런 상황을 상습적으로 반복한다면 그건 심각한 문제라고 생각한다.

당신은 이런 부류인가? 그렇다고 판단된다면 이혼하는 게 낫다. 이혼이 무책임한 게 아니라 오히려 가족과 본인에게 책임지는 자세라고 생각한다. 다른 여성과 몰래 섹스를 즐기면서 억지로 부부관계를 맺고 살아가는 것은 가족은 물론, 본인에게도 배신 행위다. 출장 가서 어쩌다 한 번 술김에 직업여성과 섹스했다고 이혼하라고 주문하는 것은 아니다. 지속적으로 다른 여성과 관계를 맺거나 돈으로 해결하는 성관계를 이어간다면, 아내를 사랑하고 있지 않다는 증거이니 이혼하라는 것이다.

이혼이 우리 사회에서 더 이상 손가락질받을 특별한 일은 아니다. 2012년 기준으로 우리나라의 이혼 건수는 무려 11만 4300여 쌍에 이른다. OECD 국가 중에서 1위이고 사실혼까지 합하면 그 숫자는 훨씬 많을 것이다. 이 같은 수치가 불명예스럽다는 반응이 많지만, 나는 오히려 다행스럽다고 생각한다. 이혼율이 높다는 것은 그만큼 자기의 행복에 관심이 많아졌다는 반증일 테니까. 고정관념이나 남의 시선 때문에 참고 사는 것보다 나의 행복을 찾아서 이혼하는 게 더욱 현명하다. 이제 우리 사회에서 '돌싱'이라는 말이 보편적으로 쓰일 정도로 이혼은 더 이상 특별한 일이 아니다. 이혼이 내 인생의 큰 오점이라는 생각은 버려라.

사랑의 욕구는 죽을 때까지 멈추지 않는다

당신은 지금 혹시 혼자인가? 그렇다면 행복한 것이다. 언제든 새로운 사랑을 시작할 수 있으니 말이다. 그 상대는 지금 다니는 직장에서 만날 수도 있고, 모임이나 동호회에서 나타날 수도 있다. 요즘은 예전과는 달리 마음만 먹으면 남녀가 자연스럽게 만날 수 있는 기회가 넘쳐난다. 특히 산악회는 '헌팅회'라고 부를 정도라고 하는데 그 말에서 느껴지듯이 남녀가 어울려 등산하고 난 뒤 뒤풀이 자리에서 눈 맞는 경우가 많다고 한다. 맑은 공기를 마시면서 산의 기운을 잔뜩 받아서인지 남성들은 물론이고 여성들의 마음도 술을 한잔하면 느슨해지고 풀어지나 보다. 그렇게 만나 연애를 시작해 좋은 인연으로 이어진 커플들이 생각보다 주변에 많다.

동창회도 좋은 계기가 될 수 있다. 20년 만에 나간 동창회에서 예전의 이성친구를 봤는데 가슴이 뛰더라…. 그렇다면 자연스럽게 다가가보라. 마침 상대의 가슴 뛰는 소리가 내 귀에 들리는 것 같은 기분이 든다면 주저 없이 프러포즈를 하면 된다. 학교 때 친구는 젊은 시절을 공유한 추억이 있기에 좀 더 끈끈하게 이어질 수 있다. 이처럼 중년의 나이라고 해도 이성을 만날 기회는 널려 있다. 혼자 몸이 되면 세상의 반은 여자라는 사실이 실감나고 기회는 나에게도 바람처럼 찾아올 것이다.

연애에 영 소질이 없다 싶으면 커플 매니저에게 의뢰해도 된다. 최근의 결혼정보회사는 맞춤 서비스 개념을 도입하여 내가 원하는 파트너를 만날 때까지 연결해준다. 나이, 키, 외모, 학력, 자녀의 유무, 직업, 성격, 심지어 경제력까지 말이다.

커플 매니저와의 상담을 통해 내가 원하는 배우자 조건을 제시하면, 컴퓨터 작업을 통해 그들만의 특별한 노하우를 바탕으로 최적의 상대를 찾아준다. 중년 나이가 되면 중매로 상대를 만난다고 해도 상대를 몇 번 만나다 보면 어느 정도 파악이 가능하기 때문에 나에게 맞는 상대를 고를 수 있다. 물론 만만치 않은 비용을 지불해야 하지만, 원하는 스타일의 파트너를 고를 수만 있다면 그 정도의 비용은 충분히 감수할 가치가 있지 않을까?

만약 이혼했는데 새로운 사랑이 빨리 나타나지 않는다고 해도 후회할 필요는 없다. 혼자 사는 자유로움을 만끽하며 기다리는 재미도 쏠쏠하다. 혼자 살면 자유를 만끽할 수가 있다. 완벽한 자유를 느껴보지 못한 사람은 혼자만의 행복감을 모를 것이다. 우리는 그동안 얼마나 많이 자유를 박탈당하고 살아왔던가? 어릴 때는 부모님에게, 학교에서는 선생님에게, 사회에서는 직장상사에게, 때로는 고객에게 자신의 자유를 빼앗기며 살아왔다. 결혼한 뒤에는 아내와 자식들에게 또다시 자유로운 삶을 저당잡힌 채 살아간다.

혼자 살면 '자유'의 최고 가치를 맘껏 누릴 수 있다. 보고 싶은 채널을 맘대로 보고, 자고 싶을 때 자고, 먹고 싶을 때 먹을 수 있다. 외박도 자유롭다. 여자가 그리울 때는 혼자서 TV를 크게 틀어놓고 포르노 영화를 감상할 수 있다. 이런 자유는 혼자 사는 남자들만의 특권이다. 밥 먹기 싫을 때 김치와 막걸리로 저녁을 해결하는 자유는 또 어떤가? 여자친구가 생기면 언제든 집으로 데리고 와서 데이트할 수 있는 자유는 단연 최고다. 부러우면 한번 도전해보시라! 후회하지 않을 것이다.

6

이판사판,
내 인생은 나의 것

빈손으로 가는 거 아직도 몰라?

요즘 대학생은 마음만 먹으면 쉽게 외국을 나간다. 부모님이 보내
주거나 아르바이트로 돈을 모아 배낭 여행을 떠나는 것이다. 물론
타지에 나가면 고생하게 마련이지만 그만큼 많은 것을 보고 듣고
체득해서 돌아온다. 젊은 시절에 많은 것을 경험하면 할수록 인생
은 풍부해지게 마련이다.

　나도 젊은 시절 오랫동안 외국에서 생활했다. 아마 외국에서의
생활 기간을 다 합치면 17년 정도 될 것이다. 하지만 나의 외국생활
은 낭만적인 것이 아니었다. 말 그대로 생존을 위한 선택이었다. 내
가 한국 땅을 떠날 때는 더 없이 비참한 상황이었다. 부잣집 아들에
서 하루아침에 쪽박신세로 전락했기 때문이다.

부모님이 물려주신 부로 철없이 하루하루를 보내던 20대의 어느 날이었다. 이복형이 찾아왔다. 몹시 초췌하고 힘든 모습이었다.

"봉규야…정말 미안하다. 어떻게든 네 것은 지켜주려고 했는데. 이렇게 됐다."

"형, 도대체 어쩌다가…. 도저히 가망이 없는 거예요?"

"부도를 못 막았다. 정말 미안해. 내가 어떻게 해서든 니 돈은 살면서 꼭 갚을게."

"…."

무슨 일이 일어난 건지 실감이 나지 않았다. 당시 나는 20대의 어린 나이였다. 세상 물정 모르고 아버지가 물려주신 재산을 펑펑 쓰면서 부잣집 도련님으로 살아가던 때였다. 그런데 아버지의 회사를 물려받은 이복형이 사업 다각화를 꾀한다며 다른 분야에 손을 댔다가 부도를 낸 것이었다. 아버지가 나에게 물려주신 재산을 형에게 담보로 빌려주었다가 다 날아가게 된 것이었다. 집이고 건물이고 내 재산에는 모두 빨간 딱지가 붙어 있었다.

'이제 어떡하지? 어떻게 살아야 하지?'

내 손으로 돈을 벌어본 적도, 또 무엇을 할 것인지 고민조차 해본 적이 없는 나였다. 중소기업을 경영하시는 강하고 카리스마 넘치는 아버지 밑에서 나는 나약하고 게으르고 산만한 아이로 자랐다. 그런 내가 갑자기 마주한 현실은 너무나 암담했다.

다행인 것은 내 성격이 낙천적이고 긍정적이었다는 것이다. 통장에 남아 있던 약간의 돈을 건진 나는 그것으로 무엇을 할까 고민하다가 한국 땅을 떠나기로 결심했다. 부잣집 도련님으로 살다가 빈

털터리가 됐으니 사람들 볼 면목도 없고 살아갈 엄두도 나지 않았기에 결정한 선택이었다.

당시 내가 향한 곳은 남미 파라과이였다. 굳이 그 나라를 선택한 데에는 큰 의미가 없었다. 1980년대 중후반까지만 해도 미국을 비롯해 대부분의 나라는 비자 발급이 까다로웠다. 때문에 상대적으로 쉽게 비자를 받을 수 있는 곳을 찾다 보니 남미를 선택하게 된 것이다. 파라과이행 비행기 안에서 내 심경은 복잡했다. '설마 산 입에 거미줄이야 치겠어? 괜찮을 거야.' 그렇게 스스로를 위안했으나, 마음 한 켠으로는 '그런데 가서 뭘 먹고살지?' 하는 두려움에 심장이 오그라들기도 했다.

나는 거기서 꼬박 6개월을 지냈다. 낯선 땅, 낯선 사람들 틈에서 여행하고 생활하며 어느 정도 몸을 추스릴 수 있었다. 그리고 한국으로 돌아왔다. 당시 내겐 사귀던 여자친구가 있었다. 내가 부잣집 도련님일 때 만난 여자였기에 가난뱅이로 전락한 나를 더 이상 만나주지 않을 것으로 생각했다. 그래도 그녀와의 관계를 정리해야 했기에 한번은 만나야 했다. 그런데 여자친구는 나를 기다리고 있었고, 나를 보자마자 울음을 터뜨렸다.

"당신이 어떻게 된 줄 알고 얼마나 걱정했는데요. 흑흑."

"나는 더 이상 부잣집 아들이 아니니, 당신한테 해줄 수 있는 게 없어."

"상관없어요."

자격지심에 사로잡힌 나는 여자친구를 일부러 안 만나기도 하고 헤어지려고도 했다. 하지만 결국 나를 걱정해주고 나를 잡아준 그녀를 더 이상 아프게 할 수 없었다. 그렇게 우여곡절 끝에 나는 그녀와 결혼했다. 하지만 한국에서 살아가기가 역부족이라 아내를 데리고 다시 파라과이로 돌아가야 했다.

쪽박 인생—남미 등 해외생활 17년

나의 본격적인 외국생활은 그때부터 시작되었다. 파라과이로 다시 돌아온 나는 이제 처까지 거느린 가장이 되었기에 먹고사는 문제를 책임져야만 했다. 제일 먼저 시작한 게 파라과이 재래식 시장에서 장사를 하는 것이었다. 처음에는 채소 가게를 했다. 그러다 여의치 않자 정리하고 옷가게를 했다. 새벽부터 일어나 열심히 일했지만 먹고사는 데 힘이 들었고 더 이상 버틸 힘마저 없었다. 결국 나는 파라과이 생활을 정리하고 또 다른 나라로 떠날 수밖에 없었다.

하지만 나는 그런 상황을 반복해서 겪으며 조금씩 강해지고 있었다. 가족을 책임져야 하고 어떻게든 살아야 한다는 마음이 나를 변화시키고 있었고, 용기를 내도록 했다. 내가 다음으로 선택한 곳은 일본이었다. 나는 학생 비자를 발급받아 일본에 갈 수 있었다. 그리고 공부와 아르바이트를 병행하며 살기 위해 또다시 발버둥을 쳐야만 했다.

접시 닦이, 막노동, 배달꾼, 웨이터, 주방장 등등 나는 일본에서 안 해본 일이 없다. 하지만 아르바이트만으로는 공부하며 생활비를 벌기가 여의치 않았다. 그러다가 나에게 좀 더 좋은 돈벌이 기회가 찾아왔다. 술집에서 접시 닦이를 할 당시 그곳에는 오르간을 연주하는 사람이 있었다.

"저…저도 이런 데서 연주할 수 있을까요?"

"오르간을 잘 칠 수 있다면요. 오디션을 통해 주인 맘에 들면 돼요."

알고 보니 그는 내가 받는 아르바이트 금액의 다섯 배 정도를 받고 시간제로 연주하고 있었다. 나는 '이거다!' 하는 생각이 들었다. 나는 어려서 피아노를 배웠기 때문에 악보만 있으면 가요나 팝송 정도는 대충 칠 수 있었다.

그 뒤로 없는 돈을 털어 중고 전자 오르간을 장만하고 틈나는 대로 연습을 거듭했다. 그리고 여러 곳의 문을 두드린 결과 조그만 가라오케 라운지의 전자 오르간 연주자로 일할 수 있게 되었다. 나는 당시 경험이 없는 초보였기에 한국에서 내로라하는 밴드 출신의 화려한 연주자들과는 비교가 되지 않았다. 당연히 나는 그들에 비해 보잘것없는 월급을 받았다. 하지만 그 일을 계기로 나의 일본 생활은 조금씩 자리를 잡아갔다.

그리고 2년쯤 지난 뒤에는 오사카에서 제일 몸값이 비싼 전자 오르간 연주자가 되었다. 왜냐하면 여느 연주자들과 달리 나는 악보를 읽을 줄 알기에 처음 접하는 일본 노래일지라도 능숙한 연주가 가능했기 때문이다. 기존 연주자들은 자신이 잘 아는 노래는 기가 막히게 연주하지만 처음 접하는 일본 노래의 경우 연주 능력이 떨어질 수밖에 없었다. 게다가 유학생 신분인 데다가 일본어 실력마저 유창해 그들과의 소통에 문제가 없었다. 일본에 처음 올 당시 빈손이었던 나는 그렇게 일본에서 자리를 잡아가며 서서히 자신감을 회복해갔고 다시 일어설 수 있었다.

당시의 경험으로 나는 많은 것을 얻었다. 많은 것을 가졌다가 다 잃어봤고, 그래서 처음부터 다시 시작해봤기에 내가 가진 것을 잃는 것에 대한 두려움이 없다. 잊지 말자. 우리를 불안에 떨게 하는 것은, 불안해질 것이라고 믿는 우리 자신임을. 아무리 어려운 상황에 처해도 다시 시작하면 된다는 것을 나는 그때의 경험을 통해서 알았다. 나는 그런 지난날의 내 삶에 감사한다.

아마존 정글의 행복한 원주민들

지금의 내 삶에 큰 영향을 끼친 또 한 가지 경험 역시 해외생활 중에 얻은 것이다. 결혼한 뒤 파라과이에서 생활할 때였다. 당시 하는 일이 뜻대로 되지 않자 나는 새로운 돌파구를 찾기 위해 가족들을 남겨둔 채 혼자 브라질 상파울루에서 지낸 적이 있었다. 하지만 그곳 사정 역시 여의치 않아 앞이 보이지 않았고, 돈은 바닥 난 상태에서 정말 절망스러웠다. 스트레스가 극도에 달한 상황에서 나는 자포자기하는 심정으로 아마존 정글로 들어갔었다.

요즘엔 TV에서 정글 체험 프로그램이 있기에 정글에 들어간다거나 그곳에서 생활하는 게 그리 신기한 일이 아니다. 하지만 1980년대 후반에만 해도 탐험가를 제외하고는 정글에 들어가서 생활하는 일반인은 거의 없었을 것이다. 약간의 두려움과 호기심으로 나는 그곳을 찾았다. 반 정도는 삶을 포기하고 싶은 마음이 있었다. 내게 주어진 삶의 짐이 너무나 무거웠기에 훌훌 털고 떠나버리고 싶었던 것이다.

이방인을 호기심 어린 눈으로 바라보던 사람들. 신체의 중요한 부분만을 가린 채 거의 발가벗고 사는 사람들이었다. 그들은 낯선 방문객의 출현에 약간은 경계하는 눈빛이었지만 내게 위협을 가하지도 않았고 따돌리지도 않았다. 그들은 자기네 부족어를 사용했기에 의사소통은 전혀 불가능했다. 처음에는 정말이지 난감했다.

하지만 얼마 지나지 않아, 말이 통하지 않고서도 그곳에서 살아갈 수 있다는 것을 깨달았다. 어차피 상대는 원주민 인디언들인데 그들과 내가 정치 토론할 것도 아니고 그저 인간 본연의 기본적인 의사만 소통하면 됐기에 오히려 편하다는 생각이 들기도 했다. 그들과의 의사소통은 보디랭귀지로 충분했다. 그들은 나를 자신들의 세계 안으로 받아들여줬다. 같이 밥 먹고, 사냥하고 일상을 함께하면서 나는 차츰 마음이 평화로워지는 것을 느꼈다.

공기가 맑아 하늘이 가깝게 보이고 네온사인이 전혀 없어서 그런지 밤하늘의 별들이 쏟아질 듯 정말 아름다웠다. 그곳에서 자연에 순응하며 욕심 부리지 않고 사는 원주민들은 너무 행복하게 보였다. 남자들이 사냥을 떠나면 여자들은 식사 준비를 하고 아이를 돌본다. 남는 시간은 대개 함께 모여서 춤추고 노느라 바쁘다. 그들의 모습이 참 부러웠다.

돈 걱정, 교육 걱정, 노후 걱정…. 한국 사회에서 으레 안고 가야 할 고민이 그들에겐 아무런 의미가 없어 보였다.

돈도 없고 옷도 없고 집도 없이 그저 움막에서 사는데도 그들은 항상 웃는 얼굴이다. 열대지방이라 조금만 움직이면 먹을 게 널려 있고, 옷은 입을 필요가 없다. 여인들은 멋을 부린다고 몸에 피어싱처럼 동물들의 뼈로 장식하고 색칠하는 게 전부이지만 행복해 보인다. 자식들이 기본적인 계산을 못하고 포르투갈 어를 구사하지 못해도 부모들은 전혀 신경 쓰지 않는다. 그저 오늘 하루 재미있게 살면 그만이다.

그들에게 영향을 받은 탓일까? 문명의 혜택이라고는 전혀 없는 원초적인 생활이었지만 나는 그곳에서 보낸 짧은 기간이 너무 행복했다.

'세상 사는 게 별게 아니구나! 내가 행복하면 그만이지! 이곳 아마존 사람들이 나보다 훨씬 지혜롭게 살고 있다' 는 생각이 들었다.

17년간의 해외생활을 마치고 귀국했을 때 우리나라 사람들의 얼굴 표정을 보고 놀라지 않을 수 없었다. 삶에 찌들고, 지치고 무표정한 얼굴들. 길을 가다가 눈이 마주쳐도 웃는 사람이 없다. 한숨이 절로 나왔다. 나도 이 속에서 다시 시작해야 하나? 사람들은 '승진을 해야 하고, 노후대책을 해야 하고, 자식들이 좋은 대학에 꼭 들어가야 행복하다' 고 생각한다. 심지어 내가 응원하는 축구나 야구팀이 이겨야 행복해 한다. 너무 욕심이 많다.

언젠가 책에서 "쓸데없는 욕심이 우리의 행복을 갉아먹고 있다" 는 구절을 읽은 기억이 난다. 나도 가끔씩 앞만 보고 달려가다 보면 '내가 너무 욕심을 부리고 있나? 그래서 이렇게 마음이 불편하고 행복하지 않다고 생각하는가?' 한번씩 스스로를 되돌아본다. 그리고 그때 아마존의 원주민들을 떠올린다.

7

앞으로 남은 시간 50년,
뭐하면서 살래?

내 인생 최고의 전성기

"앞으로 50년을 더 살아야 하는데 무얼 하면서 먹고살지?"

요즘 술자리에 가면 단골로 가장 많이 회자되는 이야기다. 아직 직장을 다니고 있든 이미 명퇴를 했든 간에, 다 비슷한 고민을 한다. 평생직장의 개념이 없어진 데다 바야흐로 100세 시대가 아닌가? 이제 인생 2모작, 인생 3모작이라는 말은 모두에게 일상용어가 됐다. 하지만 이미 사회생활을 하면서 지칠 대로 지친 몸이라 뭔가를 새로 시작할 엄두를 쉽게 내지 못하는 듯하다. 더구나 자신이 무얼 좋아하고 또 무얼 해야 행복한지 모르는 사람들이 대부분이다. 그래서 막막해 한다.

요즘 방송 때문에 사람들 만날 기회가 많은데 가끔 나는 이런 질문을 받는다.

"방송 재미있죠? 그런데 원래 어떤 일 하셨어요?"

"아…. 직업이요? …."

선뜻 대답을 할 수 없어 한참을 머뭇거린다. 사실 나는 지금까지 살아오면서 스무 개가 넘는 직업을 가졌었다. 접시 닦이, 주방장, 웨이터, 부두하역 일꾼, 채소가게, 옷가게, 식당, 호텔 경영, 라이브 바 경영, 한국어 강사, 일본어 강사, 피아노 선생, 나이트클럽 밴드와 오르간 연주자, 기업 강연, 신문기자, 방송기자, 라디오 MC, 시사평론가 등…. 되돌아보면 참으로 파란만장한 인생이었다. 나는 한참을 망설이다가 대답한다.

"시사평론도 하고, 대학 강단에도 서고 있어요."

내 직업은 지금도 세 가지나 된다. 방송도 하고 대학에서 학생들도 가르치고 틈틈이 글도 쓴다. 50대 후반의 나이에 즐거운 직업을 세 개나 갖고 있으니 나는 참으로 행복한 사람이라고 생각한다. 그런데 내가 이 세 가지 직업을 얻은 것은 40대 중반 이후였다. 워낙 많은 직업을 거쳐왔으니 인생 2모작이라고 말하기에는 좀 그렇지만, 늦은 나이에 공부를 다시 시작하지 않았다면 아마 지금의 나는 없었을 것이다.

나는 30대 후반에 미국 조지워싱턴 대학원에서 정치학 공부를 시작해서 40대 초반에 석사를 마쳤다. 그때만 해도 박사학위까지 받을 생각은 없었다. 그런데 한국으로 돌아와 생활하다가 50대 중반에 다시 한국외국어대학교에서 정치학 박사학위를 받았다.

그게 밑거름이 돼서 지금의 직업을 갖게 된 것이다.

나이 먹어서 공부했기에 고생을 많이 했을 거라고 생각하는 사람이 있겠지만 결코 그렇지 않다. 내가 가장 행복했던 때가 바로 40, 50대 공부하던 시기였기 때문이다. 그리고 뒤늦게 공부를 했기에 내가 좋아하고 잘할 수 있는 정치학을 선택했고, 직업도 그 방향으로 잡을 수 있었다. 충분한 사회경험을 했고 또 나름대로 나 자신을 잘 알 수 있는 나이였기에 행복한 나의 직업과 연결될 수 있었다고 생각한다. 물론 어느 정도 행운이 따라주었다는 것을 인정한다. 하지만 내가 중년의 나이에 새롭게 도전하지 않았다면 이 모든 일은 가능하지 않았을 것이다. 무엇을 시작하기에 늦은 나이란 없는 법이다. 배우려는 생각을 먹는 것만으로도 우리는 나이와 관계없이 이미 학생이 된 것이다. 그리고 학생은 배움 앞에서 부끄러워하면 절대 안 된다.

내 나이 50대 후반. 나는 지금이 내 인생 최고의 전성기라고 생각한다. 아니 어쩌면 내 인생의 황금기는 지금부터 시작일는지 모른다. 그래서 10년 뒤의 나는 지금보다 더 행복하고 멋진 모습으로 살아가고 있을는지 모른다. 세상은 꿈꾸는 자의 것이라고 하지 않았던가?

무엇을 시작하든 시간은 충분하다

내가 늦은 나이에 공부를 시작해서 시사평론가로 자리 잡게 된 이야기를 들은 후배들은 이런 질문을 던진다.

"사실 시사평론가라는 직업이 불안정하잖아요. 너무 막연하지 않으셨어요?"

물론 막연했다. 내가 이 일을 시작할 당시에는 우리나라에서 시사평론가라는 직업으로 먹고살기가 힘들었다. 당연히 출세와 돈을 생각하면 이 직업은 선택하지 말아야 했다. 내가 만약 이혼을 하지 않았다면 이 직업을 선택하지 않았을지 모른다. 가족들을 부양해야 했으니 말이다.

하지만 내가 좋아하는 일이기에 나는 단순하게 생각하고 이 일을 선택했다.

'밥만 먹을 수 있다면 그걸로 돼. 설령 밥벌이가 안 되더라도 다른 아르바이트를 하면 되지.' 이렇게 자위하면서 용기를 냈다. 해외 생활을 하면서 안 해본 일이 없기에 그런 두려움은 없었다.

실제로 나는 시사평론가로 활동하면서 생계를 위해 10년 동안 라이브 카페를 운영해야 했다. 내가 처음 시사평론가로 활동할 당시만 해도 한번 출연하는 데 출연료는 5만 원 정도. 그것도 가뭄에 콩 나듯이 드문드문 출연요청이 들어왔기에 그걸로는 생계를 이어 갈 수 없었다. 그러다가 내게 행운이 찾아온 건 종합편성 채널이 생기면서다. 대통령 선거를 앞두고 종편에서 시사평론가 수요가 폭증하면서 여기저기서 섭외요청이 쇄도하기 시작했다. 출연 횟수가 많아지면서 인지도가 높아졌고, 나름 인기 있는 시사평론가로 자리를 잡을 수 있었다.

지난 대선 때는 많게는 하루에 예닐곱 번 출연하는 날도 있었다. 그러다 보니 방송 시간에 늦을까 오토바이 퀵 서비스를 대기시켜놓고 네 개의 종편 채널을 오가며 출연한 적도 많았다. 그 덕분에 시청자들로부터 '대선의 풍운아'라는 별명을 얻었다. 지금은 방송일 만으로도 먹고살기에 충분해서 라이브 카페는 정리했다. 방송에만 집중하는 게 옳다는 판단에서였다. 그렇게 방송에 집중하니 일이 더 잘 풀렸다. 단순한 결정이 또 다른 단순한 결정을 낳고 그것이 선순환을 이루면서 결과적으로 더 좋은 결과를 가져온 것이다.

당신이 좋은 걸 해

대기업의 임원까지 지낸 한 지인이 얼마 전 귀농하면서 연락을 해왔다.

"이 박사님! 잘 지내시죠? 난 서울을 떠나서 살아보려고요."

"아이구~. 무슨 일 있어요? 어디로 가시는데요."

"저기 남해로 갑니다. 원래부터 와이프하고 나이 좀 더 들면 귀농해서 살자고 약속했었거든요. 더 늦기 전에 가서 자리 잡아야죠."

느닷없는 지인의 전화에 나는 어리둥절했다. 요즘 은퇴 후 귀농이 붐이라지만 그 선배는 직장에서 한참 더 승승장구할 수 있었기 때문이다.

"직장은 어떡하시고요?"

"그만큼 열심히 다녔으면 됐지 뭐. 그냥 명퇴했어요. 도시를 떠나서 훌훌 털어버리고 살고 싶어서….''

자리 잡으면 연락한다는 그 선배의 목소리는 더없이 편안하게 느껴졌다. 깔끔한 양복 차림으로 대도시의 빌딩 숲을 누비던 그 선배가 허름한 작업복을 입고 밭일하는 그림이 잘 안 그려지지만, 나는 그 선배의 결정에 박수를 보내고 싶다.

요즘 내 주변에는 이렇게 새로운 도전을 하는 사람이 많아지고 있다. 그 선배처럼 치열하게 살아가던 도시에서의 삶을 버리고 귀농을 선택하는 사람 역시 점점 느는 추세다. 목공일을 배워서 공방을 차린다는 사람도 있고, 심리상담사 자격증을 따서 심리상담사가 되겠다는 사람도 있다. 그들은 새로운 인생을 열심히 공부하고 차근차근 준비하며 장밋빛 미래를 꿈꾸고 있다.

40, 50대라 무언가를 시작하기에 늦었다고 생각하는가? 절대 그렇지 않다. 오히려 젊은 시절보다 더 즐겁고 행복하게 나를 위한 나만의 일을 가질 수 있다. 일단 내가 무엇을 좋아하고 또 잘할 수 있는지 곰곰이 생각해보라. 그리고 계획하고 실행하면 된다. 과거는 이미 등 뒤로 사라졌고, 미래는 우리의 눈앞에 놓여 있다. 선택은 명확하다.

만약 '커피향이 너무 좋고 행복하다면?' 직장생활은 너무나 괴로운데 점심식사 후 잠깐 들른 커피숍에서 진한 커피향에 힐링이 되고 행복감이 밀려온다면, 아주 작은 커피숍이라도 차리기로 마음먹고 준비해보자.

내가 단골로 가는 커피숍은 주변의 내로라하는 대형 커피숍보다 훨씬 북적거린다. 점심 먹고 커피 한잔 사러 가면 늘 커피숍 밖에까지 줄을 서야 한다. 테이블이 서너 개 있지만 사람들은 대개 테이크아웃한다. 와플과 커피만 전문적으로 파는데 커피 맛이 정말 일품이다. 원두를 두세 가지 가져다 놓고 손님에게 선택하게 한다.

"어떤 커피로 드릴까요?"

주인이 직접 주문받고 커피를 볶아 내려주는데, 손님이 머뭇거리면서 선택을 못하면 친절하게 커피의 특징에 대해 설명해준다.

"리브레 커피는 약간 단맛과 신맛이 나는데 라테로 마시면 좋고요. 쌉사름한 테라로사는 아이스 아메리카노로 마시면 좋아요."

"아~ 네. 그럼 저는 리브레 라테로 주세요."

그 집 커피를 마시다 보니 내가 어떤 취향을 좋아하는지 새삼 알게 되었다. 가격은 대형 커피숍의 70% 정도 수준이다. 나는 그 집 커피를 마신 뒤로는 늘 그 집만 찾게 된다. 작지만 자기만의 노하우로 성공을 거둔 것이다.

이렇듯 커피가 맛있고 가격마저 상대적으로 저렴하다면 사람들은 줄을 서서라도 사서 먹는다. 미리 커피에 대해서 공부하고 잘되는 커피숍에 가서 노하우를 배워보자. 그리고 1인 사장이 되어 직접 커피를 볶고 카운터에서 계산도 하면 된다. 두 평 남짓한 크기라면 큰 부담 없이 차릴 수 있지 않을까?

물론 이렇게 반문할 수 있다.

"그런데 장사가 잘 안 되고 그 조그만 커피숍에서 갇혀 살다 보면 곧 불행하다고 느끼지 않을까요?"

전혀 그렇지 않다고 말하고 싶다. 직장생활을 지옥으로 생각하는 사람은 이미 그 직장에서 성공할 확률이 낮다고 생각한다. 요즘 같은 세상에 신바람 나서 일을 해도 성공하기가 힘든데 하루하루 억지로 일한다면 어떻게 성공이 보장되겠는가? 아마 주변 사람들도 당신이 이미 무기력한 상태인 데다가 마음마저 떠났다는 사실을 간파했을 것이다. 곧 명퇴 압박에 시달리게 될 수도 있다.

막다른 골목에 내몰렸을 때 회사를 그만두지 말고 미리 자신의 삶을 개척하고 준비한 뒤 회사를 그만둔다면 행복감은 훨씬 클 것이다. 처음엔 수입이 직장생활 때보다 형편없을 수 있다. 하지만 수입이 절반으로 준다 해도 매일매일 콧노래가 나올 정도로 즐겁고 행복하다면 어느 쪽을 선택해야 할까?

하지만 당장 버는 수입을 포기하고 새로운 일에 도전하기는 쉽지 않을 것이다. 지금의 일이 즐겁지는 않지만 그런 대로 안정된 생활을 가져다준다면 더욱 어려울 것이다. '중국집에서 짜장면을 시킬 것인가, 짬뽕을 시킬 것인가'를 선택하는 것보다는 쉬워야 행복을 손에 쥘 수가 있다.

적자가 나면 안 되겠지만 처음에 어느 정도의 위험은 감수해야 한다. 세상에 공짜는 없는 법이다. 그렇게 커피숍의 사장이 되면 명퇴를 걱정할 일도 없고, 또 내가 행복해서 즐겁게 일하다 보면 점점 손님이 많아지고 수입도 늘어갈 것이다. 아무것도 하지 않고 걱정만 하기보다는 새로운 일에 도전하는 삶이 훨씬 소중하고 행복하지 않을까? 용감한 자가 미녀를 얻듯이, 행복은 용기를 내야 내 것이 된다.

Love

3장

남자의 사랑,
이렇게 시작하라

사랑하는 여인과 하루라도

떨어지기 싫어서 결혼했듯이

그 여인과 살아보니 언젠가부터

하루하루가 지옥이라면 이혼이 상책이다.

그것이 행복하게 사는 길이다.

100세 시대라고 해도 인생은 너무나 짧다.

망설일 시간이 없다.

배우자를 미워하는 시간은 절대적인 낭비다.

우리에게 주어진 인생의 시간은

가슴 시리도록 사랑하기에도 부족하다.

내가 즐겁고 행복해야 마누라도 있고

자식도 있고 세상도 있는 것이다.

1

바쁠 것 없잖아?
느긋하게 시작하자

'사랑과 전쟁'을 찍고 싶지 않다면

중년남성들과의 멋진 로맨스를 꿈꾸는 여성들이 적지 않다. 부자인
데다가 잘 생기고 자상하기까지 하고…. 그래서 원하는 모든 걸 다
들어주는 키다리 아저씨 같은 중년남성을 원한다. 모든 중년남성들
이 영화 「귀여운 여인」의 '리처드 기어' 같을 것으로 생각하는 모양
이다. 하지만 세상에 그런 중년남자가 몇이나 될까? 그리고 중년남
성이 꿈꾸는 사랑은 그렇게 낭만적이지만은 않다.

중년남자의 사랑은 젊은 남자에 비해 미지근하고 탐욕스럽다. 유
부남은 물론이고 '돌싱'이나 싱글의 중년남자들 대부분은 정신적인
사랑을 할 준비가 돼 있지 않다. 중년남성들의 사랑은 정신적인 것
보다 육체적인 쾌락을 먼저 좇는다. 여성들의 경우 나이가 많든 적

든 간에, 정신적인 사랑과 육체적인 사랑을 동시에 맛보기를 원하고 두 가지가 다 충족돼야 비로소 사랑이라고 생각한다. 하지만 중년남성들은 정신적인 사랑은 귀찮게 여기면서 육체적인 쾌락만을 좇기 때문에 자칫 사랑의 소통이 어려울 수 있다. 그래서 실패 확률이 높다.

1990년대 개봉한 영화 「데미지」를 보면 중년남자의 사랑이 잘 그려져 있다. 남자 주인공 제러미 아이언스가 첫눈에 사랑에 빠진 상대는 아들의 연인이었다. 그는 죄책감도 갖지 못한 채 아들의 애인과 육체적 쾌락에 빠져 아슬아슬한 연애 행각을 벌인다. 하지만 그의 사랑은 결국 비극적 결말을 맞는다. 통제할 수 없었던 열정에 빠져 허우적대느라 그는 모든 걸 잃고 만다. 아들도, 가정도, 그리고 사회적 지위마저도. 영화의 마지막 장면은 모든 걸 잃은 그가 어느 날, 자신을 미치게 만들었던 그 여성을 우연히 보게 되고 충격에 빠지는 것으로 끝난다.

'옛 애인과 결혼해 아이를 안고 있는 너무나 평범한 그녀. 자신의 삶 전체를 뒤흔들 만큼 열정을 쏟아부었던 그녀가 어느 누구와 다르지 않은 저렇게 평범한 여인이었다니. 과연 나를 열정에 휩싸이게 했던 그것의 정체는 무엇이었나?

극단적인 사례이긴 하지만 중년남성의 사랑과 내면을 잘 보여준 작품이다. 중년남성은 아름다운 정신적 사랑을 꿈꾸기보다는 육체적 쾌락을 좇기 쉽고, 그런 열정이 사랑이라고 생각하기도 한다. 아름다운 정신적 사랑이 배제된 상태에서 육체적 쾌락만을 좇기에 행복한 결말을 맺기가 어려울 수도 있다. 진정한 행복함을 느끼기에는 중년의 사랑은 턱없이 부족하다. 마치 생쌀을 먹는 것과 같다고 해야 할까? 굶주린 상태에서 살기 위해 본능적으로 생쌀을 집어 먹으면 일단 허기진 배를 채울 수는 있을 것이다. 하지만 쌀을 씻고 뜸을 들여 정성껏 지어진 밥을 먹었을 때의 만족감을 느낄 수는 없을 것이다.

연애도 마찬가지가 아닐까? 다행인 것은 대부분의 중년남성들은 육체적 쾌락을 좇지만 저렇게 무모할 만큼 열정적이지는 않다는 것이다. 나이를 먹을수록 열정은 식게 마련이다. 나는 그것이 천만다행이라고 생각한다. 만약 나이를 먹어서도 여전히 용광로 같은 식지 않은 열정을 갖고 있다면 우리 사회는 어떻게 될까? 곳곳에서 「사랑과 전쟁」 드라마에서 본 듯한 상황이 연출되지 않을까 싶다.

신의 섭리는 오묘해서 젊은이들에게는 열정을 주고, 나이 먹은 사람들에게는 여유로움을 주신 것 같다. 나이가 들면서 세상사를 많이 경험했기에 그 무게만큼 느긋해지고 여유로워진다. 그래서 중년남자는 무모하지 않다. 돌다리도 두들겨보고 건넌다. 중년남자의 사랑도 그렇게 느긋하고 여유로워야 성공할 수 있다.

첫 번째 공식 — 쿨~해지기

중년남자들도 언제나 멋진 로맨스를 꿈꾼다. 아직도 자신은 남성으로서 충분히 매력적이라고 생각하기 때문이다. 실제로도 아름다운 젊은 여성 또는 매력적인 중년여성들과 가슴 뛰는 연애를 하는 사람들이 주변에 적지 않다. 사랑에는 나이가 없는 법. 다만 중년 연애에 성공하려면 몇 가지 공식을 지켜야 한다.

첫째는 쿨~해져야 한다.

젊었을 때의 연애는 연락 횟수가 애정의 크기와 비례한다고 생각한다. 그래서 하루에도 몇 번씩 연락을 주고받으며 서로를 구속하고 간섭한다.

"지금 어디야? 그래…조심해서 들어가고. 집에 들어가서 다시 통화하자~."

이때 잠시라도 연락이 닿지 않으면 안절부절못하면서 수십 통씩 문자 폭탄을 날리기도 한다. 젊었을 때야 '연락=애정의 크기' 공식이 통하지만 나이가 들면 상황은 달라진다. 우선 중년남성이 이런 행동을 보이면 너무 집착한다고 여성들이 싫어한다. 특히 젊은 여자들일수록 질색하게 마련이다. 내가 만나본 젊은 여성들은 중년남성들을 만나는 이유에 대해 대개 이렇게 얘기한다.

"중년남자들은 구속하지 않고 내가 하고 싶은 대로 내버려둬서 좋아요. 편안해요. 그런데 젊은 남자들하고 똑같이 그러면 확~ 질리더라구요."

대부분의 젊은 여성들이 중년남자에게 끌리는 이유는 또래의 남자들에게 느낄 수 없는 중후함과 여유로움 때문이라고 말한다. 경제적으로 여유가 있고, 편안함을 주기에 좋다는 것이다. 그런데 나이 먹은 남자가 또래 남자들처럼 보채고 지나치게 구속하려 든다면 아마 당장 연락을 끊어버릴지 모른다. 그러니 젊은 여성과의 연애에 성공하려면 어느 정도는 '쿨~' 해져야 한다. 의도적으로라도 한

걸음 떨어져서 상대를 지켜봐주고 편안함을 주어야 한다. 그게 중년남성의 무기라는 걸 잊지 말자.

상대가 중년여성이라도 마찬가지다. 중년여성들도 남자의 집착이 얼마나 지겨운지 그동안의 경험을 통해서 충분히 알고 있을 것이다. 젊었을 때는 그런 행동을 집착으로 보지 않고 '나를 사랑해서 그렇구나!'라고 생각할 수 있다. 그러나 중년이 되면 상황은 달라진다. 어느 정도 인생도 사랑도 알고 있기에 그런 사랑은 부담스러울 수 있다. 중년여성들의 마음을 사로잡기 위해서라도 쿨~해져야 한다.

상대가 젊은 여성이건 중년여성이건 간에, 사랑에 성공하려면 상대의 마음을 얻어야 한다. 그러기 위해서는 쿨~해져라. 그러면 먼저 나 자신이 자유로워지고 행복해진다. 상대 여성에게 집착하면 나도 괴로울뿐더러 상대는 더 괴로워서 치를 떨고 도망갈 것이다.

두 번째 공식—정신적인 교감에 치중하라

두 번째는 육체적 섹스에 집착하기보다는 정신적 사랑에 치중하라는 것이다. 물론 육체적 섹스도 쾌락과 행복감을 가져다준다. 하지만 정신적인 섹스와 정신적인 공유는 더 큰 행복감을 안겨준다. 육체적인 섹스는 혼자서 자위행위로도 해결할 수 있지만, 정신적인 교류나 사랑은 혼자서는 불가능하기 때문이다. 그래서 사랑을 하려면 육체적인 사랑보다는 정신적인 사랑을 위해 노력하라는 것이다.

여성들은 남자들과 달리 정신적인 교감이 이루어지고 만족스러워야 육체적인 사랑으로 옮겨간다. 남자들의 사랑방식과는 많이 다르다. 아직 정신적인 교감을 충분히 나누지 못했는데, 상대가 자꾸 육체적인 관계를 원한다면 상대의 진심을 의심하게 된다.

'나를 정말 사랑하는 게 아니라 섹스를 위해서 만나는 게 아닐까?'

아마 나이가 많든 적든 여성들은 다 비슷한 심리를 갖고 있을 것이다. 때문에 내 방식대로 사랑하려 들지 말고, 상대 여성의 심리와 마음을 이해하고 맞춰주려고 노력해야 한다. 그래서 상대 여성이 '충분히 배려받고, 사랑받고 있다'고 느끼게 된다면 육체적인 관계로 이어가도 무방하다. 이 경우 여성들도 육체적인 만족을 통해 더 큰 행복감을 느낄 것이기 때문이다.

하지만 상대와의 정신적인 사랑이 만족스럽지 못하고 육체적인 사랑에 갈증을 느낀다면 차라리 '자위행위를 하라'고 말하고 싶다. 상대 여성이 아직 육체적인 섹스를 원하지 않는데 강간하듯 덮칠 수는 없는 일 아닌가? 그러다가 십중팔구 그 사랑은 깨지게 마련이다. 그렇다고 돈을 주고 직업여성과 해결하는 것도 나는 반대한다. 직업여성과의 섹스 이후에 찾아오는 공허함과 찜찜함은 나를 완전히 파괴시키는 기분일 것이기 때문이다. 많은 남성들은 '내가 여기서 뭘 하고 있는 건가' 싶어 어쩔 때는 죄책감마저 든다고 고백한다.

운이 나쁘면 성병에 걸릴 수도 있다. 직업여성과의 잠자리 이후에는 한참동안 자신이 성병에 걸렸는지 신경이 쓰여서 참을 수가 없다. '세면바리(pubic lice)'라는 성병은 콘돔을 사용해도 소용이 없다고 한다. 주로 음모 부위에 가려움증이 생기는 게 주요 증상인데, 성 접촉을 하면 90% 정도가 전염된다고 한다. 잠복기가 있어서 당장은 증상을 못 느낄 수 있지만 언제 사랑하는 여인과 잠자리를 할지도 모르는데, 상대 여성에게 성병을 옮겨줄 수는 없지 않은가?

하지만 자위행위는 다르다. 우선 성병에 대한 걱정을 안 해도 되고 죄책감에 시달릴 필요도 없다. 상대와의 불필요한 오해나 마찰의 소지도 없다. 그리고 무엇보다 감히 접할 수도 없는 매력적인 여인을 상상하면서 맛보는 쾌감은 육체적이고 동물적인 섹스와는 비교할 수 없을 만큼 강하다.

물론 자위행위보다는 사랑하는 여성과 육체적이고 정신적인 사랑을 하는 것이 훨씬 더 행복감을 안겨다 준다는 것은 두말할 필요 없다. 그러니 사랑에 성공하기 위해서 육체에 너무 연연해 하지 말고 정신적인 교감을 충분히 나누도록 노력해야 한다.

세 번째 공식—나만의 소유물로 만들지 말 것

세 번째 공식은 나의 경험담에서 나온 것이다. 나는 얼마 전 20대 후반의 아주 젊고 매력적인 여인과 멋진 연애를 한 적이 있다. 그 여성과 연애하면서 '아~, 젊은 여성과 연애를 하려면 이런 건 감수해야 하는 거구나' 하고 깨달은 것들이 있다.

그녀는 내 애인이었지만 사실 나를 포함해서 세 명의 남자를 동시에 사귀고 있었다. 애당초 나를 만날 때부터 그런 사실을 당당히 밝혔고, 내가 그런 상황을 받아들였기에 연애를 시작할 수 있었다. 때문에 마음을 단단히 먹어야 했다. 나 역시 그런 상황은 처음이었기에 말이다.

"한 명은 돈 많은 중년 아저씨이고, 또 한 명은 내 또래의 아주 잘생긴 킹카예요."

그녀는 자신의 다른 애인들에 대해서 나에게 숨기지 않고 얘기해 줬다. 어떤 일들이 있었고, 또 어떤 고민들이 있는지에 대해서까지도. 중년의 부자 남자친구와는 한 달에 두세 번 데이트하고 매달 생활비를 받는다고 했다. 덕분에 생활비 걱정을 하지 않고 자신의 꿈을 펼칠 수 있는 일을 마음껏 할 수 있다고 했다. 또래의 젊고 잘생긴 남자친구를 만날 때는 그 나이의 연인들이라면 으레 할 수 있는 데이트를 즐긴다고 했다. 아마 나와 또 다른 중년의 남성을 만나면서 느껴야 했던 어떤 갈증을 해소했을 것이다. 그렇다면 나는 왜 만났던 것일까?

"이 모든 걸 얘기할 수 있어서 너무 좋아요. 다른 남자친구들은 이런 상황을 몰라요. 절대 비밀이거든요."

그 여성은 자신의 다른 남자친구들에 대해서 나에게 모두 얘기했지만, 다른 두 남자들에게는 철저히 비밀로 하고 있었다. 만약 그 두 남자친구가 이런 사실을 알았다면 당장 떠나버릴 것이기 때문에 숨겨야 했던 것이다.

결국 나의 역할은 그 같은 상황을 이해해주고 들어주고 조언해주는 가장 편한 남자친구였던 셈이다. 나는 그 역할에 만족하기로 하고 적응해나가야만 했다. 가끔 질투가 나고 나만의 여자가 됐으면 좋겠다는 생각을 했지만, 그런 욕심을 내는 순간 그녀가 내 곁을 떠나리라는 사실을 나는 잘 알고 있었다. 그녀는 자신을 구속하려 하지 않고 편하게 대해주는 나를 점점 믿고 좋아해주었다.

지금 생각하면 그녀는 영리하고 솔직한 연애를 했던 것이다. 세 남자와의 연애를 통해 각기 다른 즐거움과 목적을 채울 수 있었고, 그런 사실을 받아들인 나는 그녀를 제일 많이 차지할 수 있었다. 세 명 가운데 나를 가장 자주 만났기 때문이다. 결국 그 여인과 나는 윈윈 게임을 했던 것이다.

만약 그녀가 다른 남자친구들에게 했듯이 나에게도 모든 사실을 숨겼다면, 나는 훨씬 힘든 사랑을 했을지 모른다. 나와 만날 때 다른 남자의 전화를 받을 수 없으니 불편해서 나와의 만남 횟수를 줄였을 것이고, 나는 그녀에게 목을 매면서 많은 상처를 받았을 것이다. 하지만 나는 그녀를 구속하는 대신 다른 남자들과의 연애담을 쿨~하게 들어주면서 그녀와 마음껏 사랑을 나눴다. 그리고 나는 차츰 그런 상황을 즐기게 됐다. 중년의 나이이기에 가질 수 있는 여유로움이랄까? 사랑도 골프와 마찬가지로 힘을 빼면 더 잘 이루어지는 법이다.

어떤 이들은 "그게 무슨 사랑이냐?"고 나에게 반문할지 모르겠다. 여러 사람과 동시에 만나는 여자를 사귄다면 그게 무슨 사랑이냐고, "사랑은 자고로 지고지순해야 한다"고 말이다. 하지만 나는 이것도 분명 사랑이라고 말하고 싶다. 내가 진정으로 그녀를 사랑했고, 충분히 행복했기 때문이다.

중년에 사랑을 하려면 상대를 나만의 소유물로 만들지 말라고 말하고 싶다. 상대를 여유롭게 놓아주면 더 큰 행복이 나를 찾아온다. 어차피 매력적인 여성은 나 혼자서 독차지할 수 없는 법이다. 내가 모르는 사이에 그녀가 다른 남자를 만날 수 있다는 사실을 인정해야 '사랑의 고수'가 되는 것이다.

2
이혼 못하고
억지로 사는 사람들

당신의 반쪽은 행복할까

퇴근길, 유난히 집에 들어가기 싫어서 여기저기 약속을 잡는 남성들이 많다. 특별히 술이 당기는 날이 있겠지만 너무 자주 이런 모습을 보인다면 배우자와의 관계에 문제가 있는 것이다. 사랑하는 아내와 살고 있다면 집에 들어가고 싶어 안달을 해야 정상이다.

"와이프와 너무 안 맞아. 이제 애들도 다 컸고 다들 자기 갈 길 가고 나면 둘이서 어떻게 살지 걱정이야."

주변에는 아내와의 애정문제로 힘들어 하는 중년남성들이 생각보다 많다. 젊었을 때는 먹고사느라고 바빠서 또는 아이들 때문에 참고 살았지만 중년으로 접어들면서 한계를 느끼는 것 같다. 집에 들어가기 싫은데 아내의 바가지 긁는 소리가 듣기 싫어서 마지못해

들어가고, 사랑은커녕 얼굴만 봐도 짜증이 나는데 어쩔 수 없이 억지로 살고 있다고 한다. 상황이 그러니 집에 들어가기 싫어서 술집을 전전하게 되는 것이다.

행복한 부부일수록 1인치 이내로 붙어서 잔다는 조사 결과가 나온 적이 있다. 영국의 일간지 〈텔레그래프〉는 밤에 잠잘 때 1인치 미만으로 짧은 거리를 유지하고 자는 부부가 30인치 이상 떨어져 자는 부부보다 부부관계에 만족할 가능성이 훨씬 높다는 것이다. 얼핏 생각해도 '그럴 수 있겠다' 싶다.

아내와 1인치 이내로 찰싹 달라붙어서 잘 정도로 행복하다면 밖에서 친구들이나 직장동료들과 술을 마시려고 애를 쓰지는 않을 거 같다. 부인과 한잔하면서 나누는 사랑스런 대화는 그 무엇과 바꿀 수 없는 행복감을 안겨준다. 그렇다면 당신은 잠을 잘 때 아내와 얼만큼 떨어져 자는가? 중년쯤 되면 침대를 따로 쓰거나 아예 각방을 사용하는 부부가 많다. 그러면서도 부부관계에 이상이 없다고 생각하고 그냥 산다. 나는 그렇게 무기력하고 애정 없이 사느니 차라리 과감하게 이혼하고 다른 삶을 찾으라고 권하고 싶다.

습관처럼 집에 들어가고 억지로 잠자리를 한다면 그 삶이 무슨 의미가 있을까? 물론 가정은 웬만하면 깨지 말고 지켜야 한다. 하지만 남편이 그렇게 무미건조하게 살고 있다면 나와 함께 살고 있는 아내 역시 불행하다고 느낄 것이다. 언젠가 친한 여자후배로부터 이런 하소연을 들은 적이 있다.

"나는 아직도 남편과 달달한 사랑을 나누고 싶은데 남편은 그런 사람이 아니더라고요. 나는 손도 많이 잡아주고 예쁘다고 안아주고, 문자도 자주 보내서 사랑한다고 말해줬으면 좋겠는데…평생 사랑한다는 말 한번 못 들어봤어요."

길을 걷다가 손이라도 잡으려 하면 남편이 놀라서 피한다는 것이다. 그렇다고 자기를 사랑하지 않아서 그런 것은 아니라고 했다. 살다 보니 자기가 그렇게 달달한 사랑을 원하는 여자라는 걸 알았고, 남편은 무뚝뚝한 데다 자기표현을 잘 못하고 스킨십에도 관심 없는 사람이었다는 것이다.

"남편을 바꿔보려고 대화도 해보고 울면서 하소연도 해보고 다 해봤어요. 그때마다 그런 나를 이해 못하겠다는 듯이 쳐다보더라고요. 뭐가 문제냐고…."

둘 사이에는 아들이 하나 있고, 시부모님을 모시고 나름대로 단란한 가정을 꾸리며 살고 있다. 하지만 후배는 행복하지 않다고 했다. 그동안 누구에게 말도 못하고 속앓이를 하면서 참고 살아왔는데, 가끔은 너무 쓸쓸하고 여자로서 불행한 느낌이라고 했다. 이제 중년의 나이가 되니까 그런 속 얘기를 꺼내놓게 된다면서…. 그 후배의 얘기를 듣는 내내 마음이 참 아파왔다.

"차라리 이혼을 하지 그랬어."

"근데 그 점만 빼면 다 좋아요. 애한테도 좋은 아빠고, 술을 좋아해서 그렇지 일상생활에선 나름대로 자상한 가장이에요."

결국 그 후배도 이혼할 용기는 없었던 것이다. 경제적으로 자립할 용기도 없었고, 가정을 깰 용기는 더더욱 없었던 것이다. 더구나 아직 남편을 사랑한다고 했다. 하지만 남자의 입장에서 보면 그 남편이 결코 좋게 보이지 않는다. 자기의 아내가 그렇게 원한다면 최소한 달라지려고 노력해야 했다. 그게 안 된다면 아내를 그만큼 사랑하는 게 아니니 차라리 놓아주고 다른 남자를 만나 행복하게 살라고 해줬어야 한다.

그렇다면 반대로 그 후배의 남편은 과연 가정생활이 행복했을까? 하는 의문이 생긴다. 내가 직접 만나보지 않았으니 뭐라고 말할 수는 없지만 아내가 그렇게 불행을 느끼고 사는데 자신은 행복했을까?

자신의 이상형 정도는 정확히 알자

얼마 전, 미국의 〈타임〉지가 대한민국을 성형공화국에 빗대면서 이른바 '턱뼈 탑 성형외과'에 대해 보도한 적이 있다. 국제적으로도 망신스러운 기사였다. '턱뼈 탑 성형외과'는 이미 여러 온라인 커뮤니티에서 '턱뼈로 만든 탑'이라는 제목으로 게시물이 올라오면서 우리나라에서 화제가 된 적이 있었다.

게시물에는 성형외과 내부의 모습과 함께 턱뼈가 가득 담긴 유리 기둥이 함께 게재돼 있었다. 유리 기둥에 담긴 턱뼈의 정체는 이 병원에서 성형 수술을 한 1000여 명의 것이었다. 이런 끔찍한 설치물을 버젓이 비치해놓고 홍보에 활용했다니 기가 찰 노릇이다. 하지만 이 끔찍한 조형물을 만들어준 장본인은 바로 대한민국 남성들이라고 해도 과언이 아닐 것이다.

우리나라 남성들이 좋아하는 여성 스타일은 어떤가? 작은 얼굴에 커다란 눈망울, 그리고 오똑한 코, 대략 이런 얼굴을 가진 여성을 좋아하니 모든 여성들이 너도나도 성형외과로 달려가는 것이다. 그러다 보니 미인의 얼굴이 다 비슷비슷하게 획일화되었다. 물론 주체성 없이 남자들에게 잘 보이기만 하면 된다는 자존감 없는 여자들에게도 문제는 있다. 하지만 여성들도, 남성들도 모르는 것이 있다. 얼굴만 예쁘다고 다 섹시한 것은 아니라는 사실이다.

일본 속담에 "아무리 달콤한 것도 3일 먹으면 질리고, 아무리 냄새 나는 것도 3일 지나면 익숙해진다"는 말이 있다. 아무리 예쁜 여자라도 3일 정도 같이 자고 나면 예쁜 얼굴보다는 다른 매력이 더 중요해진다는 말일 것이다. 나는 그 말에 전적으로 동감한다. 한눈에 봐서 예쁜 얼굴은 아니지만 보면 볼수록 매력이 있는 여성이 질리지 않고 더 오랫동안 섹시함을 풍길 수 있다. 잘 생각해보면 내가 섹시함을 느낄 수 있는 여성은 나만이 알아볼 수 있다.

나는 얼굴 예쁜 여자보다는 몸매가 예쁜 여자에게 더 섹시함을 느낀다. 최고의 배우인 '전지현급'이라면 더 이상 바랄 것 없는 매력적인 몸매라는 데 이의를 다는 사람이 별로 없을 것이다. 하지만 남자들 중에는 그녀가 '섹시하지 않다'고 생각하는 사람이 있을 것이다. '섹시함을 느낄 수 있는 몸매'라는 기준이 획일적이지 않을뿐더러 지극히 개인적이기 때문이다.

어떤 남자들은 아주 마른 여자를 좋아하지만 어떤 남자는 통통한 여자를 좋아한다. 키가 작고 아담한 여자에게 끌리는 남자가 있는 반면, 훤칠하고 쭉 뻗은 몸매를 좋아하는 남자가 있다. 가슴이 큰 여성을 좋아하는 이도 있겠지만, 아주 작은 가슴을 선호하는 남자도 분명 있다.

이처럼 자기 취향에 따라 좋아하는 여성 스타일이 다를 수 있겠지만, 대체로 연애 고수들은 얼굴보다는 몸매를 본다. 매력적인 몸매의 기준은 서로 달라도 자기 취향에 맞는 얼굴보다는 취향에 맞는 몸매를 지닌 여자가 더 섹시하게 느껴진다. 아마 여자들은 이런 사실을 잘 모를 것이다.

나는 몸매가 통통한 여자하고 사귄 적이 있었다.

"얼마 전에 본 그 여성 분, 선배가 진짜 사귀는 여자예요?"

"그런데…왜?"

"아니, 선배가 좋아하는 스타일의 여자하고는 거리가 먼 것 같아서요."

"내가 좋아하는 스타일의 여자가 어땠는데?"

"뭐~ 쭉쭉 빵빵하고 섹시한 여자 아니에요?"

"그랬던가? 하하~."

나는 더 이상 얘기를 하지 않았다. 남들이 보기에는 평범해 보였을 수 있지만 내게는 달랐다. 나는 통통했던 그녀가 굉장히 섹시해서 볼 때마다 성적인 충동을 억제할 수 없을 정도였고, 그 매력이 상당히 오랜 기간 유지됐다. 하지만 나중에 그녀가 다이어트를 해서 날씬한 몸매를 만드는 바람에 그녀 특유의 섹시함이 사라져버렸다. 나는 날씬해진 그녀의 몸매를 바라볼 때마다 너무나 아쉬웠다.

"나는 솔직히 자기가 통통했던 그때가 더 좋아. 훨씬 섹시했어."

"에이~ 정말? 고마워요. 그렇게 나를 봐주다니요."

그녀에게 대놓고 솔직하게 이야기를 해도 그녀는 그저 립서비스 정도로만 생각하는 것 같았다. 결국 그녀와는 헤어졌지만 헤어지고 나서도 나는 오랫동안 통통하고 섹시했던 그녀의 몸매를 잊을 수가 없었다.

여자들은 누구나 이렇게 자기만의 매력이 있고, 남자들 역시 자기가 특별히 섹시함을 느끼는 스타일이 있다. 어느 여성에게나 자기만의 고유한 매력이 있기 때문에 남자들이 찾으려고 노력만 한다면 쉽게 찾을 수가 있을 것이다. 그런데 바보 같은 대한민국 남자들은 획일화된 예쁜 얼굴들만 찾으니 내 짝을 못 찾아서 외로운 것이다.

진짜 멋진 남자, 카사노바!

몸매는 별로지만 가슴이 예쁜 여자, 키는 작아도 균형 잡힌 몸매를 가진 여자, 뚱뚱하지만 귀여운 얼굴을 가진 여자, 몸매도 별로고 얼굴도 안 예쁘지만 하는 행동과 목소리가 매력적인 여자, 터프하지만 성취욕이 강해서 중성적인 매력이 있는 여자, 밥 먹는 모습이 사랑스러운 여자, 요리를 잘하는 여자, 근육질의 섹시한 여자, 섹스를 잘하는 여자, 각선미가 예쁜 여자, 손과 발이 예쁜 여자….

피아노를 잘 치는 여자, 요가로 단련된 유연한 여자, 아주 똑똑한 여자, 생활력이 강한 여자, 입술이 매력적인 여자, 발 냄새가 구수한 여자, 담배 피우는 모습이 사랑스러운 여자, 바지가 잘 어울리는 여자, 술을 잘 먹는 여자, 존경스러운 여자, 엄마를 닮은 여자, 운동을 잘하는 여자, 수줍음이 많은 여자, 까무잡잡한 피부를 가진 여자, 귀여운 덧니를 가진 여자, 외국어를 잘하는 여자, 순종적인 여자….

세련된 여자, 냄새가 좋은 여자, 발랄한 여자, 웃길 줄 아는 여자, 나보다 능력 있는 여자, 식스팩이 선명한 여자, 마사지를 잘하는 여자, 종아리가 예쁜 여자, 영화광인 여자, 여행을 좋아하는 여자, 목이 가늘어 사슴 같은 여자, 허벅지가 굵어 섹시한 여자, 짧은 머리가 잘 어울리는 여자, 납작한 샌들이 잘 어울리는 여자, 코고는 소리가 귀여운 여자, 꼴통같이 잘 우기는 여자, 깜찍한 여자, 여우 같은 여자….

키스를 부르는 입술을 가진 여자, 엉덩이가 통통한 여자, 보호해주고 싶은 여자, 의지하고 싶은 여자, 책을 잘 읽어주는 여자, 웃음소리가 매력적인 여자, 상냥한 여자, 꼼꼼한 여자, 키스를 잘하는 여자….

우리 주변으로 눈을 돌려보자. 그 여자만의 독특한 매력을 찾으려고 노력한다면 우리 주변에도 상당히 매력적인 여자들이 넘쳐날 것이다. 그리고 그들을 상대로 얼마든지 은밀하고 황홀한 사랑의 게임을 벌일 수 있다. 만약 미련하게 획일적인 예쁜 여자들의 꽁무니만 쫓아다니다 보면 결국에는 추잡스러운 남자로 전락하고 말 것이다.

이제는 생각을 바꿔 카사노바가 돼보자. '카사노바'는 일반적인 기준으로 볼 때 매력이 없다고 취급되는 여인들과도 얼마든지 사랑을 나눴다. 그는 마치 독수리처럼 그 여인들만의 독특한 매력을 낚아챘다. 여자들은 자기만의 매력을 알아주는 남자에게 쉽게 빠지게 마련이다. 카사노바는 보통의 남성들보다 그런 여성의 심리를 잘 읽고 있었고, 그래서 일부러 그 점을 노렸을 수 있다. 하지만 나는 그보다는 그가 매번 여성들의 각기 다른 매력에 빠져들었던 게 아닐까 생각한다.

카사노바는 "하룻밤의 사랑도 사랑이다"라는 명언을 남겼다. 흔히 카사노바라는 이름을 떠올리면 바람둥이로, 수많은 여성들을 농락한 인물로 생각한다. 하지만 그는 매 순간 자신의 사랑에 최선을 다한 셈이다. 그래서 그는 매번 만나는 여성들에게 "당신만을 사랑합니다. 지금 이 순간만은." 이렇게 속삭였던 것이 아닐까?

궁상맞게 사느니 차라리 이혼하라!

남자들도 아내 때문에 속앓이를 하면서 사는 경우가 많다. 아내의 외출이 부쩍 잦다든가 언젠가부터 가족들 눈치를 피해가면서 전화통화를 한다든가 하는 행동을 하면 왠지 불안해진다. 둔감한 것 같지만 남자들도 여자들 못지않게 '촉'이 작동할 때가 있다. 그런 일이 반복되다 보면 자신도 모르게 아내의 핸드폰에서 카톡이나 문자 메시지를 뒤지기도 한다. 궁상맞은 남자가 돼가는 것이다.

여자들도 남편의 바람에 대한 '촉'이 오면 심한 배반감과 분노에 속앓이를 하지만 대놓고 따지기가 쉽지 않다. 그러다가 남편이 덜컥 이혼하자고 덤빌까 두려워서다. 남자의 경우도 마찬가지로, 아내가 다른 남자를 만나는 것 같아도 선뜻 무어라 말을 꺼내지 못하고 눈치만 보게 된다. 생각 같아서는 당장 사단을 내고 싶지만 막상 드라마에서 본 듯한 '바람난 마누라' 사연이 나의 현실이 된다면 눈앞이 캄캄해지고 대책이 없을 것이다. 자존심 때문에 어디에다 하소연도 못하고 혼자서 술 마시는 일이 많아지고 점점 폐인처럼 돼간다.

남자가 바람을 피우면 여자들은 속은 썩어도 결국 묻고 가는 경우가 많다. 하지만 여자가 바람을 피우면 남자들은 마음을 되돌리기가 어렵다. '한번 깨진 그릇을 다시 원상태로 만들어놓지 못하는 것'과 같은 논리라고 할까? 그야말로 가정은 지옥이 된다. 그런데도 가정을 깨지 못한 채 붙잡고 사는 궁상맞은 남자들이 많다.

한국가정법률상담소가 가정폭력 관련 상담 통계를 분석한 결과를 보면 남편에 의한 아내 폭력이 전체 가정폭력 가운데 81.8%로 가장 많았지만 매를 맞는 남편도 빠른 속도로 증가하는 것으로 나타났다.

'한국 남성의 전화'가 내놓은 통계를 보면 아내에게 맞는 남편들의 상담건수가 점점 늘고 있다.

- 2009년 856건
- 2010년 1436건
- 2011년 1724건
- 2012년 1884건

단순 통계만 봐도 3년 사이 두 배가 넘게 증가했다. 아마 창피해서 차마 상담전화를 못하는 남편들의 수까지 포함하면 대한민국에서 매를 맞고 사는 중년 남편들은 훨씬 많을 것으로 추정된다.

얼마 전 아내를 경찰에 신고한 중년남성의 사연이 내 눈길을 끌었다.

"2014년 3월, 하룻밤 사이 남편이 아내를 두 번이나 경찰에 신고한 웃지 못할 사건이 발생했다. 술에 취한 아내가 집에서 흉기를 휘둘러 남편에게 상해를 입히자 위기감을 느낀 남편이 직접 119에 신고하고 병원에서 치료를 받았다. 하지만 아내가 병원까지 따라가지 않자 홧김에 신고를 했다는 것. 경찰은 아내가 만취 상태라 남편의 동의를 얻어 귀가시켰다. 그런데 아내가 집으로 돌아가 다시 남편을 구타하며 행패를 부리자 집 밖으로 도망친 남편이 이른 아침 인근 파출소를 찾아가 아내를 또다시 신고했다. 남편이 처벌은 원하지 않는다고 했지만 단순 폭행이 아닌 상해 사건이라 결국 폭력 아내는 구속되었다."

그들은 50대의 중년부부였다. 이 기사를 읽으면서, '도대체 무슨 사연이 있기에 아내가 술을 마시고 남편에게 폭력을 휘둘렀으며, 남편은 그런 아내를 어쩌지 못해 경찰에 신고까지 했을까?' 그 이유가 궁금해졌다.

아내가 중년이 되면서 힘이 세졌기 때문이라거나 자신보다 기가 세졌기 때문일 것이다. 아니면 아내와 치고받고 싸우느니 차라리 맞는 게 편하다고 생각하고 맞아준 것이 아닐까? 맞는 이유도 여러 가지일 것이다. 돈을 제대로 못 벌어온다든지, 아니면 어젯밤 외박을 했다든지, 팬티가 뒤집힌 줄도 모르고 귀가하는 치명적인 실수를 저질렀다든지…. 반대로 바람난 아내가 남편이 꼴 보기 싫어 죽기 살기로 덤빈 것일 수도 있다.

이유야 어쨌든 매를 맞고 산다는 건 이미 결혼생활이 행복하지 않다는 증거다. 이럴 경우 나는 깨끗하게 이혼하여 혼자 살라고 말하고 싶다. 하지만 대개는 이런저런 이유로 이혼할 엄두를 내지 못한다. 매를 맞고 사는 내 친구의 경우 자식이 둘이나 있는데, 그 아이들의 장래가 걱정되어서 이혼할 엄두를 못 낸다고 했다.

"큰애가 고등학생이고 둘째는 아직 중학생이야. 그 아이들을 어떻게 해? 내가 혼자 키울 자신은 없고, 그렇다고 마누라한테 보낼 수는 더더욱 없어."

친구는 아이들을 마누라한테 보내고 차마 혼자서 살아갈 자신이 없다고 했다. 하지만 먼저 이혼한 선배로서 나는 자신 있게 말할 수 있다.

"현재 살고 있는 아내가 사랑스럽지 않다면, 이것저것 따질 필요 없이 용기를 내서 이혼하는 것이 상책이다. 이혼하면 천국이 기다리고 있을 것이다."

사랑하는 여인과 하루라도 떨어지기 싫어서 결혼했듯이, 그 여인과 살아보니 언젠가부터 하루하루가 지옥이라면 이혼이 상책이다. 그것이 행복하게 사는 길이다.

100세 시대라고 해도 인생은 너무나 짧다. 망설일 시간이 없다. 배우자를 미워하는 시간은 절대적인 낭비다. 우리에게 주어진 인생의 시간은 가슴 시리도록 사랑하기에도 부족하다. 내가 즐겁고 행복해야 마누라도 있고 자식도 있고 세상도 있는 것이다.

3
술집 마담,
좋아지는 이유 있다

나도 '왕' 대접 받고 싶다

언젠가 유명 남자 배우가 술집 마담과 연인관계였다는 사실이 드러나면서 화제가 된 적이 있다. 두 사람의 사랑은 비극적인 결말로 끝났지만 사람들에게 깊은 인상을 남겼다. '왜 잘생기고 잘나가는 배우가 술집여자와 사랑을 했을까?' 아마도 여성들은 이해하기 힘들겠지만 우리 같은 중년의 남성들은 충분히 공감할 수 있는 이야기다.

중년의 나이가 되면 남성들은 혼자서 술집을 다니기 시작한다. 젊을 때야 친구나 동료들과 어울리는 술자리가 재미있고, 흥이 나지만 나이가 들면 달라진다. 친구와 소주잔을 기울이는 것도 시끌벅적한 술자리도 다 부질없고 귀찮아질 때가 있다. 그냥 조용히 술 한잔하고 싶어질 때면 혼자서 술집을 찾게 된다. 그럴 때 혼자 오는 남자손님들을 위해 술집 마담이 곁에 앉아 안주도 집어주고 말동무도 되어준다.

"오늘 힘든 일 있으셨어요? 외로워 보이시네요…?"

술집 마담이 건네는 위로와 극진한 대접은 나를 마치 '왕' 처럼 느끼게 해준다. 집에서 푸대접을 받다가 그런 대접을 받으면 외로운 마음이 스르르 녹는 기분이다. 그래서 친구나 아내에게 드러내지 못하는 속 얘기도 털어놓게 되는데, 술집 마담은 세상 풍파를 많이 겪어서인지 이상하게 남자의 속마음을 잘 헤아리고 잘 다독여준다. 그렇게 단골이 되고, 드물지만 술집 주인과 손님 관계에서 애인 사이로 발전하는 경우도 있다.

대개는 직업상 손님을 '왕' 대접하는 것이고, 좀 더 '매출을 올리기 위해' 가식적인 행동을 한다는 것도 잘 안다. 하지만 5만 원이 됐든, 10만 원이 됐든 술값만 지불하면 나를 상대하는 술집 마담이나 바텐더는 나를 왕으로 대접하며 주인공으로 모신다. 그게 좋아서 중년남자들은 마담이 있는 술집을 열심히 드나드는 것이다.

'바텐더는 애인, 마담은 처형'

가끔 주변에서 가정이 파탄 지경에 처했다는 사람들 얘기를 들어보면 속사정은 이렇다. 남편이 술집여자한테 빠져서 돈도 갖다 바치고 심지어 '살림까지 차려줬다' 는 것.

그게 아주 드문 일이 아니다. 중년남자들은 나를 극진히 왕 대접해주는 술집 마담과 바텐더에 쉽게 빠질 수 있다. 자신도 모르게 자꾸 보고 싶어지고, 그러다가 그들에게 '중독'이 돼간다.

내 눈을 바라봐주는 바텐더와 마담에게 중년남자들은 쉽게 녹아내린다. 젊고 아름다운 여성이 내 눈을 바라보면서 나의 말도 안 되는 너스레에 집중하는데 어떤 중년남성의 마음이 흔들리지 않겠는가? 집에 들어가면 "밥 먹었어? 아휴, 왜 밥도 안 먹고 들어와!"라며 짜증 섞인 투로 나를 대하는 마누라의 태도에 화도 나고 눈치도 보인다. 하지만 술집 바텐더나 마담이 내 눈을 지그시 바라보면서 직접 안주까지 입에 넣어줄 때는 감동스럽기까지 하다.

'내가 이토록 귀한 대접을 받아본 게 언제이던가?' 목석이 아닌 다음에야 이런 대접을 받으면서 흔들리지 않는 남자들이 얼마나 될까? 그래서 중년남자들은 술에 중독되는 것이 아니라 애인과 같은 바텐더와 처형(妻兄)과 같은 마담에게 중독되는 것이다. 그러다가 술집의 젊고 어여쁜 바텐더에 대해 '나에게 관심이 있구나!' 착각하게 된다. 물론 그들은 프로이기에 혼신의 힘을 다해 마치 실제 애인 또는 처형처럼 연기하는 것이다. 그래서 그게 진짜 사랑이 아닌 걸 알면서도 남자들은 빠져들고 사랑을 한다. 돈을 지불하고 해야 하는 사랑인데도 말이다.

더구나 지친 중년남자들은 술집에서 그런 대접을 받으니 어느 정도의 술값을 지불하는 것이 당연하다고 생각한다. 여기서 한 발 더 들어가면 그들에게 별도로 용돈을 쥐어주고 선물공세마저 마다 않는다. 그러다 보니 술집여자 입장에서는 임자를 만나면 팔자를 고

치기도 한다. 아파트를 사주거나 차를 사주기도 한다. 생활비를 대주고 한 달에 몇 번 데이트하자는 제안이 들어오기도 한다. 술집여자 입장에서도 싫은 남자만 아니라면, 아니 오히려 본인도 사랑을 느끼게 된 남성이라면 굳이 마다할 이유가 없지 않을까?

중년남자들의 입장에서는 만약 돈으로 행복을 살 수 있다면, 가정보다 술집이 더 경제적일 수도 있다. 전 재산을 아내에게 주었지만 나의 행복을 위해 돌아오는 것이 별로 없다면 경제적 투자가치는 아주 적다고 볼 수 있다. 하지만 술집은 투자 대비 행복감이 높다. 착각이 됐든 뭐가 됐든 간에, 내가 좋고 행복하다면 그것으로 족한 것이다. 중년남자들이 옷 한 벌 사는 것에는 벌벌 떨면서도 술집에서 돈을 펑펑 쓰는 이유가 바로 여기에 있다.

술값은 행복의 가치에 대한 지불

"어디에서 술을 마셨는데 이만큼이나 나왔어~! 미쳤어 정말!"

가끔 처리하지 못한 술집 영수증을 아내에게 들키기라도 하면 몇 날 며칠 바가지를 긁혀야 한다. "어디에 있는 술집이냐, 누구랑 마셨냐, 그 친구 전화번호 당장 대라" 등등 아내의 잔소리와 바가지는 끝이 없다. 일단 잘못한 거 같으니 남편들은 며칠 동안 기가 죽어서 눈치만 보고 지낸다. 그러다가 벌컥 화날 때가 있다.

'내가 가족들을 위해 뼈 빠지게 돈을 벌어다 주는데, 정작 나를 위해서 쓰는 돈이 뭐가 있다고…. 가끔 술 마시는 게 고작인데 술

좀 마셨다고 이렇게까지 눈치를 봐야 하나.'

하지만 자칫 큰 부부 싸움으로 번질 수 있으니 일단은 참을 수밖에 없다. 그러다가 이런 생각까지 든다. '자기는 벌어다 주는 돈 펑펑 쓰면서 말이야. 몇백만 원 하는 명품 가방이랑 구두를 아무렇지 않게 사면서 말이야.'

억울하고 그런 아내가 야속하기까지 하다. 중년남성들이 술값으로 쓰는 돈은 일종의 행복에 대한 대가(代價)다. 여자들이 몇백만 원 주고 명품 핸드백을 사는 심리와 비슷하다고나 할까? 명품 백은 오래가고 술값은 한 번이기에 명품백이 훨씬 싸게 먹힌다고 강변하는 여성들도 있을 것이다. 하지만 한 번의 술값이라도 어느 정도의 가치가 있지만, 술값이 쌓여서 단골이 되면 그 이상의 가치를 발휘하기도 한다. 전 재산을 다 주어도 고마워하지 않는 아내와는 달리 적은 금액으로 갈 때마다 왕 대접을 해주는 술집이 때로는 나에게 고마운 안식처가 될 수 있기 때문이다.

술집에서 돈을 지불하고 즐기는 그 순간만큼은 내가 상남자가 되기도 하고, 로맨시스트가 되기도 하고, 능력 있는 남자가 되기도 한다. 때로는 젠틀맨 소리도 들을 수 있다. 가정에서나 일터에서는 한 번도 받아본 적 없는 황홀한 대접을 받는 그 기분을 어디에 비교할 수 있을까? 그래서 남성들은 술값이 비싸다고 생각하지 않는 것이다. 그러다가 운이 좋으면 어우동이나 황진이처럼 아름답고 멋진 여성과 사랑을 할 수도 있다는 로맨스를 꿈꾸며 중년남성들은 오늘도 열심히 술집을 드나든다.

그러나 남편이 술집에 드나드는 게 너무나 참을 수 없다면 술집에 못 가도록 만들면 될 일이다. 그렇다고 카드를 뺏고 주머니 속의 영수증을 뒤지는 방법을 택하지는 말라고 말하고 싶다. 꼬투리를 잡아 한바탕 부부 싸움을 하고 나면 잠시 술집에 드나드는 걸 자제시킬 수는 있을 것이다. 하지만 남성들은 또다시 가정에서 찬밥 취급당하거나 행복감을 느끼지 못하게 된다면 재차 술집을 찾게 될 테니 말이다. 그런 단순한 방법보다 확실한 대안은 집에서 남편을 주인공으로 대접해주라는 것이다. 술집 마담처럼 콧소리로 "오빠~"라고 부르지는 않아도 다정하게 "여보~" 하면서 애교도 부려보고 왕 대접을 하려고 노력해보라. 처음에는 "당신 왜 그래? 뭐 잘못 먹었어?" 하면서 좀 멋쩍어 하겠지만 분명 남편들은 달라진 대우에 매우 흡족해 할 것이다.

아내는 가장으로서의 역할을 다하기 위해 밖에서 처절하게 싸우고 지쳐서 돌아온 남편의 몸과 마음을 힐링시켜줘야 한다. 그리고 남편이 오로지 안식처는 가정뿐이라고 인식할 수 있도록 최선을 다해줘야 한다. 식사할 때도 주인공으로 만들어주고, 가장으로서의 지위를 인정하고, 거기에 술대접까지 해주면 그야말로 금상첨화 아닐까? 아내가 자신을 진심으로 좋아하고 극진하게 대접해준다면 남편은 머지않아 술집이 아닌 집으로 발걸음을 재촉할 것이다.

4
SEX, 그리고
AV 스타

자위도 가려가며 해야지

나는 자위행위(masturbation, 自慰行爲) 예찬론자다. 이렇게 말하면 어떤 이들은 나를 이상하게 생각할지 모르겠지만 자위행위는 확실이 장점이 많다. 우선 위험부담 없이 완벽하게 나한테 만족감을 가져다줄 수 있다. 섹스는 상대가 있어야 하니 자칫 성병에 걸릴 수도 있고 뜻하지 않게 상대를 임신시킬 수도 있다. 그리고 '나는 만족스러운 섹스를 했는데 만약 상대를 만족시켜주지 못했다면' 남자로서 자존심이 상하면서 심한 위축감을 느끼게 될 것이다.

그런데 자위행위는 철저하게 나만 만족하면 되고 혼자서 즐기기 때문에 성병에 대한 위험도, 임신의 걱정도 없다. 또한 상대가 만족했는지 만족하지 못했는지에 신경을 곤두세울 필요가 없다. 그래서 나는 40~50대 중년남성들에게 '이젠 자위행위를 즐기라'고 권하고 싶다. 나이 먹어서 자위행위를 하려니 왠지 처량하기도 하고 죄책 감이 들기도 하겠지만, 그건 쓸데없고 호화스러운 허세일 뿐이라는 걸 깨달았으면 좋겠다.

한때 자위행위를 금기시한 적이 있었다. 종교적인 이유 때문에 20세기 전반까지만 해도 많은 문명권에서 자위행위를 금기시했고 사회적으로도 병적인 현상으로 다루기도 했다. 하지만 현대사회로 들어서면서는 '자위행위'를 지극히 정상적이고 생리적인 현상으로 보고 있다. 『킨제이(Kinsey) 보고서』에 따르면, 조사대상 5300명의 남성 중 96%가, 여성 2675명 가운데 62%가 자위행위를 경험했다고 밝혔다. 1940년대 후반에도 자위행위는 일반인들 사이에서 매우 보편적인 성행위였던 것이다. 하지만 자위행위는 지극히 개인적이고 비밀스러운 것이므로 혼자서 은밀히 즐겨야지, 자칫 사람들 앞에서 이상행동을 보이다가는 성범죄자로 몰릴 수 있다.

2014년 3월, 한 남성의 이야기가 신문지상에 실렸다. 30대 초반의 A는 자위행위를 즐기던 사람이었는데 어쩐 일인지 '강제추행범'이라는 실형을 선고받았다. 그는 억울하다고 호소했지만 재판부는 그의 호소를 받아들이지 않았다. 과연 그는 왜 성범죄자가 됐을까?

처음 불행이 시작된 것은 4년 전, 경기도 안산시의 한 버스 정류장이었다. A는 버스를 기다리다가 앞에 서 있던 20대 여성의 뒤로 가서 자신의 성기를 꺼내 자위행위를 하고 그 여성의 옷에 사정까지 했다. 이상한 느낌이 들어 뒤를 돌아본 이 여성은 자신에게 닥친 광경에 경악할 수밖에 없었다. 하지만 여성들의 반응에 아랑곳하지 않고 A의 이 같은 행동은 거기서 그치지 않았다.

얼마 뒤, 길을 걸어가고 있는 또 다른 여성의 뒤를 따라가 자위행위를 한 뒤 그 여성의 몸에 사정을 했고, 심지어 여고생 앞에서도 같은 행위를 했다. 2년 사이에 밝혀진 것만 총 일곱 번이었다. 결국 신고를 받고 경찰에 붙잡힌 뒤 A는 '강제추행' 혐의로 검찰에 기소됐다. 하지만 A 측 변호인은 그의 행위가 강제추행이 아니라고 주장했다.

"A가 직접적으로 폭력을 행사한 것은 아니고, 다만 분비물이 신체에 묻은 것에 불과하다. 보통 '바바리 맨'들이 성기를 드러내는 정도와 마찬가지 경우에 해당한다. 이 경우 강제추행이 아닌 (비교적 형량이 적은) 공연음란죄를 적용하므로 A의 경우도 공연 음란죄를 적용해야 한다."

하지만 재판부의 판단은 달랐다.

"A는 버스를 기다리던 피해자의 뒤로 다가가 갑자기 자신의 성기를 꺼내 밀착시키고 자위행위를 한 뒤 사정했다. 성기를 피해여성의 신체에 밀착시키는 행위는 물론 사정한 행위도 모두 피해여성의 의사에 반하는 유형력(有形力)의 행사로서 추행행위에 해당한다."

재판부는 A의 자위행위가 여성들에게 위협을 주었고 이는 사회적으로 위험성이 크다고 해석했던 것이다. 때문에 성폭력과는 성격이 다르지만 자신의 변태적인 성적 취향을 충족시키기 위해 타인에게 피해를 주었기에 '강제추행' 행위로 처벌한 것이 아닐까?

흔히 '바바리 맨'으로 불리는 사람들이 여성 앞에서 자신의 주요 부위를 드러내는 심리는 정신병적인 행동이다. 그들은 '노출증 환자' 로서, 낯선 사람들에게 자신의 주요 신체 부위 등을 드러내며 성적 흥분을 느낀다. 노출증이란 '낯선 사람에게 자신의 성기를 노출시키는 공상을 하면서 성적 흥분을 일으키고 이를 곧바로 행동으로 옮기는 것이다. 이 같은 행위를 반복해서 하게 되면 이른바 성도착증 가운데 하나' 가 된다.

위의 사례들은 정상적이지 않은 사람들의 이야기다. 자위행위도 여러 종류가 있기에 남을 위협하거나 폭행하면서 하는 자위행위는 범죄에 해당하지만 그런 사람들이 얼마나 되겠는가? 혼자서 은밀히 즐기는 자위행위는 위험부담이 거의 없이 완벽한 즐거움을 맛볼 수 있다.

그렇다면 자위행위는 어떻게 해야 100% 만족을 느낄 수 있을까? 자위행위는 아무런 준비 없이 그냥 하면 즐겁지 않고, 만족감을 느끼지 못할 수 있다. 자위행위에는 그 나름의 법칙이 있다.

AV 스타를 애인으로 설정하라

자위행위는 파트너 없이 혼자서 성행위를 하지만 이성과 섹스할 때처럼 컨디션이 좋아야 한다. 그래야 제대로 느끼고 즐길 수 있다. 예를 들어 스스로 신음소리를 내거나 거울이나 아로마향을 활용하면서 즐기면 더욱 짜릿함을 느낄 수 있다. 그리고 가장 중요한 건 가상의 애인을 만들라는 것. 가상의 애인이 있으면 자위행위는 상상 이상으로 황홀하고 즐거운 행위가 될 수 있기 때문이다.

나는 여러 명의 가상 애인을 갖고 있다. 그 가운데 한 명이 미국의 유명한 성인영화 스타(이하 AV 스타)인 애슐린 브룩(Ashlynn Brooke)이다. 나는 그녀를 정말 좋아해서 휴대전화에 그녀의 사진이나 동영상을 저장해놓고 매일 애인 보듯 들여다본다. 그러다 보니 이제는 그녀가 진짜 나의 여인처럼 느껴진다.

'아…오늘은 그녀를 만나 섹스하고 싶어.'

이런 생각이 들면 나는 그녀의 사진이나 동영상을 보면서 자위행위를 한다. 감히 범접할 수 없는 대스타지만 그녀는 나에게 마법의 애인과 같다. 언제나 나만을 기다려주고 불평불만을 한 적이 없으며, 단 한번 약속을 어긴 적도 없다. 그녀는 내가 원하면 언제든 나타나서 기꺼이 내 자위행위의 파트너가 되어주기 때문이다.

내가 두 번째로 좋아하는 AV스타이자 애인은 일본의 '호노카'다. 세 번째로 좋아하는 여인은 우리나라에도 너무나 잘 알려진 '아오이 소라'다. 이 세 여자를 나는 사진이나 동영상을 통해 자주 만난다. 나는 이 세 명의 아름다운 여인들과 연애하고 있다고 해도 좋을 것이다. 세 여인을 만나는 날은 그날의 기분과 컨디션에 따라 각기 다르다.

기분이 좋은 날이면 애슐린 브룩을 만나고, 약간 울적한 날에는 밝은 표정의 아오이 소라를 만난다. 까무잡잡한 피부의 섹시한 호노카를 만나고 싶은 날도 있다. 어떤 날은 동시에 세 명의 애인을 다 만나기도 한다. 이게 얼마나 행복한 일인지 해보지 않은 사람은 모를 것이다.

자위행위를 즐기다 보면 여자가 그리워 아무데서나 추한 모습을 보이지 않아도 된다. 나만의 애인이 항상 나를 기다리고 있기 때문에 성에 굶주리지도 않고 정신적으로도 여유로워진다. 성적으로 여유가 생겨서 내 모습을 보는 주변의 여자들에게도 매력적으로 비칠 수 있다. 사람이 배가 부르면 음식에 대한 식탐도 줄어들지 않는가? 성욕도 자위행위로 해소하면 그 욕심이 줄어드니까 쿨~해질 수 있는 것이다.

중년남성들이여!

아름다운 나만의 여인을 가져보자. 각자가 좋아하는 스타일의 스타를 몇 명씩 애인으로 두고 은밀하고 즐겁게 자위행위를 해보자. 황홀하고 행복한 기분을 느낄 수 있을 것이다. 그러다 보면 마음의 여유가 생기고 그런 당신을 보면서 여성들이 매력을 느끼게 될 것이니 말이다.

5
사랑하고 싶다면,
돈을 써라!

솔직해집시다!

중년남성들 가운데는 젊은 여성과의 로맨스를 꿈꾸는 사람들이 적지 않다. 과거에 여성들에게 인기가 많았던 남자들일수록 그런 생각은 더욱 간절하다. 그런데 10대부터 70대 노인까지 모든 연령층의 남자에게 "어떤 여성이 좋은가?" 하고 물어보면 거의가 '20대 여성'을 선호한다. 20대 여성은 모든 남성들의 로망이다. 그렇다면 과연 20대의 젊은 여성들은 중년남성을 좋아할까?

지금 젊은 여성과 사귀는 중년남성들이 있다면 아마 '자신이 아직 남성으로서 매력 있어서'라고 착각할지 모른다. 물론 그 말이 어느 정도는 맞을 수 있다. 그런데 여기서 한 가지 생각해볼 것이 있다. 젊은 여성들이 왜 또래의 젊고 발랄하고 섹시한 '젊은 남자' 대신 자신을 선택했는지 말이다.

"또래의 남자들을 만나면 매일 분식집 가고 영화 보고, 언제나 같은 패턴의 데이트를 해야 해요."

"데이트 비용도 어쩔 때는 반반씩 내요. 명품 백 같은 비싼 선물 받는 건 생각해볼 수도 없어요."

언젠가 함께 술자리에 동석한 젊은 여성들이 털어놓은 이야기들이다.

"근사한 레스토랑에서 풀코스로 저녁을 먹고, 내가 갖고 싶은 것들을 마음대로 사라고 카드를 주는 남자친구가 있었으면 좋겠어요."

자기 또래 젊은 남자들은 아직 사회에서 자리를 못 잡았기 때문에 비싼 레스토랑에 가는 것은 엄두를 못 낼 것이다. 어쩌다 한번 갈 수야 있겠지만 아마 연중행사에 가까울 것이다. 그에 비해서 중년남자를 만나면 젊은 남자들과는 다른 물질적인 풍요가 뒤따를 것이라는 기대감을 갖게 마련이다. 고급 식당이나 호텔 식당을 드나들며 맛있는 것도 먹고, 백화점에서 데이트하면서 비싼 옷도 몇 벌씩 선물받고, 당연히 명품 백도 사줄 것 같은 기대감 말이다. 때문에 젊은 여성과 사랑하려면 그 정도는 만족시켜줄 만큼의 능력이 있어야 한다.

"There's no free lunch!" 즉 세상엔 공짜가 없다. 공짜로 젊고 예쁜 여인과 사랑을 나누려고 하는가? 그렇다면 그건 도둑놈 심보를 가졌다고 말할 수밖에 없다. 솔직히 말해 젊은 여성도 성적 매력에 관한 한은 자기 또래의 젊은 남자에게 더 느낄 것이다. 그런데도 중년남성을 택한 건, 물론 어느 정도의 매력을 느껴서겠지만 그런 기대감이 깔려 있게 마련이다. 젊은 여성이 중년남자를 꽃뱀처럼 이용한다는 의미가 아니라, 어느 정도 풍요하고 여유 있는 데이트를 기대하고 선택한다는 것이다.

그렇다고 너무 부담스러워하거나 무리하면서까지 돈을 쓸 필요는 없다. 그저 자기가 좋아하는 젊고 사랑스러운 여성이 원하는 게 합당하다면, 그 정도는 사줄 수 있을 정도의 배포와 아량은 갖춰야 한다는 것이다. 만약 그 정도의 돈마저 쓰기 싫다면? 젊은 여성과 사랑할 생각은 일찌감치 접는 게 좋다. 젊은 여성 입장에서도 그 정도의 능력조차 없는 나이 많은 남성이 사귀자고 매달리면 생각도 하기 싫을 것이기 때문이다.

'돈이 없으면 젊은 여자와 사랑할 수 없다'는 게 내 생각이다. 야속하게 들릴지 모르겠지만, 돈이 없다면 형편에 맞게 또래의 중년 여인을 만나는 편이 상처를 덜 받게 될 것이다

20대 젊은 여성만 고집한 50대 교수

내 주변에서도 20대 중반 정도의 젊은 여성만을 사귀던 친구가 있었다. 그는 일찍이 아내와 이혼하고 재혼을 하고 싶어 여러 명의 여자를 사귀었는데, 매번 젊은 여성만을 사귀다가 헤어지고는 했다.

"재혼까지 생각하려면 어느 정도 나이가 비슷해야. 너무 젊은 여성만을 만나는 건 좀 그렇지 않아?"

걱정스러워 묻는 내게 그는 이렇게 말했었다.

"이상하게 서른 살이 넘은 여자는 여자로 보이지가 않아. 전혀 매력이 느껴지지 않아."

그 친구는 대학교수였는데, 늘 자신보다 서른 살 정도 나이 어린 젊은 여성만을 만나고는 했다. 20대의 젊은 여성에게서만 성적인 매력이 느껴진다는 것이었다. 하지만 그의 그런 여성취향이 결국 그를 불행하게 만들어버렸다.

그는 대학교수였지만 약간의 빚을 지고 있었기 때문에 여유롭게 돈을 쓸 형편이 아니었다. 그런데 젊은 여성과 사귀려니 자꾸 무리를 해야만 했다. 마음에 드는 젊은 여성을 만나면 환심을 사기 위해서 공수표를 남발하는 것이다.

"나하고 사귀면 너한테 BMW 차를 사서 줄 거야!"

"내가 강남에 있는 아파트 정도는 전세로 얻어줄 수 있어!"

일단 이렇게 질러야 젊은 여성들이 호기심을 갖고 넘어온다는 것을 내 친구는 나름대로의 노하우로 터득한 상태였다. 그러면서 우선 루이뷔통 명품 백을 사주거나 카르티에 정도의 명품 시계를 사주고 데이트를 신청한다. 그러면 대부분의 젊고 예쁜 여성들은 그에게 넘어온다고 했다.

"저 친구는 별로 멋있지도 않고 중후한 매력도 없는데, 어떻게 항상 젊은 여자들이랑 다니지?"

젊은 여성이랑 다니는 내 친구를 보고 가끔 지인들이 그렇게 묻고는 했다. 솔직히 내가 봐도 내 친구는 키가 작고 외모 역시 잘생긴 편이 아니어서 남자로서의 매력은 별로 없었다. 그런데도 젊고 예쁜 여성들은 그가 찍으면 거의 넘어온다. 그녀들이 생각하기에 데이트를 시작할 때 그 정도의 선물을 사주니 진짜로 사귀게 되면 BMW 자동차나 아파트가 손에 들어올 수 있다고 생각했던 모양이다. 그 친구는 허영심에 가득 찬 젊은 여성들의 그 같은 심리를 이용해서 작업에 성공할 수 있었다.

그렇게 데이트를 시작하고 잠자리를 여러 차례 같이하다 보면 서로 간에 어느 정도의 정이 쌓이는가 보다. 그러면 그 친구는 BMW나 강남의 전세 아파트 공약은 전부 파기하고 자기 집으로 불러들여 동거에 들어가고는 했다. 하지만 그 관계가 오래 지속되지는 못했다.

그 친구의 애인이었던 젊은 여성들은 결국 처음에 받은 명품 시계나 가방이 전부였던 것이다. 이제나 저제나 그의 공약이 실현되기만을 기다리던 여성들은 그의 재정 상태에 실망하게 되면서 끝내는 안 좋게 그의 곁을 떠나갔다. 물론 사귀는 동안 좋은 레스토랑에 가고 비싼 재즈바에 가는 정도의 호사는 누렸지만 애초의 기대감이 너무 높았기에 실망감도 컸을 것이다. 그러다 보니 헤어질 때마다 한바탕 소란이 일었고, 내 친구 역시 그 여성들을 사랑한 것만큼 마음의 상처를 받아야 했다.

카사노바같이 젊은 여성들을 탐닉했던 그였지만, 마음이 여려서 젊은 여성과 헤어질 때마다 사랑앓이를 심하게 했던 것이다. 조울증을 앓을 정도로 감정을 추스르지 못했고 밤낮없이 술만 퍼마시기도 했다. 결국 젊은 여성들과의 사랑은 해피엔딩이 되지 못했다. 젊은 여성들과의 연애는 그에게 경제적인 파산과 정신적인 피폐함만을 남긴 채 막을 내렸다. 직업이 교수였기에 어느 정도 안정적인 생활을 할 수 있었음에도, 그는 무리해서 젊은 여성만을 사귀다가 회복 불능의 상태에까지 이르게 된 것이다.

만약 내 친구가 40대 정도의 중년여성을 선택해 편안하고 안정적인 사랑을 했더라면 최소한 지금처럼 망가지는 일은 없지 않았을까?

돈을 써야 사랑의 게임에서 '갑'이 된다

사랑의 게임에도 권력관계가 존재한다. 일종의 '힘의 논리'가 작용하는 것이다. 일반적으로 사랑하는 남녀 사이에 '갑을'의 관계는 누가 더 많이 사랑하느냐에 따라서 결정된다는 것은 누구나 알고 있는 사실이다. 물론 중년남성과 젊은 여성 사이에도 온전히 사랑만으로 맺어졌다면 같은 논리가 적용될 수 있다. 하지만 대개는 젊고 매력적인 여성이 '갑'의 입장이고 중년남성은 '을'의 입장이 되기 쉽다. 다만 이 관계를 역전시킬 방법은 있다. 바로 중년남성이 '돈'으로 무장하면 된다.

마치 패권국인 미국이 막대한 군비를 지출하면서 국제질서에서 절대적인 영향력을 행사하는 것과 마찬가지다. 현재 미국은 전 세계 군사비 중에서 약 40% 이상을 지출할 정도로 규모가 거대하다. 그렇기에 다른 강대국들이 미국의 패권을 묵인할 수밖에 없는 것이다. 만약 미국이 그 정도의 군사비를 지출하지 않는다면 패권국이라고 큰소리를 칠 수도 없을 것이고, 오히려 중국 등 다른 강대국들에게 피곤하게 끌려다녀야 할지도 모른다.

사랑의 공식도 다르지 않다. 중년남자 쪽에서 젊은 여성에게 어느 정도의 풍요를 제공해준다면 분명 '갑' 이 될 수 있다. 만약 중년남성이 '을' 의 입장에서 사랑 게임을 한다면 '갑' 인 젊은 여인에게 끌려다니며 눈치를 봐야 할 것이다. 나이도 20, 30년이나 더 먹은 처지에 어린 여성의 눈치나 보면서 비굴한 사랑을 하게 된다면, 당신은 그런 관계에서 진정한 행복을 느낄 수 있겠는가? 아마 스스로 비참함을 느끼며 결국 불행한 결말을 맞게 될 것이다.

중년남자가 '갑' 의 입장에서 젊고 예쁜 여성을 보듬고 사랑해줘야 자연스럽고 애틋한 관계가 유지될 것이다. 사랑은 자연스러워야 짜릿한 행복을 느낄 수 있는 것이지 부자연스러우면 피곤하고 힘들어지게 마련이다. 중년의 나이에는 행복한 사랑을 해야 한다. 힘든 사랑을 할 에너지도 약하기 때문이다.

젊은 여성과 사랑을 하려면 어느 정도는 돈을 쓸 각오를 하고 아량을 베풀자. 그래야 젊은 여성의 마음을 사로잡을 수 있고, 그렇게 하는 것이 젊고 사랑스런 여인에 대한 최소한의 예의가 아닐까?

6
사랑에는 언제나
기술이 필요하다

스무 살 차 일본 숫처녀와의 어긋난 사랑

사랑에는 기술도 필요하다. 돈이 많다고 또 사랑만 있다고 되는 게
아니다. 나는 그런 사실을 마흔 살이 넘은 미국 유학시절 가슴 시리
게 깨달았다.

나는 마흔 살, 중년의 나이로 미국 유학길에 올랐다. 그곳에서 일
본에서 유학을 온 게이코라는 여학생을 만나 사랑을 하게 됐다. 당
시 그녀는 스무 살로, 나와는 무려 스무 살이나 나이차이가 났다.
그녀는 일본에서 고등학교를 졸업하자마자 미국에 곧바로 와서 학
부 1학년생이었다.

게이코는 어리지만 씩씩하고 공부도 잘하고 얼굴도 상당히 예쁜
아이였다. 지금 생각하면 그렇게 예쁜 일본 여자아이가 어떻게 나

같은 중년의 별 볼일 없는 한국 유학생에게 넘어왔는지 잘 이해가 가지 않는다.

"저 실례지만…오늘 수업시간에 늦어서 그러는데…."

앳된 외모의 그녀는 익숙지 않은 영어실력으로 더듬더듬 말을 걸어왔다.

나는 그녀를 보고 혹시 한국 유학생인지 물었다.

"혹시 한국에서 왔나요?"

"아뇨…. 일본에서 왔습니다."

이제 막 고국을 떠나온 그녀는 익숙지 않은 유학생활에 대해 두려움과 외로움을 갖고 있는 듯했다. 그래서 나처럼 삼촌 같은 나이의 아저씨에게 본능적으로 의지했는지도 모른다. 게다가 첫 학기가 시작될 때는 누구나 마음이 들뜨고 설레게 마련이다. 그런 시기에 나는 그녀에게 이런저런 도움을 주면서 자연스럽게 사귀게 되었다. 무엇보다 내가 일본에서 7년간 유학생활을 하면서 일본어를 익혔기에 그녀와 아주 편하게 소통할 수 있었던 요인이 크게 작용했을 것이다.

우리는 잠자리도 자연스럽게 함께했는데 게이코는 당시 남자와 잠자리를 한번도 가져본 적 없는 숫처녀였다. 그녀에게는 내가 평생 잊지 못할 첫 경험의 남자였던 것이다. 그래선지 나도 그 아이를 만나면 만날수록 점점 더 미칠 듯이 빠져들었다. 그리고 집착도 심해져 갔다. 게이코가 학교 캠퍼스에서 또래의 남학생과 대화를 나누는 모습만 보아도 질투가 나서 미칠 지경이었다. 일본 학생과 같이 있는 것을 보면 그 아이를 빼앗길까 전전긍긍했고, 특히 또래의 한국 학생들을 좋아하는 것 같아 더욱 미칠 것만 같았다.

"아까 그 남학생 누구야? 무슨 얘기 한 거야?"

"누구요? 그냥…, 별말 안 했는데요?"

"한참 얘기하면서 웃고 그랬잖아…그렇게 좋았어?"

자꾸 그녀를 감시하고 다그치는 상황이 반복됐다. 아마 내가 나이가 많았기에 생긴 자격지심이 아니었을까 생각한다. 그렇듯 힘겹게 격정적인 사랑을 해나가고 있을 즈음 그 아이의 생일을 맞았다.

'어떤 선물을 해줘야 할까?'

내가 여자를 사귀면서 선물 때문에 그렇게 고민을 해본 적은 처음이었다. 그녀가 나와 사귀고 처음 맞는 생일이었기에 기억에 남을 선물을 해주고 싶어서 나름대로 고민을 많이 했다. 그런데 가끔 우리 두 사람과 함께 어울리던 한국 유학생이 그녀의 생일을 어떻게 알았는지 '파자마 바지'를 선물했다는 것이었다. 게이코는 정말로 좋아하는 얼굴로 나에게 파자마 바지를 자랑하면서 보여주었다.

그런 그녀를 보면서 나는 질투심이 극에 달해 폭발할 지경이었다. 하지만 내색할 수는 없는 일. 나는 억지로 감정을 누르며 게이코를 데리고 백화점으로 달려갔다. 그녀에게 선물을 사주겠다며 반강제로 끌고 간 것이나 마찬가지였다.

'내가 더 좋은 걸 선물해서 게이코의 마음을 사로잡고야 말겠다'는 생각이었다. 내가 그녀를 데리고 간 곳은 귀금속 코너였다.

"자 골라봐 마음에 드는 걸로…뭐든지 사줄게."

하지만 그녀는 웬일인지 내 손을 놓고 도망가는 것이었다. 당황한 나는 그녀를 헐레벌떡 쫓아가서 따지듯이 물었다.

"왜 그래? 도대체 왜 도망가는 거야?"

그녀는 사색이 된 표정으로 아무 말도 하지 않았다. 화도 나고 자존심도 상한 나는 다시 다그쳐 물었다.

"그놈이 사준 파자마는 좋고, 내가 사주는 반지는 싫다는 거야?"

그녀는 묵묵히 내 말을 듣더니 이렇게 말했다.

"이제 더 이상 만나고 싶지 않아요."

내게 이별 통보를 하고 그녀는 그렇게 사라져버렸다.

부담 주지 않는 중년의 여유로움으로 승부하라

지금도 나는 가끔 '그녀와 내가 왜 헤어질 수밖에 없었는지' 생각한다. 가장 큰 이유는 내가 질투심에 눈이 멀어 깊이 생각하지 않고 선물을 고른 것이 화를 부른 게 아닌가 싶다. 나는 단순히 파자마보다는 더 비싼 선물을 사주고 싶었고, 그녀와 나의 어떤 사랑의 증표를 남기고 싶어 반지를 선택했다. 내가 사준 반지를 게이코가 학교에서 끼고 있으면 왠지 마음이 놓일 것 같은, 조금은 저급한 심리가 작용했을 것이다.

하지만 스무 살의 나이 어린 게이코에게는 어쩌면 그런 증표인 '반지'가 부담스러웠을 것이다. 나를 좋아하고, 그래서 만나고는 있었지만 아직 어디에 얽매이기 싫었을 것이고, 더구나 나의 그런 태도에 덜컹 겁이 났을 수 있다. 무엇보다 나의 질투심으로 일그러진 표정과 심보를 그녀가 간파하고 질려버렸을지 모른다.

또 다른 이유는 아마 문화적 차이에 따른 부담일 수 있겠다 싶다. 일본 사람들은 상대가 부담스러울 정도의 큰 선물을 하는 문화가 아니다. 대부분의 한국 여성들은 명품 가방 같은 비싼 선물을 사주면 좋아한다. 그런데 일본 여성들은 대부분 비싼 선물은 부담스러워 사양하거나 도망가기 십상이다. 그들은 작고 귀엽거나 비싸지 않으면서 필요한 선물을 좋아한다. 당장 맛있게 먹을 수 있는 생과자라든지 인형, 티셔츠, 액세서리 등 부담 없는 선물을 주고받는데 그것이 일종의 일본의 선물문화다.

나도 일본에서 7년간 생활을 했기 때문에 어느 정도는 알고 있었는데, 당시에는 질투심에 눈이 멀어 잘못 판단하고 말았던 것이다.

그런 면에서 나는 파자마를 선물한 한국 유학생에게 완패한 것이나 다름없다. 그 친구는 일본 문턱조차 가보지 못했는데도 파자마 선물로 그녀를 기쁘게 해주었고, 나는 부담을 주는 선물공세를 하려다 그녀에게 공포감만 선사하고 말았다. 그렇게 해서 젊은 여성과의 격정적인 사랑은 끝이 났다.

내가 조금만 더 이성적이었고 그녀를 조금만 덜 사랑했다면, 그 사랑은 좀 더 오래갔을 것이다. 그리고 그렇게 허무하게 끝나지는 않았을 것이다. 중년의 나이에도 사랑과 집착은 어쩔 수 없는 것인가 보다. 그래서 중년의 나이에 젊은 여성과 사랑하려면 좀 더 넉넉한 마음으로 상대를 놓아주는 여유로움이 필요하다. 그것이 젊은 여성과의 사랑에 필요한 기술 아닐까?

이기적으로 사는 남자들
-이봉규가 본 남자들의 노는 법

미친 듯 자기 인생을 사는 남자들이 있다.

그렇다고 가족이 없는 것도 아니고, 자식이 없는 것도 아니다.

하지만 이 재미난 남자들은 오로지 자신들이

원하는 삶을 꾸리는 데 비상한 재주가 있는 사람들이다.

'한세상 살면 얼마나 산다고 남의 비위 맞추면서 살다 가겠냐'고

꾸짖기라도 하듯, 원 없이 자기 인생을 힘껏 누리는 남자들이다.

겁낼 것 없다. 가정을 버려야 가능한 일도 아니고

자식을 버려야 가능한 것도 아니니까.

그저 행복에는 '용기'가 필요하다는 것만 알면 된다.

1
은발의 상남자, 신성일

떨어져 살아서 행복한 부부

평생을 이기적으로 살아온 남자를 꼽으라면 영화배우 '신성일'이 아닐까? 내가 생각하기에 그는 평생 자기만을 생각하며 살아온 것 같다. 영화배우로서 최고의 인기를 누렸고, 잘나가던 시기에 '엄앵란'을 만나 세기의 결혼식을 올린 영화배우 신성일. 그렇게 가정을 꾸리고 살았으면서도 그는 항상 로맨스의 주인공이었고 자유인이었다. 한 여자의 남편, 그리고 한 가정의 가장이기보다는 남자 신성일로 평생을 살아왔기 때문이다. 이제 나이가 들어 아내 곁에서 늙어갈 만한데도 그는 아내와 떨어져 초야에 묻혀 살아가고 있으니 자유로운 영혼이라 아니할 수 없다.

나는 방송에서 처음으로 그를 직접 만났다. 내가 진행하는 방송에 그가 두어 번 게스트로 출연했고, 엄앵란과도 몇 번 방송을 같이 했다. 그래선지 그들 부부와는 상당히 친숙한 느낌이다. 방송에 나와서 서로의 과거 얘기를 하면서 흉을 보는데도 참 자연스럽다.

"어떤 × 좋으라고 이혼을 해줘."

'바람난 남편'을 소재로 한 토크 프로그램에서는 남편 신성일 흉을 보다가 이렇게 돌직구를 날리며 입담을 자랑한다. 이렇게 남편 흉을 보고 다니지만 그녀는 불행하게 보이지 않는다. 오히려 남편을 사랑하는 마음이 전해져 온다. 아마 신성일 역시 그런 아내를 귀엽게 보면서 호탕하게 웃어넘기리라.

신성일은 지금 경북 영천에서 풍산개 몇 마리를 키우면서 행복한 노년 생활을 즐기고 있다. 대한민국에서 최고의 한량이라고 해도 전혀 이상하지 않을 것 같다. 그가 사는 황토로 지은 전원주택 입구에는 성일가(星一家)라는 표지석이 세워져 있다. 남들 눈에 띌까봐 조용히 숨어서 지내는 대부분의 스타와는 다른 구석이 있는데, 입구에는 이런 안내판까지 세워놓았다.

'사생활 침해가 심하고 불미스러운 일들이 자주 발생하여 방문객 출입을 금합니다.'

나만의 생활을 방해받지 않고 당당하게 즐기고 싶다는 평소의 '신성일다움'이 잘 드러나는 대목이다. 그는 18년째 아내와 떨어져 살고 있다고 한다. 아파트라는 답답한 공간에서 살다가 고향마을에 내려와 탁 트인 공간에서 사니 너무 좋다고 자랑한다.

"부인과의 별거 생활이 불편하지 않나요?"

"그런 단점을 생각할 여유가 없어요. 집안일 하느라 너무 바쁘고 재미납니다."

TV에 공개된 그의 생활을 보면 같은 남자로서 부러움마저 든다. 거실과 주방은 고풍스러운 가구들로 꾸며져 있고 벽에는 자신과 엄앵란의 사진을 걸어놓았다. 그리고 집에서 가까운 승마장에서 딸과 함께 말을 타고 취미생활을 즐기는 모습은 그의 지금 생활이 얼마나 평온하고 행복한지를 잘 보여준다.

엄앵란과는 가끔 만나는 것 같은데 나는 그런 부부관계가 좋게 보인다. 나이 들어서 떨어져 살아가니 서로가 더 많이 그립고 가끔 만나면 더 애틋하지 않을까? 그래선지 가끔 부부가 함께 있는 모습을 보면 참 행복해 보인다.

방송출연 관계로 신성일과 통화를 한 적이 있었는데, 짧은 통화였지만 그의 말에서는 아내에 대한 애틋함이 묻어났다.

"지금 앵란이랑 함께 있는데, 같이 갈까?"

신성일은 원래 자유로운 영혼을 가진 사람이니 아내와 같이 살아도 자유로울 사람이지만, 엄앵란 입장에서도 '떨어져 사는 것이 더 좋지 않을까' 하는 생각이 든다. 그 나이쯤 되면 '상남자인 남편'의 잔소리도 듣기 싫을 것이고 밥상 차려주는 일도 귀찮을 수 있다. 그런데 이렇게 떨어져 살면 대한민국 최고의 미남 스타와 연애하는 기분이 드니 오히려 더 행복할 수 있지 않을까?

"아무리 속을 썩여도 이혼할 생각은 전혀 없어요."

엄앵란은 방송에서 이렇게 솔직한 속내를 털어놓고는 한다. 부부로 살면서 온갖 우여곡절을 겪었지만 역시 그녀의 얘기를 듣다 보면 남편에 대한 사랑이 묻어남을 알 수 있다. 아마 이들이 지금 같이 살고 있다면 지금처럼 행복하게 보이지 않을 수 있다. 부부이지만 서로 구속하지 않고 떨어져 사니 서로를 그리워하고, 가끔 만나 연애하는 기분으로 살아가니 서로에게 더 애틋해지는 게 아닐까?

어른 행세 안 하는 멋쟁이

한때 잘나갔던 남자들일수록 '어른 행세'를 하려고 든다. 지금의 행색이 초라할수록 젊은 시절 자신의 무용담을 늘어놓으면서 말이 많아지게 마련이다. 하물며 당대 최고의 톱스타였던 '신성일'이야 오죽하랴? 나이가 든 왕년의 스타들을 보면 젊은이들에게 이런저런 훈수를 두려고 나선다. 젊은 사람들이 예의상 얘기를 들어주는 거지, 정작 속내는 싫어하는 줄도 모르고 말이다. 그러나 신성일은 다르다. 전혀 어른 행세를 하려 하지 않고 오히려 상대가 민망할 정도로 왕년의 톱스타답지 않게 소탈하고 쿨하기까지 하다.

나와는 나이 차이가 많이 나는데도 마치 '형'처럼 편하고 친근하게 대해준다. 그런 면이 그를 더욱 매력적인 캐릭터로 만드는지 모른다. 역시 당대의 톱스타였던 영화배우 S를 만났을 때는 너무 어렵고 불편해서 '아, 역시 다르구나' 생각한 적이 있었다. 백발에 이젠 제법 주름마저 많아져 노인 행세를 할 만한데도 그는 여전히 자유로운 영혼을 가진 청년 같다. 그래서 마치 동네 친한 형처럼 느껴지곤 한다.

그가 얼마나 자유로운 남자인지를 보여주는 에피소드가 있다. 경부고속도를 개통할 당시였다고 한다. 박정희 전 대통령이 경부고속도로 개통식에 손수 테이프를 끊으러 왔다. 경부고속도로는 박 전 대통령이 야심차게 진행한 사업으로 바닥에 샴페인을 부을 정도로 많은 애착을 가지고 있었다고 한다. 그렇게 애지중지하던 고속도로 개통식 날이니 박정희 전 대통령이 가장 먼저 수행원들과 함께 고속도로를 달리고 있었단다. 그런데 너무나 뜻밖의 일이 벌어졌다는 것이다.

갑자기 빨간 스포츠카 머스탱(Mustang)이 시속 180~200km 속도로 쌩~하고 달려오더니 박 대통령의 차를 추월해 저만치 앞질러 가더라는 것이었다. 너무나 갑자기 벌어진 일이기에 경호원과 수행원들은 어떻게 해볼 도리가 없었다고 한다.

"어~ 저게 뭐지?"

박 전 대통령의 심기가 불편해진 것은 너무나 당연한 일이었다. 경호원들도 난감해질 수밖에 없었다. 그런데 문제의 빨간 머스탱 차량을 수배해보니 바로 '신성일'이었다는 것이다. 보통사람들이라면 감히 상상이나 했을까? 그런데 그는 대통령이 있든 말든 처음 개통된 경부고속도로의 첫 스타트를 끊고 싶어서 마음이 내키는 대로 했던 것이다. 그의 취미 가운데 하나가 드라이브하면서 질주 본능을 즐기는 것이라고 한다.

"나는 지금도 가끔 내 애마를 몰고 시속 200km로 달립니다. 물론 단속 카메라가 없는 곳을 찾아서 말이죠. 질주할 때의 그 쾌감은 맛보지 않은 사람은 몰라요."

그렇게 말하는 그의 표정은 어린아이처럼 맑았다. 그런 그가 참

부러웠다.

신성일이 진짜로 사랑한 여인은 따로 있었다?

'신성일' 하면 빼놓을 수 없는 것이 수많은 로맨스의 주인공이었다
는 사실이다. 같은 남자로서 부러운 면이기도 하다. 그는 2011년 자
서전『청춘은 맨발이다』를 출간했는데, 당시 기자 간담회에서 자기
가 가장 사랑한 여인은 아내 '엄앵란' 이 아닌 다른 여자였다고 밝힌
바 있다. 아무리 나이가 들었지만 엄연히 조강지처가 살아 있는데
어떻게 그런 사실을 밝힐 수 있을까? 당시에는 그의 그런 행보를 두
고 이런저런 말들이 많았다. 하지만 곧이어 그 여인의 실체에 관심
이 쏠리기 시작했다.

그가 사랑했다고 밝힌 여인은 전 아나운서이자 배우였던 고(故)
김영애였다. 그는 그녀와의 안타깝고 아픈 사랑 이야기를 가감 없
이 공개하며 그녀가 자신의 아이를 가졌다가 낙태했다는 다소 충격
적인 이야기를 털어놓았다.

김영애는 서던캘리포니아 대학교(University of Southern California)에
서 석사과정을 마친 재원으로 동아방송 아나운서 출신이었다. 연극
배우로 활동하며 동아연극상 주연상을 거머쥐는 등 왕성한 활동을
하고 있었다. 그런 그녀를 신성일이 처음 만난 건 1970년으로, 당시
그녀는 20대 중반의 꽃다운 나이였다. 두 사람은 사랑에 빠져 교제
를 시작했다는 것이다.

당대 최고의 스타와 앞날이 창창한 여성 아나운서와의 사랑!

두 사람은 세간의 눈을 피해 세계일주를 하면서 불타는 사랑을 나누었다고 한다. 그렇게 꿈 같은 시간을 보내고 사랑을 나눴지만 막상 한국에 돌아와보니 이미 온갖 소문이 퍼져 있었고, 이것은 아나운서인 그녀에게 치명적인 일이 아닐 수 없었다. 지금도 그렇지만 이미지가 생명인 20대의 여자 아나운서가 유부남과의 스캔들이라니! 그녀가 겪었을 심적 고통은 말할 수 없었을 것이라며 신성일은 그녀에게 미안한 마음을 가눌 길이 없었다고 한다. 그래서 많이 괴로웠고 늘 미안한 마음을 가지고 살았다고 방송을 통해서 고백했다.

더구나 그녀는 1985년 교통사고로 불운하게 세상을 떠났다. 평생 마음에 담고 있던 그녀를 그렇게 보내야 했던 신성일은 그래서 더욱 죄책감에 시달렸다고 털어놓았다.

"내가 하면 로맨스이고 남이 하면 불륜"이라고 사람들은 말한다. 당시 신성일은 자신의 가슴 아픈 사랑을 털어놓았지만 우리 일반인들이 보기에는 그저 그런 불륜일 뿐이라고 손가락질할 수도 있지 않았을까? 나는 최고의 톱스타가 욕먹을 각오를 하고 그런 사실을 대중에게 솔직하게 털어놓았다는 게 대단하다고 생각한다. 영혼이 자유롭기에 가능하지 않았을까? 그는 대중의 질타를 의식하지 않고 자신이 선택한 사랑 앞에서 당당했다. 유부남이 다른 여성을 사랑했다는 죄의식을 갖거나 숨겨야 되는 일이라고 생각하지 않을 정도로 그는 자유로운 영혼의 소유자다. 그런 남편을 끝까지 놓지 않고 봐주고 있는 엄앵란도 보통의 경지는 아니라는 생각이 든다. 그런 아내를 만난 신성일도 정말 행운아가 아니었을까?

요즘은 그의 바람피운 얘기가 엄앵란의 방송용 소재로 심심치 않게 등장한다.

"방송에서 내가 바람피운 사건을 전부 얘기해! 그래야 당신의 방송이 솔직해져서 시청자의 사랑을 받을 수 있을 거야."

오히려 그는 아내에게 이런 조언까지 해주었다고 한다. 자신이 다른 여인과의 사랑을 당당히 밝혔듯이 아내에게도 그런 치부를 밝혀도 좋으니 마음대로 방송하라고 자유로움을 선사한 것이다. 내가 신성일 '선생님'을 좋아하는 이유가 바로 여기에 있다.

자신의 선택과 행동에 언제나 당당한 그가 부럽기까지 하다. 그에게는 남의 비난이나 평가보다는 '나의 행복과 사랑이 중요하고 자유가 중요'한 것이었다. 사회통념 때문에 하고 싶은 것을 못하거나 아내 때문에 또는 팬들 때문에 원치 않은 삶을 살아야 했다면, 그는 아마 불행한 삶을 살았다고 술회했을지 모른다. 하지만 그는 무엇보다 자신의 인생이 중요했기에 자유롭게 살았던 것이다.

엄청난 비난의 화살을 온몸으로 맞을 각오를 하고 당당하게 김영애와의 사랑을 온 국민에게 털어놓은 그는, 방송에서 아내로 하여금 자기 흉을 보게끔 요청하고는 그런 내용의 방송이 나올 때마다 가볍게 웃어넘길 수 있는 자유인이다.

그런 신성일을 사랑하는 엄앵란도 '김영애 씨'가 저세상으로 떠났을 때 천도제를 지내줄 만큼 마음의 지평이 넓은 사람이었다. 그런 혜량을 갖춘 아내를 만났기에 신성일이 한평생 자유롭게 살고 있는지 모르겠다.

2
야망과 낭만 사이,
손학규

"늙은 총각! 나 방 좀 구해줘!"

내가 아는 정치인 가운데 가장 쿨하고 당당한 인물이 바로 손학규다. 하지만 그를 잘 모르고 TV로만 대해온 사람들 가운데는 "손학규는 차갑고 친화력이 별로 없을 것 같다"고 말하기도 한다. 교수 출신의 엘리트 정치인으로 깔끔한 이미지 때문에 그렇게 말하는 듯하다. 하지만 내가 아는 손학규는 그와는 정반대로 친화력이 아주 뛰어나고 소탈한 데다가 인간미 넘치는 사람이다. 젊은이들 말로 '쿨~' 하다고나 할까?

사람들을 대할 때면 가식적으로 처신하는 법이 없다. 어느 정도 나이가 들면 상대방이 나를 진심으로 대하는지 가식적으로 대하는지는 한눈에 알아볼 수 있는 법. 그는 오히려 너무나 담백하게 사람을 대해서 상대방이 난처해 할 정도다. 사람한테 스트레스를 받는 스타일도 아니어서 누가 열 받게 하면 그냥 한 귀로 듣고 한 귀로 흘려보낸다. 그게 아니다 싶으면 상대의 말문을 막아버리고 아예 자기 주도로 대화를 이끌어나가는 스타일이다.

그런 성격 때문에 그는 어떤 사람을 만나건 잘 어울리고 잘 논다. 그래서 주변에는 친한 연예인이 많은데 가수 조영남이 대표적인 절친이다. 술을 좋아하고 소탈한 유머를 갖춰 선거에 떨어져도 개의치 않고 자기 멋을 즐길 줄 안다. 정치적으로 만신창이가 되어도 결코 주눅 드는 법 없이 시골에서 아내와 함께 살면서 전원생활을 즐긴다. 소박하게 닭을 키우고 책을 읽으면서 말이다.

"정치적으로 잘나갈 때보다 마음을 비우고 전원생활을 할 때가 더 행복해요."

그는 종종 이렇게 말하고는 했다.

2014년 지방선거에 떨어진 뒤 그는 깨끗이 패배를 인정하고 정계은퇴를 선언했다. 그를 좋아하고 존경했던 한 사람으로서 무척 아쉽고 아픈 일이었다. 하지만 그렇게 '들고 날 때'를 잘 알기에 역시 '손학규답다'는 생각이 든다.

"정치인은 선거로 말해야 한다는 것이 저의 오랜 신념입니다. 국민의 뜻을 겸허히 받아들이겠습니다."

군더더기 없이 담백하게 자신의 뜻을 밝히고 정계를 떠난 그는 지금 아내와 함께 전남 강진의 흙집에서 칩거생활 중이다. 휴대전화도 없이 외부와의 연락을 일절 끊은 채 그는 역시나 주눅 들지 않고 잘 살아가고 있을 것이라는 생각이 든다. 출출할 때면 김치를 안주 삼아 막걸리 한 사발을 마시면서 말이다.

내가 그를 처음 만난 건 1999년 워싱턴 D.C.에 있는 조지워싱턴 대학교 손학규의 연구실에서였다. 당시에도 그는 경기도지사 선거에서 패한 뒤 정치 일선에서 떠나 객원교수로 조지워싱턴 대학교의 시거센터(동아시아 연구소)에 와 있었다. 당시 나는 만학도로서 그 대학에서 정치학을 공부하는 대학원생이었다.

손학규가 워싱턴을 택한 이유는, 아마 그곳이 국제정치의 심장인 데다 그곳에서 미국 정치인들과 교류하기 위해서였을 것이다. 정치인으로서 2보 전진하기 위해 한 발짝 물러나 자신을 다스리고 정치를 연구하기에는 최적의 장소였을 것이다. 조지워싱턴 대학교는 백악관과는 한 블록 떨어져 있고 학교 바로 옆에는 IMF 본부와 세계은행(World Bank) 등 중요한 국제기관이 몰려 있어 국제정치와 로스쿨 등의 부문에서 순위가 높은 대학으로 유명하다. 그래서 선거에 낙마한 정치인들이 단골로 찾는 학교이기도 하다. 또한 이승만 전 대통령, 서재필 박사, 이건희 삼성 회장 등이 이 학교 출신이라는 점도 우리나라 정치인들이 많이 찾아오는 데 한몫하고 있다.

지금도 그렇지만 당시 나는 만학도의 싱글이었다. 나는 당시에 나를 소개할 때 프랑스 어로 '돌싱(돌아온 싱글)', 한국말로는 '한총련 멤버(한시적 총각 연합회)'라고 둘러대곤 했었다. 손학규에게도 그렇게 소개했건만 그는 나를 부를 때면 언제나 "늙은 총각~" 하면서 놀려대곤 했다. 하지만 나를 그렇게 불러주는 것이 싫지가 않았고 왠지 친숙하게 느껴져서 좋았다.

그러던 어느 날 그에게 전화가 걸려왔다.

"늙은 총각! 나한테 방을 좀 구해줘!"

"무슨 방이요? 혹시 직접 사용하실 방이요?"

"응. 내가 귀국하려면 아직 몇 달 남았는데 월세 계약이 끝나버려서."

미국의 경우 아파트는 최소한 1년 이상이 돼야 계약이 가능하다. 하지만 미국 체류 기간이 몇 달밖에 안 남은 상황이라 계약을 연장할 수 없었던 것이다. 그렇다고 다른 학생들처럼 A4 용지에 '룸메이트 구함'이라고 전단지를 만들어 붙일 수도 없는 노릇이었을 것이다. 그래서 나에게 부탁을 해왔던 것이다.

주변 사람들 가운데 혹시 한국을 방문해서 몇 달간 잠시 비워두게 된 아파트가 있는지 말이다.

나는 나름대로 최선을 다해서 여기저기 알아봤지만 마땅한 아파트를 찾아내지 못했다. 젊은 학생들이라면 크게 신경 안 쓰고 웬만한 아파트나 기숙사를 찾아 '룸메이트'나 '하우스메이트' 시키면 되지만 국회의원을 거쳐 장관까지 지낸 어른을 그렇게 방치할 수는 없는 노릇이었다.

'어떡하지? 아무하고나 같은 방을 쓰라고 할 수도 없고. 그럴 듯한 아파트는 도저히 나타나지 않고.'

아무리 수소문해도 아파트를 찾지 못한 나는 결국 그에게 솔직하게 얘기할 수밖에 없었다.

"몇 달간 사용할 수 있는 괜찮은 아파트는 아무리 찾아봐도 없는데요?" "아니. 나는 그냥 다른 학생과 하우스메이트를 해도 상관없어."

"정말이요? 진작에 알았다면…."

나는 지레짐작으로 그가 허름한 아파트에서, 그것도 룸메이트와 같이 생활하지는 않으리라고 생각했던 것이다. 결국 그는 다른 지인의 소개로 숙소를 정하게 됐는데, 보통 유학생들이 사는 아파트에 하우스메이트로 들어갔다. 그의 소탈한 면모는 알고 있었지만 당시 손학규의 그런 모습에 나는 다시 한 번 놀랄 수밖에 없었다.

손학규의 이런 면을 알 리 없는 일부 언론은 그가 '100일 대장정'을 할 때마다 쇼가 아니냐는 말을 많이 했었다. '수염도 깎지 않은 채 배낭 하나 달랑 메고 민박을 하면서 버스를 타고 다니는 모습'이 '정치적인 쇼'였다고 생각한 모양이다. 나는 1999년 당시 워싱턴에서 야인생활을 할 때 이미 그의 진면목을 보았기에 '100일 대장정'을 하는 그의 모습이 오히려 자연스러웠다. '손학규답다'는 생각을 했었다.

경기도지사 선거에서 패배하고 워싱턴을 찾은 때였지만 그는 언제나 당당했고 소탈했고 가식이 없었다.

"선거에서 떨어진 사람 맞아? 왜 저렇게 당당하지?"

당시 내가 후배들에게 이렇게 묻곤 할 정도였다. 그런데 가까이서 지켜본 그는 그렇게 당당하게 자유의지대로 사는 것이 바로 '그의 스타일'이었던 것이다.

쿨~ 하고 당당한 야인

손학규는 조지워싱턴에서 공부하는 한인 학생들에게 대단한 인기를 모았다. 비슷한 시기에 다른 정치인들도 와 있었지만 그 누구도 그의 인기는 따라가지 못했다. 격의 없이 젊은이들과의 토론을 즐기던 그는 기존 정치인들에 비해 신선한 이미지를 갖고 있었다. 나 역시 그의 연구실을 자주 찾아가 한국 정치에 대한 토론을 즐기곤 했는데 아주 유익한 시간들이었다.

특히 손학규는 젊은 대학원생들과 모임을 자주 가졌다. 등산을 즐겼으며 새벽까지 맥주잔을 기울이며 토론을 벌이기도 했다. 당시 우리의 술자리는 대개 비슷한 코스로 이어졌는데, 보통 1차를 생맥주 집에서 했고 2차는 한 학생의 집으로 가곤 했다. 그는 술자리에서도 젊은이들을 격의 없이 대했기 때문에 1차를 마치고 나면 학생들이 늘 아쉬워했다.

"제 집으로 가서 한잔 더하시죠?"

"OK!, call!"

당시 조지워싱턴 대학교에서 MBA 과정을 밟던 문진석 군이 항상 이런 제안을 하곤 했는데, 그럴 때마다 그는 스스럼없이 제의를 받아들였다. 그렇게 꾸려진 젊은이들 7~8명이 늘 밤늦게까지 손학규와 토론하면서 술을 마시곤 했다.

손학규의 술 실력은 가히 수준급이다. 또한 비슷한 연배에 비해 강철체력의 소유자였다.

"나는 술을 마실 때 많은 안주가 필요 없어. 최고의 안주는 밥이지. 그 다음에는 물. 이 두 가지만 잘 먹어두면 든든해."

그렇게 밥과 물을 안주 삼아 들이키는 그의 술 실력에는 젊은 학생들도 나가떨어지기 십상이었다. 그는 아무리 술을 마셔도 끄떡도

하지 않는다. 어디서 그런 체력이 나오는지 의아할 정도다. 젊은 시절 운동권에 있으면서 많은 도피 생활과 옥살이를 하면서 맷집이 생긴 걸까? 유학생활을 하면서 고생도 많았을 텐데 마치 산삼이나 녹용을 먹고 귀하게 자란 사람처럼 아주 건강하다. 술자리가 밤늦게까지 이어지면서 오히려 젊은 학생들은 하나둘씩 눈이 풀리고 똑바로 앉아 있기조차 힘든 상태가 되지만 그의 자세는 전혀 흐트러짐이 없었다.

우리가 그와의 술자리를 좋아하는 또 다른 이유는, 그가 다른 사람의 말을 아주 잘 들어준다는 점이다. 보통 술이 얼큰해지면 어른으로서 또 정치인으로서 젊은 정치학도들에게 잘난 체하면서 말이 많아지기 마련이다. 하지만 손학규는 자기의 주장을 피력하거나 덕담을 들려주기보다는 젊은이들의 말을 경청해주었다.

당시 조지워싱턴 대학원에서 독특한 정신세계로 유명했던 학생이 있었는데, 그는 토론에서 이상할 정도로 독특한 논리전개를 즐겼다. 그 학생은 손학규와 토론하는 자리에서 평소와 같이 말도 안될 것 같은 이상한 논리를 펼쳤다. 참다못한 내가 그의 발언을 제지시켜야 했다. 당시 나는 그 그룹에서 나이가 제일 많은 큰형으로 통했고, 한인 방송국에서 MC를 맡고 있었기에 그런 역할은 언제나 내 몫이었다.

"너무 억지 주장 아닌가? 다른 사람 얘기 좀 들어봅시다."

"아니야. 그냥 끝까지 저 친구 주장을 한번 들어보자."

손학규는 제지시키려는 나를 오히려 막아섰다. 그리고 이상한 논리를 펴는 그 학생의 말을 끝까지 경청하고는 이렇게 얘기해주었다.

"보편적이지는 않지만 나름대로 논리가 있는 것 같아. 아주 creative thinking(창조적인 생각)이야."

이렇게 칭찬까지 해주었다. 나를 포함해 그곳에 함께 있던 다른 젊은이들은 의아해 할 수밖에 없었다. 하지만 나는 시간이 한참 흐른 후에야 그런 손학규의 행동에 존경하는 마음을 가질 수 있었다.

토론의 달인, 그의 재기를 기다리며

그동안 만나본 정치인 가운데 가장 토론을 잘하는 사람을 꼽으라면 나는 주저하지 않고 손학규를 꼽을 것이다. 그는 상당히 머리가 영리하고 논리가 치밀하다. 경기고, 서울대를 나와 옥스퍼드 대학교에서 정치학 박사학위를 받은 지적 능력으로만 쳐도 당연히 그를 당할 정치인은 없어 보인다.

그러나 지적 능력만으로는 잘할 수 없는 것이 방송토론이다. 순발력과 센스가 있어야 하고 배짱이 두둑해야 한다. 그런 면에서 그는 단연 최고다. 이렇게 단언할 수 있는 건 내가 당시 여러 정치인들이 출연하는 방송토론을 진행해봤기 때문이다.

유학시절 나는 워싱턴에서 잘나가는 방송인이었다. 한인 TV 방송에서 9시뉴스 앵커였고 토론 프로그램의 MC를 맡고 있었기에 나름 워싱턴에서는 스타 대접을 받기도 했다. 당시 한인식당에서 밥을 먹으면 사람들이 알아보고 인사를 할 정도였다. 이민자들이 아무리 영어를 잘한다고 해도 CNN뉴스는 100% 이해하기 힘들기 때문에 대부분의 한인들은 한인 방송을 보게 마련이다. 그래서 한인 방송의 시청률이 상당히 높은 편이었다.

당시 「금요토론」이란 프로그램의 MC를 맡고 있던 나는 워싱턴을 방문하는 많은 정치인들과 토론 프로그램에서 만날 수 있었다. 워싱턴의 특성상 한국에서 거물급 정치인들이 잇따라 방문하는 일이 잦았다. 손학규는 물론이고 박근혜, 김근태, 한화갑, 이회창, 정대철, 장영달, 이부영, 이인제, 정재문, 김운용, 박원홍, 홍사덕, 이윤성, 박주천 등 손에 꼽을 수 없을 정도였다.

보통 토론 프로는 본 방송에 들어가기 전에 리허설 겸 대화를 나누게 된다. 그렇기에 토론시간 100분에 리허설까지 합치면 2시간 정도는 정치인들과 대화 겸 토론할 시간을 갖게 된다. 대개 그 정도의 시간을 갖고 토론하다 보면 그 사람의 토론 실력이랄까, 생각을 어느 정도 파악할 수 있다. 그때 수많은 정치인들을 만나봤지만 나는 손학규만큼 지적 능력과 순발력, 그리고 언어를 적절히 잘 구사하는 사람을 본 적이 없다.

그래서 나는 그를 가히 '토론의 달인'이라고 평할 수 있다. 낭만적이고 당당한 그의 캐릭터가 토론을 잘할 수 있는 밑거름이 된 것으로 생각한다. 그는 지난 대선 출마에서 '저녁이 있는 삶'을 돌려드리겠다고 밝힌 바 있다. 과연 '저녁이 있는 삶'의 의미를 제대로 아는 사람이 몇이나 될까?

"내가 말하는 '저녁이 있는 삶'은 돈을 벌기 위해 가족과 저녁을 먹고 대화하는 것을 포기해야 한다는 식의 이분법, 내가 잘살기 위해서라면 누군가는 못살아야 한다는 이분법, 내가 옳기 위해서 누군가는 틀려야 한다는 이분법…이 모든 것에 반대하는 가치가 바로 '저녁 있는 삶'이다."

그의 '저녁 있는 삶'에 대한 이야기에 많은 사람들이 공감하고 눈물을 흘렸던 기억이 난다. 그의 정계은퇴로 '저녁이 있는 삶'은 아직 미완의 단계이지만, 나는 언젠가 사람들이 그의 진면목을 알아줄 것으로 믿는다. 그가 다시 스타 정치인으로 거듭나서 우리나라의 미래를 짊어졌으면 좋겠다. '제멋대로 낭만과 야망 사이를 오가면서 인생을 즐기는 손학규의 진면목'을 다시 한 번 보고 싶다.

3
화성인 변호사,
강용석

거침없는 '똘끼'의 현실주의자

사실 그에 대한 첫인상은 그다지 좋지 않았다. 고소를 남발하고, '아나운서 성희롱 발언'도 그렇고, 새누리당에서 이탈해 무소속으로 출마하는 등 그의 정치적 행보들을 보면서 나와는 '코드'가 맞지 않는 사람이라고 생각했다. 그런데 TV조선의 「강적들」이라는 프로그램을 같이하면서 그에 대한 이미지가 완전히 달라졌다. 아마 그뿐만 아니라 요즘 그가 출연하는 종편 프로그램을 즐겨 보는 사람이라면 나처럼 그를 다시 평가하게 됐을 것이다. 그는 방송을 하면서 자신의 이미지를 멋지게 성공적으로 세탁한 셈인데, 오죽하면 구강청정제 광고까지 찍었겠는가?

'입속을 깨끗하게 청소'하는 구강청정제와 강용석의 이미지가 잘 맞아떨어진다는 생각에 아마 광고주가 그를 선택한 것이리라.

나는 그와 방송을 함께하면서 자연스럽게 가까워졌다. 「강적들」을 녹화하는 날이면 거의 하루 종일 붙어 있는데, 하루에 두 편 분량을 녹화하기 때문이다. 스튜디오를 빌리는 비용을 포함해 제작비를 절감하기 위한 방법인 듯하다. 그래서 녹화가 있는 날에는 중간에 점심시간과 휴식시간을 포함해서 10시간 이상 함께하게 된다. 더구나 녹화가 끝나면 출출하기도 하고 목도 축이기 위해 출연진들과 '한잔' 하고 헤어지곤 한다. 그러다 보면 새벽까지 동행하는 날도 많다.

"한잔들 하고 가시죠. 오늘 제가 쏘겠습니다."

녹화를 끝내고 가까운 술집으로 몰려가 어울리다 보면 그의 인간적인 면이 더 잘 드러난다. 강용석은 참 재미있는 사람이다. 솔직하고 거침없고 꾸밈도 없다. 상남자인 신성일과는 또 다른 종류의 매력의 소유자라고 해야 맞을 것이다. 신성일에게 상남자의 자유가 있다면, 강용석에게는 솔직한 '똘끼(똘아이 기질)'가 있다. 신성일이 이상주의자라면 강용석은 상당한 현실주의자라고 볼 수 있다.

신성일은 자기만의 세상에서 살아가지만 강용석은 차분한 데다가 치밀한 현실주의자다. 동시에 똘끼로 무장한 거침없고 솔직한 남자다. 한마디로 캐릭터를 설명하기가 힘들 정도로 독특한 사람이라고 할 수 있는데, 아마도 한 종편 프로그램인 「화성인 바이러스」 제작진은 그를 한눈에 알아보고 출연시켰을 것이다.

그는 약간 낯을 가리는 면이 있고, 친하지 않은 사람 앞에서는 수줍음도 많이 탄다. 그러나 자기와 코드가 맞는다고 생각하면 거침없이 친해지고 마음도 금세 열어놓는다. 가끔 돌발행동을 해서 주변 사람들을 황당하게 만들기도 하는데, 한번은 방송 녹화 도중 큰소리로 방귀를 뀌어서 스튜디오를 초토화시킨 적도 있었다.

내가 보기에 강용석이 그동안 많은 구설수에 올랐던 건 그럴 만한 이유가 있어 보인다. 너무 솔직하다 보니 술 먹고 노는 자리에서 있는 감정을 가감(加減) 없이 털어놓다가 스텝이 약간 꼬인 게 아닐까 싶다. 카톡이나 문자를 주고받을 때도 강용석은 기분 내키는 대로 쓰고 그대로 눌러버린다. 그런 성격이다 보니 몇 번 대형 사고를 쳤을 것이다.

「강적들」의 출연진도 단체 카톡을 개설해 글을 주고받는다. 나를 포함해서 김갑수, 함익병, 박종진, 김성경, 이준석, 박은지, 김범수 등 출연자 대부분 들어와 있는데, 우리는 그곳에다 자신의 솔직한 심정을 가끔 아무 생각 없이 툭툭 올려놓는다. 이제는 서로를 잘 알기에 '그런가 보다' 하고 그냥 웃어넘길 수 있지만, 만약 그 내용이 SNS를 통해 인터넷에 퍼진다면 문제 소지가 될 만한 내용이 꽤 있는 것 같다. 그리고 그러한 발언을 한 사람은 아마도 상당한 곤혹을 치를 게 뻔하다.

'아! 이렇게 해서 강용석이 그때 사고를 쳤고, 나도 아무 때나 사고를 칠 수가 있겠구나!' 가끔 그런 생각이 들기도 한다.

녹화방송은 편집이 이루어지기 때문에 정제된 내용일 수밖에 없다. 보통 4~5시간 촬영한 것을 1시간 30분으로 추려낸다. 출연진이 실수했거나 문제의 소지가 있는 발언, 심지어 재미가 없는 밋밋한 내용도 전부 들어내버린다. 그러다 보니 정작 녹화할 때는 신나게 떠들었는데, 방송을 보다 보면 내가 한 얘기들이 통째로 날아간 적이 한두 번이 아니다. 그때의 민망하고 속상한 심정은 당해보지 않은 사람은 모를 것이다. 하지만 좋은 점도 있다. 사고 칠 가능성은 그만큼 줄어든다는 것이다.

물론 생방송은 상황이 다르다. 방송 전에 이런저런 주의사항을 듣지만 막상 방송에 들어가면 흥분해서는 안 될 '이른바 19금' 얘기도 막 떠들어댈 때가 있다. 나 역시 그러다가 사고를 친 적이 한두 번이 아니다. 방송통신위원회의 경고도 셀 수 없이 먹었는데, 아마 이 분야에서는 대한민국 기록보유자라고 해도 과언이 아닐 정도다.

아나운서 성희롱 발언 파문에서 해방

방송이 그럴진대 사적인 공간인 SNS에서는 어떻겠는가? 기분 내키는 대로 쓰다가 큰 코 다치는 인사들이 한둘이 아니다. 대표적인 예가 작가 이외수 선생이다. 그는 월드컵 직전에 열린 한국과 가나의 평가전에서 0 대 4로 대패한 것을 '세월호 침몰'에 비유하다가 사과를 해야 하는 지경에 이르렀었다.

그런데 SNS 소통보다 훨씬 더 자유로운 공간이 바로 사석에서 술 한잔하면서 나누게 되는 잡담들이다. 매사에 조심스러운 성격의 소유자들은 사석의 술자리에서도 극도로 말을 아끼고 조심한다. 혹시나 자신의 발언이 추후에 문제가 될까 염려하여 미리 차단하는 것이다. 심지어 내가 아는 방송인은 술자리에 여성들이 휴대폰을 가지고 들어오면 말을 하지 않는다. 혹시나 녹음이 될까 겁을 먹어서다.

"무서운 세상이잖아. 사생활 보호가 안 돼 언제, 어떻게 될지 모르니 스스로 조심하는 수밖에 없잖아."

조심해서 나쁠 건 없지만 그의 말을 들으면 왠지 서글퍼지기도 한다.

이런 세상이다 보니 가끔 공인들이 사석에서 행한 발언이 일파만파 퍼지면서 문제가 되는 경우가 생기는 것이다. '강용석의 아나운서 성희롱 발언' 역시 그 가운데 하나일 것이다. 강용석의 성격상 술자리에서 잘못 나온 발언이라고 판단된다.

"여자 아나운서는 모든 것을 다 줘야 한다."

2010년 대학생 토론 동아리와의 저녁 자리에서 그가 한 발언이다. 이 발언 때문에 그는 국민들의 공분을 샀고 온 국민으로부터 욕을 얻어먹었다. 또한 아나운서의 명예를 훼손하고 모욕한 혐의로 고소를 당했다. 그러나 아나운서에 대한 성희롱 발언 혐의로 기소된 강용석은 대법원에서 무혐의로 처리됐다. 대법원은 2014년 3월 27일 '아나운서에 대한 성희롱 발언과 관련해 무고와 모욕 등의 혐의'로 기소된 강용석에 대해 징역 6월에 집행유예 1년을 선고한 원심을 파기하고 환송한 것이다.

"정말 그동안 너무 힘들었어요. 마치 치한 취급을 받는 것 같아서 말이죠."

그 무렵 방송사 대기실에서 만난 그는 무혐의 사실을 알리면서 그간의 고통을 우리에게 털어놓았다. 당시 같은 방송을 하던 멤버들은 그의 마음을 헤아리며 위로와 축하의 말을 건네주었다.

그런데 가만히 생각해보면 강용석이 했던 발언은, 같은 남자라면 한번쯤은 '생각해본' 적이 있을 것이다. 단지 말로 표현을 안 했을 뿐 암암리에 방송국에서 그런 일이 일어나고 있지 않을까, 생각하고 있었을 것이다. 아마 하루가 멀다 하고 터지는 연예인 성상납 루머나 연예인 지망생에게 성범죄를 저지르는 일부 기획사들의 행태가 너무나 많이 보도되는 것도 한몫을 했을 것이다. 그러다 보니 술자리에서 자연스레 그런 이야기들이 안줏거리로 오르게 되어 마치 사실처럼 여겨지기도 한다. 사실 술자리에서 가장 흔히 오르는 '안주'가 그런 얘기들이 아닐까?

물론 공인들의 경우 결코 그런 말을 해서는 안 되지만 말이다. 강용석 역시 당시 국회의원 신분으로 공식석상에서 그 같은 발언을 했다는 것이 문제였다. 평소 너무나 솔직하게 자신의 생각을 가감 없이 얘기하는 그의 성격 때문에 그런 일이 벌어진 것이다. 아마 똑끼 많고 거침없이 말을 하는 강용석도 이번 사건을 통해서 느끼는 바가 많았을 것이다. 그런데 나는 그런 솔직함이 오히려 강용석의 장점이라고 생각한다.

요즘에 그가 방송에서 큰 인기를 얻는 것은 그런 솔직한 그의 캐릭터가 프로그램에 녹아나고 그것을 시청자들이 재평가해준 것이 아닐까?

회식 자리에 아내를 부르는 충성파 남편

그는 한마디로 놀 줄 아는 재미있는 남자다. 나는 만나서 재미없거나 거북스러운 사람은 더 이상 만나지 않는다. 이 나이쯤 되면 불편하거나 지루한 사람은 만나지 않게 되고 재미있고 좋은 사람들만 만나고 싶어진다. 그 상대가 여자이면 더 좋고, 강용석과 같은 사람이라도 좋다.

그는 놀 줄 아는 남자다. 흥이 나면 자기 흥을 그대로 표현하는데, 밥을 먹다가도 느닷없이 일어나서 노래를 부르거나 춤을 추면서 분위기를 바꿔버린다. 식당이든 어디든 간에 장소를 가리지 않는다. 노래방이 아닌 식당에서 흥이 나면 일어나서 마이크 대신 숟가락을 잡고 노래를 부르기 시작한다. 누가 시킨 것도 아닌데 그냥 일어나서 숟가락을 빈 병에다 꽂고 노래 부르는 모습이 영락없는 또라이다.

술을 좋아하는 그는 재지 않고 너무 급히 마시는 바람에 빨리 취해버린다. 언젠가는 머리를 몇 바늘 꿰매고 나타난 적이 있다. 그런데 머리를 다친 지 1주일도 안됐다면서 그날도 술을 정신없이 마셔댔다.

"아직 다 아물지 않았는데 마셔도 괜찮으냐?"

"실밥을 뽑았기 때문에 이젠 괜찮아. 일주일이나 술을 참느라고 혼났네."

내가 걱정스러워 물었지만 오히려 그는 너스레를 떨면서 계속 술잔을 기울였다. 그는 일주일에 이틀 정도를 제외하고는 매일 술을 마신다고 한다. 사실 나도 거의 매일 막걸리를 마셔 대니 그의 심정을 알 것도 같다. 그렇다고 우리가 결코 알코올 중독자는 아니다. 아마 사회생활을 하는 남자들 가운데 우리처럼 거의 매일 술을 마시는 사람이 적지 않을 것이다. 많이 마실 때도 물론 있지만 적당히 마신다면 크게 문제는 되지 않는다.

사회생활하는 데 지장 없고 손도 떨지 않고 또 몸에 이상 징후가 없으니 문제가 없지 아니한가? 더구나 술을 마실 때면 꼬박꼬박 안주를 잘 챙겨먹기 때문인지 술 마시고 이튿날 아침에 일어날 때도 거뜬하다. 우리가 술을 이길 수 있고 마셔서 즐겁기 때문에 정신건강에는 오히려 좋다고 생각된다.

그런데 강용석은 그렇게 술을 마시고 놀면서도 지킬 건 다 지키는 남자다. 그는 가끔 한 번씩 회식 자리에 아내를 불러서 충성하는 모습을 보인다. 같은 프로그램을 하는 「강적들」 팀이 회식을 하면 보통은 새벽 2~3시까지 술자리를 갖는다. 정신없이 놀면서도 집에서 자신을 기다리는 아내 생각이 나는 모양이다.

그렇기 때문에 그는 아내를 회식 자리에 불러 우리가 어떻게 술을 마시며 노는지를 그대로 보여준다. 일석이조의 효과를 노리는 것 같다. 우리 팀과 아내가 함께 어울리며 친하게 지내기를 바라는 마음도 있고, 한편으로는 우리가 이렇게 회식을 하고 논다는 것을 알리기 위해서일 것이다. 한번 그렇게 보여주면 다음번 회식에는 아내가 너그러워진다고 한다. '아, 또 그렇게 놀고 있겠지' 하면서 안심하고 먼저 잔다는 것이다. 참 현명한 방법 같다.

그는 노래를 좋아하지만 프로 수준으로 잘하지는 않는다. 그런데도 「슈퍼스타K」에 출전했을 정도면 그가 얼마나 엉뚱한지 이해가 갈 것이다. 대신 노래하는 것을 너무나 좋아해서 노래방이나 가라오케를 가면 선발대로 나가서 노래하고 웬만해선 마이크를 놓지 않는다. 정작 노래 실력이 수준급인 그의 아내는 완전 재즈 가수 수준인데도 억지로 시켜야 노래를 부른다. 강용석과는 딴판이라서 그런지 두 사람은 아주 잘 어울린다.

강용석은 아내를 만난 뒷이야기를 방송에서 털어놓은 적이 있다. 대학 다닐 때 만났는데 대한민국에서 결혼 상대자로서는 더 이상 없는 최고라고 생각하고 일찍 결혼했다고 한다. 외모, 학벌, 집안, 성격 등 모든 것이 완벽한 여자라면서 팔불출같이 아내 자랑을 늘어놓곤 한다. 자식들에게도 참 잘하는 좋은 아빠다. 아들 녀석이 수시로 카톡을 통해 연애상담을 해오는데 한번도 귀찮아하지 않고 친절하게 상담해준다. 때로는 방송대기실에서 여자 심리를 잘 아는 작가를 바꿔줘서 아들 녀석의 연애 상담을 도와주는데, 그럴 때면 영락없이 자상하고 친구 같은 아빠다.

강용석은 가화만사성(家和萬事成)을 실천하면서도 놀 줄 아는 특이한 친구다.

4
변태 시인,
김갑수

독특한 영혼의 소유자

그를 처음 알게 된 건 토론 프로그램에서였다. 그는 항상 진보적 입장을 대변하고 나는 보수적 입장을 대변하면서 우리는 언제나 반대편 입장에 섰다. 그래선지 처음부터 왠지 불편한 상대였다. '뭐 저런 사람이 다 있지?' 나와는 한마디로 사고방식이 전혀 다른 사람이기에 친구가 될 수 없다는 선입견을 갖고 있었다.

그런 그를 다시 만난 건 지금 하고 있는 「강적들」이란 프로그램에서였다.

'방송하는 데 참 불편하겠구나' 싶어 처음에는 말도 잘 시키지 않고, 눈치 아닌 눈치를 봐야 했다. 하지만 방송을 하면서 자연스럽게 회식도 하고 얘기도 많이 나누면서, 나는 그가 아주 독특한 영혼의 소유자라는 사실을 알게 됐다. 뭐라고 해야 할까? 김갑수는 대한민국에서 하나밖에 없는 독특한 영혼을 가진 사람이라고 해야 할까?

그는 약간 변태 같기도 하고 똘아이 같기도 하고, 어떤 때는 번뜩이는 천재 같기도 하다가 한없이 바보스러워지기도 한다. 천진난만한 소년 같은 면이 있는가 하면, 능구렁이같이 성적으로 탐욕스러운 아저씨가 되기도 한다. 나는 그런 그를 아주 독특한 영혼의 소유자라고 말할 수밖에 없을 것 같다.

그런데 신기하게도 나는 그가 "스스로의 인생을 참 잘 살고 있다"고 평가하고 싶다. 그가 살아가는 스타일이 신선하고 재미있고 부럽기까지 하다. 김갑수는 현재 마포구 대흥동의 지하에서 혼자 살고 있다. 아내와는 따로 사는데 부부 사이가 나빠서가 아니라 서로 각자의 삶을 살다가 일주일에 한 번 만난다고 했다.

"굳이 같이 살 필요가 있을까? 각자의 생활을 하다가 가끔 만나 데이트를 즐기는 재미도 아주 좋아."

중년에 그렇게 사는 부부들이 많으니 '그들도 그 가운데 하나겠다' 정도로 생각했다. 하지만 그가 혼자 살고 있는 집을 가본 뒤 '왜 그가 혼자 살 수밖에 없는지' 이해하게 됐고, 그가 존경스럽기까지 했다.

몽환적인 '줄리아 홀'이 그의 집

프로그램 녹화를 마치고 그의 집으로 놀러 간 적이 있었다. 그는 아주 흔쾌하게 나를 자기 집으로 초대했다. 그런데 그의 집 지하에 들어서자마자 '줄리아 홀'이라는 간판이 눈에 띈다. 카페도 아닌데 자기가 자기 집에 이름을 붙여놓은 것이었다. '참, 재미있는 사람이네.' 서서히 그에 대한 기존의 이미지가 달라지기 시작했다.

그가 사는 상가 건물의 1층은 정육점 겸 고깃집이다. 그 밑의 지하로 통하는 계단으로 내려가면 마치 감옥같이 철문으로 막아놓았다. 그리고 그 철문은 쇠사슬 잠금장치로 잠가놓고 아무나 드나들지 못하게 했다. 특히 그 상가의 2층에는 독서실이 있는데 젊은 학생들이 가끔 지하에 뭐가 있나, 하고 내려오곤 한다는 것이다. 때문에 그걸 막기 위한 조치이기도 하고, 사람 사는 집이 아닌 것처럼 위장하고 싶어서 그렇게 해놓았다는 것이다.

"내 집은 건물 지하에 동굴을 파서 살고 있는 것이나 마찬가지죠."

"동굴이라뇨?"

"이 정육점이란 것이 낮엔 벌건 형광등 아래서 고기를 썰어 팔고, 밤이면 그 고기를 구워서 소주와 함께 마시는 주당들로 붐비는 곳이더라고요."

상황이 그렇다 보니 그는 집에 있을 때도 쇠사슬 잠금장치로 걸어놓는다고 한다. 그러면 밖에서 보기에 지하 창고에 쇠사슬이 걸려 있는 것처럼 보여 사람들이 쉽게 접근하지 않는다는 것이다. 쇠창살과 쇠사슬 잠금장치는 일종의 은폐를 위한 수단인 셈이다.

"사실 나는 숨어 있는 것을 좋아해요. 왜~ 어릴 때 남몰래 벽장 속에 숨어 있는 걸 좋아하잖아요."

일종의 '자궁회귀심리'라고 해야 할까? 그에겐 지하작업실이 그 같은 공간인 것처럼 보였다. 자기 집을 찾는 사람에게 그는 이런 이야기를 종종 털어놓는다고 한다. 그의 지하실 입구에 들어서면 일단 여기저기 쌓여 있는 엄청난 양의 장서에 놀라게 된다.

'도대체 이 책들을 언제 다 사들였을까? 과연 다 읽기는 했을까?'

그런 생각도 잠시. 그 다음에는 일관성 없는 책들의 종류 때문에 또 한 번 놀란다. 먼저 내 눈길을 사로잡은 것은 요상한 책들이었다. 『섹스폭탄』 같은 음산한 책들의 제목이 내 눈을 어지럽혔다. 책 제목들만 보면 그가 무슨 도착증 환자나 성관련 전문가라도 되는 듯한 느낌이다. 게다가 한편에는 마치 갤러리처럼 사진들이 걸려 있는데 전부 다 요상한 것들이다. 여인과 남성의 나체 사진이 있고, 성기 사진도 걸려 있다. 심지어 동성애 사진 같은 언뜻 보기에 이해가 잘 안 가는 사진들은 음산한 분위기마저 자아낸다. 그래서 몽환적이고 음산한 분위기에 사로잡힐 것 같은 아찔함을 느낀다.

그런데 또 그게 다가 아니다. 한편에는 셰익스피어, 톨스토이, 도스토예프스키 등 거장의 책들이 산더미처럼 쌓여 있다. '도대체 이 낯선 분위기에 어떻게 적응해야 하나.'

분위기에 적응 못해 난감해 할 즈음, 그는 익숙한 듯 맛있는 커피 향을 풍기면서 직접 원두를 갈고 볶는다. 콧노래까지 흥얼거리는 그의 모습이 참 행복하게 보인다. 그는 커피를 갈고 볶는 기계에 관한 한, 일류 커피 전문점에서도 볼 수 없는 최고의 장비들로 갖추어 놓았다고 했다. 커피를 무지 좋아한다는 그는 자신의 즐거운 취미생활을 위해 거액을 아낌없이 투자한 듯했다. 커피 한잔 나오기까지 시간이 꽤 걸렸다. 아주 정성스럽게 커피를 내오는 그의 모습을 보면서 비로소 내 마음도 무장해제된 느낌이었다.

음악에 환장한 미치광이

그가 가장 잘 놀 수 있는 곳은 바로 그의 집이다. 사실 처음에는 아무리 지하동굴 같은 집이 좋다고 해도 왜 굳이 1층에 고깃집이 있는 시끄럽고 허름한 건물 지하에 세를 들었는지 잘 이해가 가지 않았다. 좀 더 세련되고 그럴 듯한 곳을 얻을 수도 있는데 말이다. 하지만 그의 그 지하 집에서 사람들과 파티를 한 번 연 후에 나는 비로소 그 이유를 알았다.

그가 음악을 듣는 방식은 일반사람들과 다르다. 한마디로 그는 음악에 미친 사람이다. 때로는 음악을 아주 크게 틀어놓고 음악에 취해 지낸다. 특히 손님들과 파티를 즐기는 날은 밤새도록 나이트클럽을 방불케 할 정도다. 만약 그가 사는 곳이 일반 아파트나 주택이었다면 난리가 났을 것이다. 소음을 견디다 못한 이웃 주민들이 찾아와 항의하거나 고소하겠다고 으름장을 놓았을 것이고, 어쩌면 그는 동네에서 쫓겨났을지도 모를 일이다.

하지만 지금 그가 사는 집은 지하이기에 나이트클럽처럼 음악을 크게 틀어도 괜찮다고 했다. 물론 그는 방음장치까지 훌륭하게 해 놓았다.

"저 방음장치하는 데 얼마나 공을 들였다고요. 직접 사다리를 놓고 일일이 미켈란젤로가 천장화를 그릴 때 혼신의 힘을 다했듯이 나도 그랬어요. 하하~."

넓디넓은 김갑수의 지하 집에는 LP 디스크가 셀 수 없을 정도로 많다. 책을 읽다가 LP판을 갈아 끼우려면 한참을 가야 할 정도인데 그 수가 무려 3만 장 정도라고 한다. 돈으로 얼마나 되냐고 물어보았더니 아마 '10억 이상'은 된다고 했다. 희귀판부터 한정판까지 값을 매길 수 없는 것이 많다는 게 그 이유다.

그뿐만이 아니다. 음악에 미친 사람이니만큼 음향시설 또한 혀를 내두를 정도다. 무지 비싼 진공관 스피커가 한두 개가 아닌데 스피커를 이것저것 합치면 족히 스무 개가 넘어 보인다. LP판과 스피커, 앰프, 턴테이블 등을 돈으로 환산하면 그의 말대로 아마 몇십억 원은 될 것 같다. 한마디로 그가 번 돈을 전부 음악과 커피에 쏟아부었다고 해도 과언이 아닐 듯싶다.

"화재보험은 들어놓았어?"

"만약 여기가 불타면 나도 같이 죽을 것이기 때문에 보험 같은 것은 필요도 없어요."

웃으면서 말하지만 결코 농담만은 아닌 듯하다. 아마 음악이 자신의 인생 전부라고 생각하는 것 같다. 화재가 나면 같이 죽겠다는 의미라기보다는 거기에 있는 모든 물건이 자신의 목숨처럼 소중한 것들이라는 의미일 것이다.

그는 스케줄이 없는 날이면 하루 종일 집에서 음악을 듣는다고 한다. 그리고 그 시간이 가장 행복한 시간이라고 털어놓는다.

"나는 음악을 듣다가 죽는 게 소원이에요."

음악다방 같은 집에서 맛있는 커피를 마시면서 하루 종일 음악을 듣는 것으로 더없는 행복을 누린다는 그는 그래서 웬만하면 약속은 잡지 않는다고 한다.

그는 언제나 일이 끝나기가 무섭게 집으로 향한다. 김갑수에게는 집이 천국인 셈이다.

그가 그렇게 행복하게 살 수 있도록 배려해준 아내가 대단하다는 생각이 든다. 그래서 김갑수는 일주일에 한 번 만나는 아내에게 최선을 다하는지 모른다.

가정이 있으면서도 자신이 진정 하고 싶은 것들을 누리며 하루하루를 행복하게 살아가는 변태 시인 김갑수. 이른바 '방콕' 하는 것이 '김갑수의 노는 법' 이다.

5
천재 돌아이,
조영남

정치했으면 우두머리 될 캐릭터

나는 조영남을 두 번 만난 적이 있다. 하지만 두 번 다 먼발치에서 그를 봤을 뿐 대화를 나누거나 인사를 나눈 적은 없다. 하지만 나는 그를 첫 번째 만났을 때 그가 참 '매력적인 인간'이라는 것을 알았다.

그를 만난 건 손학규가 '100일 장정'을 할 때였다. 그는 경북 청도에 있는 노인요양병원에서 사람들을 위해 즉석 콘서트를 열었다. 말이 콘서트이지 간단한 즉석 공연에 가까웠다. 밴드도 무대도 없이 그저 혼자 기타를 치면서 「화개장터」를 비롯해 노래를 부르는데, 그는 금세 분위기를 확 사로잡았다. 그가 즉석 콘서트를 여는 동안 마을 사람들과 요양원 어르신들이 행복에 겨워 하던 모습들이 아직 눈에 선하다. 때와 장소를 가리지 않고 친화력을 발휘하는 그의 무대는 정말 매력적이었다.

두 번째는 손학규가 '100일 대장정'을 끝내고 서울로 돌아와서였다. 지인들을 식당으로 초대해서 밥을 먹는데 거기에 또 그가 와 있었다. 아마 그는 그 자리에 내가 와 있었는지 기억조차 못할 것이다. 그는 그 자리의 주인공이었고, 나는 한쪽 구석을 차지하고 조용히 경청하는 엑스트라 손님에 불과했기 때문이다.

그는 언제, 어떤 자리에 있든 그 존재감이 대단하다. 시골에서 동네 아줌마들과 있든 사회에서 내로라하는 사람들과 함께하든 방송을 할 때든 간에, 절대 주눅 드는 일 없이 여전히 돌출 행동도 한다. 물론 그게 그의 매력이지만 말이다.

조영남과 김갑수는 둘 다 '똘끼'가 있지만 둘은 전혀 다른 부류다. 다른 점이 있다면 김갑수는 천재는 아니지만 조영남은 천재라는 것이다. 천재만의 '똘끼'로 똘똘 뭉쳐진 사람이다. 베토벤, 고흐, 영화감독 우디 앨런 같은 천재라고나 할까?

언젠가 그가 종편 채널의 한 간판 시사토크 프로에 출연하고 난 뒤 나에게 전화를 걸어온 적이 있었다. 그 프로그램의 사회자인 박종진이 내 연락처를 알려줬다면서 말이다. 자기가 누구인지를 밝히더니 대뜸 나에게 반말로 이렇게 물었다.

"근데 나보다 아래지? 그럼 내가 형 한다~."

무어라 대답할 틈도 없이 형동생을 하자더니 갑자기 내 칭찬을 하는 것이었다.

"대한민국에서 정치평론은 당신이 최고야! 당신 팬이야!"

한참 종편 채널에 불려다니며 시사평론을 했는데, 어쩌다 내가 출연한 프로를 본 모양이었다. 나는 깜짝 놀랄 수밖에 없었다. 내가 평소에 존경하는 사람에게 그런 소리를 들으니 더없는 영광이었다. 더구나 그 얘기를 전하기 위해 전화번호를 수소문해 직접 전화를 걸었던 것이다.

"조만간 소주 한잔 살게! 한잔하자!"

그는 특유의 친근한 말투로 그렇게 말하고 전화를 끊었다. 뜻밖의 전화를 받고 언제쯤 연락이 다시 올까 조금은 설레는 마음으로 기다렸지만, 그때 이후 지금까지 연락이 없다. 지금 생각해도 역시 특이한 사람이라는 생각이 든다.

조영남은 독특하고 재미있고 좌중을 압도하는 그만의 카리스마가 있다. 그가 만약에 정치를 했다면 아마 큰 정치를 하지 않았을까 싶다. 천재인 데다 '자기애(Narcissism)'가 강하고 좌중을 압도하는 매력을 소유하고 있기에 아마도 우두머리가 됐을 것이다.

여자를 좋아하는 한량

여자를 싫어하는 남자가 어디 있을까만 조영남은 여자를 정말 좋아하는 것 같다.

심리학자인 김정운 교수는 자신의 저서에서 조영남의 여성편력에 대해서 이렇게 얘기한 적이 있다.

"조영남은 정말로 여자를 좋아한다. 그러나 보통남자들이 여자를 좋아하는 방식과는 다르다. 두 번의 이혼, 그리고 방송에서 조영남이 농담으로 던지는 어설픈 여자 이야기로 조영남을 평가하는 것은 옳지 않다. 사랑이 먼저고, 법과 제도는 나중이다."

김 교수는 또 "철학자들이 폼 잡고 이야기하는 사랑 말고, 〈선데이 서울〉식 사랑 이야기 말고 '진짜 사랑'이 어떤 건지 나이가 아무리 들어도 잘 모르겠다면, 조영남이 쓴 책 『어느 날 사랑이』를 읽어보길 권한다"면서 '조영남식 사랑'을 강력히 추천한다.

그렇다면 조영남식 사랑이란 어떤 것일까? 그는 자신이 쓴 『어느 날 사랑이』를 통해 여러 여인과의 사랑 이야기를 가감 없이 자세하게 털어놓고 있다. 평소 자유분방한 그의 성격답게 쿨하고 거침없이 말이다. 게다가 배짱 좋게 상대 여성의 이름을 실명으로 밝히는데, 혹시 명예훼손이나 사생활 침해로 고소라도 당하지나 않을까 내가 다 걱정될 지경이다. 그 당당함과 솔직함이 부럽기도 하다.

그의 글을 읽어보면, 정말 우연찮게 만나는 여성들과 찰나의 순간 사랑에 빠진다는 것을 알 수가 있다. 하루는 인터뷰를 하러 호텔에 갔다가 마침 펜이 없어 펜을 사러 가게 됐는데, 그곳에서 자기를 알아본 여성과 몇 마디 나누고는 곧장 성관계를 맺기도 했다고 했다. 또한 운전을 해주던 미모의 여성에게 흠뻑 빠져 도저히 헤어나오지 못할 지경에 이르자 결국 이혼까지 하게 되었다고 털어놓기도 했다. 조영남다운 고백이다.

그는 자신이 연예인이기 때문에 가만히 있어도 여자들이 저절로 '굴러들어 온다'고 솔직하게 말했다. 자칫 건방져 보일 수 있고 거부감을 갖게 하는 이야기일 수 있지 않을까, 은근히 걱정이 되기도 하는 대목이다. 하지만 그는 상관 않고 있는 그대로를 마구 쏟아놓았다. '그런 여자들을 마다할 이유가 없다'는 것이 그의 생각이다. 그러니 그의 여성 편력을 그의 탓이라고 해야 할까, 여성들 탓이라고 해야 할까? 어쨌든 바보 같을 정도로 솔직한 것이 조영남의 매력이 아닐까, 하는 생각이 든다.

조영남은 유부남이었을 때도 마음에 드는 매혹적인 여성이 있으면 함께 밤을 지샐 정도로 열정을 쏟았다고 고백했다. 눈앞의 사랑에 충실한 것이 또한 '조영남식 사랑'이다. 보통 남자들이라면 바람을 피울 경우 한 번 정사를 한 뒤에는 아내의 잔소리가 듣기 싫어서라도 새벽에는 집으로 들어가게 마련이다. 하지만 그는 사랑에 빠지면 지금 사랑하는 그 사람만 생각하는 아주 충실한 '카사노바식' 로맨시스트다. 많은 여성을 만났지만 매번 진실로 상대 여성을 대하는 것이 그의 사랑법이다.

하지만 뭐니뭐니해도 조영남에게 평생 최고의 여자는 바로 '윤여정'이 아니었을까? 그는 과거의 사랑이자 아내였던 윤여정에 대해 이렇게 털어놓곤 한다.

"같이 살아서 좋은 점도 있고 같이 안 살아서 좋은 점도 있다. 우리의 경우엔 좋은 점이 더 많은 것 같다. 나는 그 친구를 고맙게 생각한다. 그리고 그도 내가 바람피우고 나간 것에 대해 고맙게 생각해야 한다. 물론 여자들은 그렇게 생각하지 않을 거다. 하지만 조영남도 잘 되고, 윤여정도 지금 최고의 배우이지 않나."

대놓고 이런 말을 할 수 있다니 조영남은 진정으로 깡이 좋은 자유로운 영혼이다.

그리고 실제로 자신에게 '평생 최고의 여자는 윤여정이었다'고 털어놓은 적도 있다.

"정말 근사한 여자였다. 헤어졌으니 그렇게 느끼는 거지 안 헤어졌으면 느꼈겠나? 헤어지면 그 여자에 대한 진가, 진면목이 확 드러난다. 헤어져보니 내가 역사적으로 가장 근사한 여자와 연애를 하고 가정을 꾸렸더라."

조영남과 윤여정의 결혼생활은 13년 만에 끝나고 말았다.

"내 생애 딱 한 가지 후회되는 것이 있다면 가정문제를 엉망으로 만든 것이죠."

조영남은 MBC 「무릎팍도사」 프로그램에 출연해서 과거를 회상하며 이렇게 고백했다. 그리고 윤여정과도 어떻게 헤어졌는지 솔직하게 털어놓았다. 이혼 당시 조영남은 아내 윤여정에게 이런 말을 했다고 한다.

"새로운 여자가 좋아졌어. 하지만 너와는 헤어지고 싶지 않아. 그러니 사랑방 하나만 내어다오. 머지않아 꼭 돌아올 테니까."

어떻게 자신의 아내에게 이런 말을 할 수가 있었는지, 같은 남자인데도 정말 제정신인가 하는 생각이 든다. 제정신이 아니고서야 어떤 여자가 남편의 이런 얘기를 들어주겠는가? 조영남은 윤여정을 아내가 아닌 누나 또는 엄마로 착각했던 건 아닐까?

조영남은 그때도 자기 자신만을 사랑하면서 놀더니 지금까지 변함이 없는 것 같다. 아무리 많은 여성들을 만나 사랑에 빠지고 또 지금도 그러고 있을지 모르지만, 만약 그에게 아련하게 못 잊는 사랑이 하나 있다면 아마 '윤여정'일 것이라고 생각한다. 그것 역시 '조영남식' 사랑의 하나일 테니까.

화가들이 인정하는 조영남의 화투그림

조영남의 그림 솜씨는 일찍이 인정받은 바가 있다. 그런데 그게 보통 이상이라는 것에 나는 또 한 번 놀랐다. 내가 친하게 지내는 화가이자 모 대학교 여자교수의 평가에 따르면, 조영남의 그림 솜씨는 화가 이상이라고 했다. 특히 그녀는 조영남의 화투그림을 보고 깜짝 놀랐다고 한다. 그러면서 나에게 "조영남하고 술을 한잔하고 싶으니 소개시켜 달라"고 조르기까지 했다.

그녀는 한눈에 봐도 꽤 미인인 데다가 인기가 있는 여성임에도 불구하고 조영남을 소개시켜달라고 진심으로 얘기했다. 화가로서 소개를 시켜달라는 건지 남성으로 소개를 시켜달라는 건지 헷갈릴 지경이었다.

'콧대가 높기로 유명한 그녀가 못생긴 조영남과 데이트를 하고 싶어 안달을 하다니!'

더구나 대학교수이자 전문화가인 그녀가 딴따라라고 생각했던 조영남의 화투그림에 반했다는 것도 믿어지지 않았다. 결론적으로 말하자면 내가 그림에 문외한(門外漢)이었던 셈이다. 조영남의 그림은 화가들이 인정하는 대단한 작품이었던 것이다. 조영남이 화투그림을 그리게 된 계기는 그리 거창하지 않다.

"그림도 노래처럼 시선을 끌어야 한다. 그런데 산, 강, 들 등 이미 그릴 만한 것들은 다 그려져 있더라. 그러던 어느 날 화투 치는 것을 보고 이것을 그리면 익숙한 그림이니 사람들 시선이 오지 않을까라는 생각을 했다."

천재만이 생각할 수 있는 발상이다. 한술 더 떠 그는 "난 아직도 그림은 취미이고 아마추어라고 생각한다. 그래서 새로운 시도에 대해서는 겁이 없었다"고 털어놓기도 했다. 조영남은 천재라서 겁이 없는 것이라고 생각한다. 예술은 기술도 아니고 학문도 아니라는 것을 천재라서 너무나 잘 알고, 따라서 겁먹을 이유가 전혀 없다는 것도 그는 이미 간파하고 있었던 것이다.

그 증거로 조영남은 미술이나 음악이나 다 자신의 '마음을 전달하기 위한 도구'라며 "음악은 목소리로 전달하지만 미술은 손으로 전달해야 하기 때문에 미술이 더 머리를 쓰게 된다"고 말한 적이 있다. 이 말은 조영남이 예술을 너무 잘 알고 미술도 예술이라서 머리를 잘 쓰면 자신이 누구보다 잘할 수 있다는 자신감을 표현한 게 아닐까?

"예술은 즐기는 사람에겐 못 당한다"는 말이 있는 것처럼 조영남에게 그림을 그리는 작업은 바로 '즐기면서 노는 것'이다. 때문에 천재 조영남이 그림에서 또 다른 잠재력을 발휘한다면 대단한 작품이 연이어 나오지 않을까 기대되는 대목이다.

무엇보다 부러운 것은 그가 그린 그림의 가치다. 가격으로 따질 때 상당히 나가는 것으로 알려져 있다. "1000~2000만 원가량인데 중견작가 정도는 된다"고 솔직하게 말한 적이 있다. 천하의 한량인 조영남이 놀면서 그림을 그리는데 돈도 무지 많이 번다는 것이다. 그런 걸 보면 세상은 참 불공평하다는 생각을 잠시 해보지만, 결코 그렇지 않다는 사실을 금세 깨닫는다. 그의 얼굴과 키, 외모를 보면 결국 신은 공평하니까 말이다.

Play

5장

남자여,
이제부터 미친 듯이 놀아보자

아무리 착하고 순종적인 여인일지라도

내가 원하는 대로 행동해주지는 않는다.

그러나 이들 AV 스타는 내가 필요할 때 언제든지 나타나

나를 즐겁게 해주고 내 마음에 꼭 맞게 행동하고 나를 따라준다.

때로는 컴퓨터를 통해, 때로는 스마트폰을 통해

그녀들은 나에게 최상의 만족과 행복감을 선사한다.

그래서 나는 거의 매일 그녀들을 만나면서

마음속의 연인으로 삼는다.

1
산악회는
헌팅클럽

불륜의 놀이터

요즘은 어디를 가나 화려한 등산복에 배낭을 둘러메고 산행을 떠나는 사람들을 쉽게 볼 수 있다. 이들은 대부분 중년의 남녀다. 언젠가부터 산악회는 중년들의 모임의 장소, 만남의 장소가 됐다. 때문에 "가장 손쉽게 이성친구를 만나고 싶다면 산악회를 가라!"고 말하고 싶다.

물론 나는 산악회란 데가 헌팅클럽이니 얼른 가서 불륜을 저지르라고 부추기는 건 절대 아니다. 돌싱의 외로운 중년을 보내는 남자들에게 "방구석에서 궁상을 떠느니 차라리 산으로 가서 건강도 챙기고 이성친구도 만나라"는 것이다. 나는 그 방법을 알려주고 싶은 것이다.

꼭 산악회가 아니더라도 요즘은 초등학교 동창회나 대학 동창회에서도 모이면 등산을 하니 그럴 기회는 더욱 많아지는 게 사실이다. 건강을 위해 등산을 하고 건전한 취미생활을 하며 마음에 드는 이성친구를 만날 수 있다면 이보다 더 좋은 일이 어디 있을까? 하지만 어쩔 수 없이 먼저 짚고 넘어가야 할 것이 있다. 사람들이 많이 모이다 보니 불미스러운 만남이 생겨나기 때문이다.

얼마 전 〈노컷뉴스〉에서 「아웃도어 역풍」을 5회에 걸쳐 집중 보도한 적이 있다. 산악회에서 일어나는 천태만상의 행태들을 자세하게 파헤치고 있었는데, 특히 중년들로 구성된 산악회는 한마디로 헌팅클럽의 온상이라는 것이었다. 산에서 서로 눈이 맞는 경우가 비일비재하다는 것은 이미 알고 있는 사실이고, 애초에 불륜을 목적으로 산악회에 가입하는 사람들이 점점 늘어난다는 것이다.

"여성들은 남성들에게 '대장님, 사장님'이라는 호칭을 사용했고, 남성들은 '여사님'이라고 불렀다. 등산객들의 '즉석만남' 풍경을 찾아보긴 그리 어렵지 않았다."

"한 산악회 회원들이 하산하던 도중, 한 남성이 여성의 가방을 닫아주다가 여성의 엉덩이를 툭 쳤는데, 화들짝 놀란 여성은 뒤돌아보면서 남성의 손을 치며 웃음을 터뜨렸다. 이 광경을 본 일행들은 남성을 나무라기는커녕 다 같이 큰소리로 웃기 시작했다."

이런 광경은 일상적인 풍경인 듯했다. 또한 등산을 온 남녀 사이가 불륜인지 아닌지는 등산하는 모습에서 엿볼 수 있다.

"남녀가 손잡고 올라가면 불륜이고 남자가 앞장서서 올라가면 부부관계일 가능성이 높다. 또 남자가 배낭을 메고 여자는 간단한 소지품만 지녔으면 부부관계이고, 남녀가 둘 다 배낭을 메고 왔으면 불륜일 가능성이 높다."

집에서는 산에 간다고 따로 출발해서 산 입구에서 만나는 것이다. 또한 처음 산에 올라갈 때는 분명히 혼자였던 사람들이 내려올 때는 손을 잡고 함께 내려오는 경우도 많다. 아마도 즉석만남이 이루어진 경우일 것이다.

초보 여성 등산객이 산을 오르다 힘들어지면 자연스럽게 남성 회원들이 가방을 들어주거나 손을 잡아주면서 끌어주게 된다. 그러면 자연스럽게 스킨십으로 이어지고 작업이 쉽게 이루어진다. 산악회를 통해 정기적으로 만나다 보니 친해질 수밖에 없고, 몇 번의 만남을 계속하는 사이 정이 들고 눈이 맞으면 결국 즉석 커플이 되는 것이다.

즉석 커플이 많다는 것은 등산로 근처의 모텔들이 성황을 누린다는 사실과 무관하지 않을 것이다. 만약 배우자가 산악회에 다니면서 귀가 시간이 늦어지거나 주말에도 외출이 잦아졌다면 한번쯤 의심해볼 여지가 있다.

더 충격적인 것은 한 산악회 회원의 인터뷰 내용이었다.

"남녀혼성 산악회는 99.99% 불륜입니다. 하산 길에 아줌마들이 '야, 여기 남자들은 ××가 딱딱해서 좋지 않냐?' 이렇게 말하는 것입니다. 실화입니다. 한 1년 지나면 웬만한 회원은 한 바퀴 돌지요."

과연 이 같은 보도내용을 믿어야 할지, 난감해지는 대목이었다.

등산로에 나타난 '커피 아줌마'?

말이 난 김에 좀 더 짚고 넘어가야겠다. 그렇다면 산악회에 가입하지 않고 혼자서 등산하면 불륜에서 안전할 수 있을까?

혼자서 산행하는 남성 등산객들에게 접근하는 이른바 '커피 아줌마'들의 이야기를 들어본 적이 있는가? 〈노컷뉴스〉는 등산로 여기저기에 자리를 잡고 변태영업을 하는 '커피 아줌마'들의 실상도 폭로했다.

"분수대 쪽에 가면 여자들이 있어. 보따리 싸들고. 남자들이 있으면 다가가서 커피 한잔하라며 호객행위를 해."

한 상인의 인터뷰다. 이들은 대부분 30대 중반의 여성들로 혼자 등산하는 중년남성들을 "커피 한잔하자!"며 숲속으로 데려간 뒤 술도 판다는 것이었다. 그러다 분위기가 무르익으면 대놓고 "연애하러 가자"면서 성매매까지 한다고 했다.

실제로 취재를 간 기자 눈에도 등산로 입구에서부터 산 중턱의 분수대까지 가는 길에 보따리를 손에 들거나 둘러맨 여성들이 이따금 눈에 띄었다고 보도하고 있었다. 이들은 대개 우두커니 앉아 지나가는 등산객들을 하염없이 바라보거나, 보따리에 넣어온 보온병을 꺼내 커피를 마시기도 했다.

예전에 남산에서는 이른바 '박카스 아줌마'가 성행한 적이 있다. 박카스 아줌마 역시 성매매를 하는 중년여성들을 가리키는 말이다. 중년의 아줌마들이 보따리와 가방을 들고 남성들에게 호객행위를 해서 남산으로 들어가 돗자리를 깔고 성매매를 했었다. 그걸 모방

했는지 이제는 등산로에서 이른바 '커피 아줌마' 들이 변태영업을 하고 있다니 기가 찰 노릇이다.

'커피 아줌마' 들은 술안주로 가방에서 꺼낸 과일을 깎아 남성의 입에 넣어주기도 한다고 했다. 건강이 안 좋아 가끔 산에 온다는 한 70대 남성은 커피 아줌마에 대해 이렇게 말했다.

"커피 파는 아줌마들이 있기는 한데, 커피만 마시고 연애 정도는 하지만 성매매는 하지 않는다."

이런 내용을 볼 때 성매매까지 이어지는 경우는 극히 드물지만 산행 길에 술을 파는 여인이 있다는 사실만으로도 등산 문화가 불건전하게 변질되고 있는 건 아닌지 걱정을 금할 수 없다.

자연은 연애하기 최적의 장소

데이트를 하기에 산보다 좋은 장소는 없다. 삭막한 도시와 달리 자연을 접하다 보면 남녀 모두 마음이 느슨해지고 여유로워지게 마련이다. 짝이 없는 중년남자들이 즉석만남을 위해 등산을 가도 좋지만, 평소 마음에 두고 있는 여성의 마음을 사로잡고 싶다면 역시 산행을 하라고 조언해주고 싶다.

럭셔리한 레스토랑에서 데이트를 즐기기보다는 자연과 함께하는 산행이 여성의 마음을 움직이는 데 훨씬 효과적이다. 럭셔리한 레스토랑에서 데이트하면 사람도 그 수준에 맞추려고 '있는 척, 우아한 척' 하려는 심리가 발동한다. 즉 남성들은 괜히 폼을 잡게 되고 여성들은 고상한 척 행동하게 되는 것이다. 자신의 솔직한 면을 보여주는 데 걸림돌이 될 수 있기 때문에 그런 장소는 오히려 데이트에 방해가 되기도 한다.

하지만 자연 앞에서 인간은 소탈해지고 솔직해지기 때문에 상대방의 진면목을 보게 될 확률이 높아진다. 그리고 일단 산행을 허락했다는 사실만으로도 상대의 마음을 반쯤 얻었다고 볼 수 있다. 여자들은 마음에 들지 않는 남성과 절대 '산행'까지 하지는 않는다. 때문에 단도직입적으로 '사귀자'라고 말하기보다 '같이 산행하자'고 제안하면서 나에 대한 상대의 호감도를 가늠해볼 수 있지 않을까?

산행을 하고 나면 갈증이 나기 때문에 술이 술술 잘 들어간다. 이 점은 산행이 주는 또 하나의 여성 공략 포인트이기도 하다. 평소 소주 몇 잔을 마시고는 혹시나 술에 취할까 몸을 사리던 여성들도 산행하고 나면 막걸리 한 병 정도는 아무렇지 않게 비운다. 목이 마른 이유도 있지만 공기 좋고 경치 또한 아름다운 자연에서 술을 마시면 아무리 마셔도 끄덕없게 마련이다.

그러다 보면 도시에서는 내숭을 떨던 여인들도 자연이 주는 안락함과 술기운에 무장해제 되기가 쉬워진다. 여인의 마음이 자연 그대로 돌아가는 것이다. 신(The God)은 원래 남녀가 서로 끌리게 창조하지 않았던가?

예쁘고 잘나게 보이려고 더 이상 위장전술을 쓰지 않아도 되는 것이다. 키를 높이기 위해 하이힐을 신고, 얼굴을 예쁘게 보이기 위해 화장을 하고, 좀 더 세련돼 보이기 위해 비싼 옷을 입고 좋은 가방을 들고···. 이런 것들이 다 위장전술 아니었던가? 남성이 엄청난 자연 앞에서 자신의 부질없는 욕망을 걷어내듯이 여성들 역시 신비스러운 자연을 마주하고는 자연의 본성으로 돌아가서 솔직해지고 본능에 충실해지는 것이다.

그래서 산행을 하면 인간본연의 꾸밈없는 감정으로 돌아가기 때문에 연애하기가 쉬워지는 것이다.

'게으른 산행'으로 여유로운 데이트

이왕 산행을 할 거면 나는 '게으른 산행'을 하라고 권하고 싶다. 『게으른 산행』의 작가 우종영은 그의 저서에서 이렇게 적고 있다.

"게으른 산행이란, 해가 중천에 뜰 무렵 일어나서 하는 산행이 아니라 새벽 밥 지어 먹고 산에 들어서서 맑은 공기 마시며 자연의 친구들과 넉넉한 시간을 보내는 행위입니다. 사계절 변하는 모습도 관찰하고 내 맘에 맞는 나무가 있으면 그 밑에 서서 말도 걸어보며 천천히 걷는 산행입니다. 이런 산행에는 목적지가 따로 없습니다. 정상을 꼭 밟으려는 욕심만 버리면 현재의 시간만이 반환점을 알려줍니다. 자유로운 산행을 위해 기능성 옷들을 준비하고 암벽 타는 방법을 배우듯, 숲의 나무 이름을 하나하나 알아가는 것도 자유로운 산행이 될 것입니다."

『게으른 산행』은 주로 우리나라의 등산로를 안내한 책으로 8년 전 1권을 출간한 뒤 2012년 후속편으로 2권을 출간해 독자들로부터 큰 사랑을 받고 있다.

이 책에서 작가는 반드시 정상을 밟겠다는 욕심을 버리고 천천히 즐기면서 여유를 갖고 산에 오를 것을 추천한다. 오를 때의 속도는 시속 0.5km, 내려올 때의 속도는 시속 1km 안팎으로 느리게 산행하라고 말이다. 정상을 오르기 위한 산행이 아니라 말 그대로 산행 자체를 즐기라는 의미일 것이다.

연애도 마찬가지가 아닐까? 너무 급하게 무리해서 아름다운 여인의 몸과 마음을 취하려고 하지 말고, 함께 대화하고 걷고 또 맛있는 음식을 먹으면서 천천히 그녀의 매력을 알아가는 것이 큰 행복 아닐까?

연애도 과정을 즐기는 여유가 필요하다.

2
신바람
춤바람

춤의 중독에 빠지는 행복감

중년의 나이가 돼서 춤을 추러 다니면 '춤바람' 이 났다고 손가락질 당하던 시절이 있었다. 불과 얼마 전까지 그랬다. 더구나 밤마다 불 야성을 이루는 카바레는 중년의 남녀들이 춤추러 왔다가 눈이 맞아 서 불륜을 저지르는 온상처럼 여겨졌었다. 그래서 춤바람＝불륜이 라는 시선이 존재했던 게 사실이다.

"왜~ 영희네 엄마, 춤바람 나서 집 나갔대잖아~."

"그게 제비한테 넘어가서 있는 돈 없는 돈 다 갖다 주고 결국 남 편한테 쫓겨난 거래."

특히 여자가 춤바람이 나면 그래서 무섭다는 말도 있었다. 하지 만 이제 그런 시대는 지났다고 생각한다. 과거 카바레를 중심으로 이른바 춤바람 난 사람들만 즐기던 춤이 이제는 많이 대중화, 보편화됐기 때문이다. 요즘에는 중년뿐 아니라 10대, 20대 같은 젊은이들 사이에서도 춤은 인기 있는 취미활동이다. 특기로 '춤' 추는 것을 꼽는 사람이 있는가 하면, 젊은이들 사이에서는 '춤 동호회'가 봇물을 이루고 있다. 그 이유가 뭘까?

춤은 묘한 매력이 있다. 우선 리듬을 타는 데서 오는 쾌감이 짜릿하다. 강렬한 음악과 나의 몸이 하나 되어 표현될 때의 맛은 춤에 미쳐보지 않은 사람은 모를 것이다. 춤바람 나는 데는 충분한 이유가 있다.

『춤의 유혹』의 저자이자 음악평론가인 이용숙은 "세상에는 춤을 추는 사람들이 있고, 춤을 추지 않는 사람들이 있다"라고 2분법을 주장할 정도로 춤을 예찬한다. 그는 저서에서 춤의 중독성에 대해서 이렇게 말한다.

"18세기 유럽의 유부녀들은 집에 두고 온 아이도 잊은 채 왈츠에 빠져 '왈츠 고아'라는 유행어까지 만들어냈고, 우리나라에서도 '대낮에 장바구니 들고 카바레 가는 아줌마들'이 툭하면 뉴스거리가 되던 시절이 있었다."

춤의 유혹에 빠지면 쉽게 헤어 나올 수 없는 건 동서고금을 막론하고 똑같은 모양이다.

나는 얼마 전에 TV에서 원조 디바 장은숙의 「함께 춤을 추어요」라는 노래를 듣고 눈물이 날 정도로 행복감에 빠져들었다. 데뷔한 지가 36년이나 되었다는 사실이 믿어지지 않을 만큼 그녀는 여전히 매력적인 모습과 목소리를 갖고 있었다. 그녀의 노래와 춤을 보고 있자니 마치 36년 전 나이트클럽으로 돌아간 느낌이었다. 마치 타임머신을 타고 그 시절로 간 것 같다고나 할까? 그날 나는 그녀의 노래와 매혹적인 모습에 취해 집에서 막걸리를 세 병이나 비워버렸으니 말이다.

함께 춤을 추어요
행복한 춤을 추어요
멀리 사라진 나를 이대로 잊어버려야 해요
당신의 검은 머리엔 어느새 하얀 꽃 피고
당신의 웃음 속엔 눈물자국이 있어요

함께 춤을 추어요
행복한 춤을 추어요
잊어버려요 당신의 슬픈 이야기들은

함께 춤을 추어요
행복한 춤을 추어요
멀리 사라진 나를 이대로 잊어버려야 해요
당신의 검은 머리엔 어느새 하얀꽃 피고
당신의 웃음 속엔 눈물자국이 있어요

함께 춤을 추어요
행복한 춤을 추어요

잊어버려요 당신의 슬픈 이야기들은

당신의 슬픈 이야기들은

당신의 슬픈 이야기들은~

—장은숙의 「함께 춤을 추어요」의 가사

이 노래의 가사처럼 춤은 인생의 희노애락(喜怒哀樂)을 모두 담고 있어 세상살이에 지친 우리에게 선물이자 축복이다. 그래서 춤의 즐거움을 한번 맛본 사람들은 춤에 중독되기 쉽고, 한번 중독이 되면 쉽게 빠져나오기가 힘든 것이다. 그래서 불건전하게 빠지지만 않으면 춤은 우리에게 기쁨을 주고 건강을 주고 여유로움마저 선사한다. 그래서 나는 중년남성들에게 이제 최고의 즐거움을 춤에서 찾으라고 권하고 싶다.

'디스코'에 중독되다

사실 나도 한창 나이에는 춤 실력이 2등 가라면 서러울 정도로 춤에 빠져들었다. 그래서 밤이면 밤마다 내 춤 솜씨를 자랑하고 싶어서 나이트클럽에 친구들이랑 몰려가고는 했다. 클럽에서 우리 멤버들은 이른바 춤의 고수(高手) 축에 속했다. 자연히 플로어에서 춤추는 우리에게 시선이 집중되고는 했는데, 그때마다 느끼는 짜릿함은 어디에 비할 수가 없을 정도였다.

내가 처음 '춤바람'이 난 건 20대 초반 「토요일 밤의 열기(Saturday

Night Fever)」라는 영화를 보고 나서였다. 사실 1977년 개봉된 이 영화는 나뿐만 아니라 전 세계 젊은이들에게 춤바람을 일으켰다. 나는 당시 영화 주인공 존 트래볼타의 춤을 따라하느라 매일 거울을 보고 연습에 연습을 거듭했다. 그때 유행하던 춤이 바로 '디스코'였다. 존 트래볼타의 춤은 전 세계를 강타했고, 디스코는 1980년대까지 젊은이들을 춤의 세계에 빠져들게 했다.

"내 복장 어때? 이 정도면 따라올 사람 없겠지?"

"야~ 제대로다. 오늘 디스코텍에 가면 죽이겠는데?"

춤 실력도 실력이지만 우리는 '흰 바지와 검은 셔츠'를 챙겨 입고 마치 영화 속 '토니'가 된 듯이 그렇게 디스코텍을 뻔질나게 드나들었다.

영화에서 존 트래볼타는 뉴욕에서 비교적 가난한 동네인 브루클린의 이태리 인들 거주지역에 사는 청년 토니 역할을 맡았다. 토니는 아버지가 실직 중이라 마을 페인트 가게에서 일을 하며 생활비를 벌어서 보태는 처지였다. 그의 유일한 낙은 주말 저녁 디스코텍에 가서 춤을 추는 것이었다. 춤 실력으로는 그를 대적할 만한 상대가 없었기 때문에 토니는 디스코텍에서만큼은 영웅 대접을 받았다.

미래에 대한 꿈과 희망이 불투명한 상황에서 그는 '디스코'를 통해 모든 방황과 갈등을 잠재울 수 있었다. 존 트래볼타는 영화에서 여자친구와 함께 디스코 경연대회에 출전해 일등을 차지하게 된다.

「토요일 밤의 열기」는 전설적인 보컬그룹 '비지스'의 음악을 사용해 디스코 춤의 진수를 보여준다. 현재 싸이가 「강남 스타일」로 전 세계를 강타한 것처럼 존 트래볼타는 당시 디스코를 대유행시켰다. 그리고 이 영화를 통해 일약 세계적인 스타로 발돋움했다.

당시 디스코가 열풍을 일으킨 데에는 경제상황이 나빴던 것도 한 몫했을 것이다. 이 영화를 본 우리나라 젊은이들이 불우한 환경에서 자라난 '토니'에게 동병상련의 정을 강하게 느꼈을 것이기 때문이다. 이런 시대적 상황과 맞물려 디스코는 그야말로 우리나라에서 선풍적인 인기였다.

비교적 윤택한 부모 밑에서 자란 젊은이들도 반항아 기질을 가진 존 트래볼타가 춤으로 대장 노릇을 하는 모습에서 강력한 카타르시스를 느끼면서 열광했다. 나 역시 그중 하나였다. 그리고 이 영화는 나에게 평생 잊지 못할 명대사를 하나 남기기도 했다.

"스스로가 옳다고 믿는 일을 하는 것이 삶을 살아가는 유일한 방법이다."

브라질 사람들이 행복한 이유

2014년 월드컵이 열렸던 브라질을 일컬어 사람들은 '삼바의 나라'라고 말한다. 브라질 사람들은 정말 삼바 춤을 사랑한다. 브라질 사람들에게 "너의 국민들이 가장 사랑하는 게 무엇이냐?" 묻는다면 아마 '삼바와 축구'를 꼽지 않을까 생각될 정도다. 브라질 사람들은 축구에 열광하고 밤 새워 춤추며 놀기를 좋아한다.

세계 3대 미항(美港) 중 하나인 브라질의 리우데자네이루(Rio de Janeiro)에서는 매년 '리우 카니발'이 열린다. 이 춤의 축제가 열리는 동안 브라질 사람들은 말 그대로 춤에 미쳐서 사는데, 매년 2월 말 ~3월 초가 되면 사람들은 밤낮을 가리지 않고 춤을 춘다.

'리우 카니발'은 포르투갈에서 브라질로 건너온 사람들의 사순절 축제와 아프리카 노예들의 전통 타악기 연주와 춤이 합쳐져서 생겨났다고 한다. 이것이 점차 발전하여 20세기 초에 지금과 같은 형식의 '리우 카니발'이 완성되었다.

나는 브라질을 여행하던 중 '리우 카니발'이 열리는 리우데자네이루를 방문한 적이 있었다. 당시 삼바를 제대로 맛보기 위해 리우의 유명한 나이트클럽을 일부러 찾아갔는데, 나이트클럽에 들어선 순간 나는 깜짝 놀랄 수밖에 없었다. 클럽의 엄청난 규모에 놀랐고 클럽에 들어온 어마어마한 인파에 또 한 번 놀랐다. 그리고 사람들이 제각각 삼바에 미쳐 춤추는 모습에 압도당하고 말았다.

축구장만한 크기의 클럽에는 몇 개의 홀이 있었다. 삼바 홀, 룸바 홀 등 4~5개의 홀은 각기 다른 분위기였지만 홀마다 같은 종류의 음악만 흘러나오고 있었다. 그곳에서 브라질 사람들은 정말 미친 듯이 춤을 추고 있었다. 삼바 홀에 사람들이 가장 많았는데 그들은 밤새 삼바만을 추었다. 춤에 빠져 있는 그들의 표정은 하나같이 아무 걱정 없이 행복해 보였다. 나는 그곳에서 처음엔 이방인 같았지만 점차 그들의 분위기에 동화돼 아무 걱정 없이 춤을 출 수 있었다. '춤을 잘 추고 못 추는 것'은 중요하지 않았다. 나도 그들 틈에서 행복할 수 있었던 그 밤을 나는 아직도 잊을 수가 없다.

당신이 좋아하는 춤을 춰라

춤의 역사는 인류의 역사만큼이나 오래되어서 그 종류도 엄청나게 많다. 하지만 우리는 특별히 배우지 않아도 춤을 출 수가 있다. 음악이 나오면 자연스레 리듬을 타며 몸을 움직이는데 그게 막춤일 수도 있고, 조금만 형태를 갖추면 어떤 '춤'이 되기도 한다.

『우리들의 행복했던 순간들』을 펴낸 김호경은 춤의 종류에 대해 이렇게 말한다.

"옛날로 거슬러 올라가 대표적인 것만 뽑더라도 부채춤, 화관무, 탈춤, 궁중무용, 살풀이, 승무, 무당춤, 태평무 등을 시작으로 지르박, 차차차, 블루스, 트위스트, 허슬 등을 거쳐 고고, 디스코가 있으며, 현대에 들어 브레이크댄스, 힙합, 팝핀, 문 워크 모토, 비보이 힙합, 재즈댄스, 걸스 힙합, 로킹, 하우스, 테크토닉 등이 있다."

여기서 끝나지 않는다. 그 책에 따르면 "람바다, 포크댄스, 룸바, 볼룸댄스, 삼바, 탱고, 살사, 밸리댄스, 인도무용 등 세계적으로 유명한 춤도 있고, 그 외에 개더링피즈코드(영국), 고파크(우크라이나), 바투카다(브라질) 등 지역 고유의 춤도 많다"고 설명한다.

신나는 음악에 맞춰 몸이 움직이는 대로 추는 막춤도 우리에게 짜릿한 행복감을 주기에 충분하다. 춤을 많이 추면 행복지수가 높아진다고 한다. 가난하게 사는 아프리카 원주민들이 일상생활에서 춤을 많이 추어서 행복지수가 높다는 분석도 있다. 일리가 있다는 생각이다. 나도 가끔은 기분이 울적하거나 몸이 무거워질 때면 집에서 혼자 음악을 틀어놓고 춤을 춘다. 그러다 보면 금세 땀이 배어

나오면서 기분이 좋아진다.

요즘은 우울증 치료나 건강을 위해 의사들이 '춤 배우기'를 권유한다고 하니 춤은 우리가 생각하는 것 이상으로 우리의 몸과 마음에 긍정적인 영향을 주는 것 같다. 얼마 전 오래 알고 지내던 여자 후배를 만났는데 몰라보게 살이 빠지고 섹시하게 보였다.

"요즘 뭐 좋은 일 있어? 살도 적당히 빠진 게 얼굴에서 광이 나네~."

"선배 정말이에요? 사실은 얼마 전부터 춤을 추러 다니고 있어요. 살사를 배운 지 이제 6개월 됐는데 너무 재밌고 신나요."

그녀는 40대 중반의 나이였는데 반년 만에 몸매가 놀라울 정도로 섹시해지고 얼굴에서 윤기가 났다. 그 전에는 왠지 칙칙하고 우울한 느낌이 들었는데 분위기마저 달라져 있었다.

"친한 후배가 같이하자고 해서 시작했는데, 정말 잘한 거 같아요. 그래서 지금은 친구들한테 오히려 제가 권하고 있어요. 선배님도 해보세요."

그녀는 만날 때마다 춤에 대한 예찬론을 펼치느라 입에 거품을 물 정도다. 사람마다 자기가 좋아하는 춤의 장르가 있겠지만 그 후배는 사교춤 중에서 단연 탱고를 제일 멋진 춤으로 꼽는다. 탱고는 남자와 여자가 만나 춤으로 잠시 하나가 되지만, 플로어에 깔리는 탱고 음악은 그들이 결국 헤어져 각자의 길로 떠날 운명임을 예고하고 있다.

대부분의 탱고 음악 가사는 아픈 사랑이나 인생의 아쉬움을 노래한다. 그에 반해 탱고 춤은 매우 정열적이고 섹시하다. 마치 두 사람의 사랑이 춤추는 순간에 막 불타올라 절정을 이룰 것처럼 보인다. 이 같은 아이러니가 탱고 춤을 더욱 아름답고 신비스럽게 만들기도 한다.

어떤 이는 왈츠가 춤의 여왕이라고 말한다. 또 어떤 이는 살사가 제일 재미있다고 평가한다. 아마 요즘 젊은이들에게 물어본다면 '힙합'이 최고라고 할 것이다. 예전에 우리 세대가 디스코에 미쳤던 것처럼 말이다.

'어떤 종류의 춤을 출 것인가?' 물론 춤을 배우기 전에 이런 고민이 필요하지만 그보다는 내가 즐겁고 행복감을 느낄 수 있다면 어떤 춤이든 상관없지 않을까? 막춤이라도 말이다.

3
캬!
술맛 좋고!

싱글에게 '단골 바(Bar)'는 응접실 겸 사무실

나에게는 거의 매일 가는 단골 바가 있다. 회식을 하거나 친구들과 한잔을 한 뒤에도 집에 들어오는 길, 나는 어김없이 집 앞에 있는 바에 들러 칵테일을 마시며 하루를 마감한다. 참새가 방앗간을 그냥 지나치지 못하는 이유와 같다고나 할까? 더구나 혼자 사는 사람 입장에서 집 앞의 '바'는 마치 내 집의 응접실이자 사무실이요, 어떨 때는 서재 같은 곳이기도 하다.

단골 바를 자주 드나들다 보니 바텐더는 마치 애인 같고 마누라 같이 친근하게 느껴지기까지 한다. 내 표정만 봐도 내가 기분이 좋은지 우울한지 알아차리고 눈치껏 기분을 맞춰준다. 단골이다 보니 바가지를 씌우거나 오래 앉아 있다고 눈치를 주는 일은 없다. 더구나 내가 나이를 먹은 탓에 젊은 바텐더 여성들은 나에게 인생 상담을 해오기도 하는데, 그럴 때는 마치 막내 동생 같다.

"부모님께서 이 직업을 별로 탐탁지 않게 생각하세요. 빨리 그만두고 결혼해서 평범하게 살라고 하세요. 저는 이 일이 정말 좋은데 어떻게 해야 할지 모르겠어요."

그들의 고민을 들어주며 이런저런 이야기를 나누다 보면 내가 갖고 있던 고민들도 절로 해결되는 느낌이다. 이렇게 인간적으로 친해지다 보면 바텐터들이 나에게 이런저런 잔소리를 한다. 그럴 때는 마치 엄마 같다.

"선생님, 식사는 챙겨 드시고 다니시는 거죠?"

"너무 술을 많이 마시지 마시고, 운동도 좀 하세요."

한곳을 오랫동안 드나들다 보면 바텐더가 수없이 갈리기 때문에 내가 오히려 그 술집의 주인장 같은 느낌마저 든다.

"마침 와 계시네요? 이 친구 어때요?"

심지어 주인 마담이 면접 본 바텐더에 대해 나에게 물어온다. 면접을 본 바텐더를 뽑을지 말지 나에게 평가를 해달라는 의미다. 그럴 때는 면접관이 되는 셈이다.

단골술집이 생기면 단골손님들끼리 제법 친해지기도 한다. 마치 1990년대 중반 전 세계를 강타했던 미국드라마 「프렌즈」와 비슷한 분위기 또는 상황이 연출되는 것이다. 각기 개성과 색깔이 다른 여섯 친구들의 알쏭달쏭한 관계와 사생활을 담은 「프렌즈」처럼 술집에서 만났기에 조금은 야한 대화가 가능하고 때로는 마음속의 고민들을 털어놓으며 친밀해지는 과정이 좀 더 인간적인 느낌이라는 생각마저 든다.

이렇듯 단골 바는 나에게 많은 것들을 안겨준다. 힘들었던 날은 바텐더들과 수다를 떨면서 스트레스를 날려버리고, 좋았던 날은 차분하게 음악감상을 하면서 내일을 계획한다. 집에서 원고가 잘 써지지 않을 때는 노트북을 들고 단골 바에 가서 술 한잔에 좋아하는 음악을 들으면 원고가 술술 잘 풀리기도 한다. 어떤 날은 그곳에 들러 신문을 읽거나 책을 읽는다.

그래서 단골 바는 나에게 작업실이요, 서재가 되는 것이다. 친구나 후배를 만날 때는 우리 집 응접실로 변한다. 내 취향을 잘 아는 마담과 바텐더가 내게 맞는 술과 안주를 내주기 때문이다. 물론 적절한 요금을 지불하지만 나에게는 그만한 공간이 없다. 중년이 되면 이렇듯 단골 바 하나쯤은 갖고 있는 게 삶의 질을 높이는 하나의 방법이 아닐까 생각해본다.

술, 연애, 그리고 단골술집에서 생긴 일

나에게는 단골술집에서의 잊지 못할 추억이 몇 가지 있다. 유쾌하지는 않지만 결코 잊히지 않는 추억들이다. 그 가운데 하나는 전처와의 추억이다.

나의 아내였던 그녀와는 연애 당시 1년 정도 사귀다가 헤어진 적이 있었다. 다른 연인들이 그렇듯이 우리도 이런저런 이유로 토닥거리다가 헤어지게 된 것이다. 그녀와 헤어지고 몇 달 뒤 앞서 말한 것처럼 집안이 파산하는 바람에 나는 곧 한국을 떠날 예정이었다. 그런데 뒤늦게 내 소식을 접한 그녀는 나를 만나려고 꽤나 노력을 했던 모양이다. 하지만 나와 연락이 잘 닿지 않자 그녀는 내가 단골로 다녔던 '바'를 몇 번이나 찾아왔다고 한다.

그런 그녀를 나는 한국을 떠나기 전날 단골 바에서 만나게 됐다. 그녀는 그곳에서 며칠째 친구와 함께 '혹시나 내가 나타날까' 기다리고 있었던 것이다. 하지만 나는 그때 혼자가 아니었다. 젊은 시절 놀기 좋아했던 나는 그녀와 헤어지기가 무섭게 새로운 여자친구를 만났고, 비행기를 타기 전날 밤 새로운 여자친구와 함께 그 단골 바에 들렀던 것이다.

그녀는 새로운 여자친구와 함께 나타난 나를 발견하고는 자기 친구 앞에서 창피한 줄도 모르고 엉엉 울어댔다. 나는 처음에 영문을 몰라 정말 당황스러웠다. 하지만 모르는 척할 수가 없었다.

"미안한데 잠깐 저 테이블에 좀 갔다 올게~."

"누군데요? 무슨 일인데요?"

새로운 여자친구한테 양해를 구하고 나는 그녀에게 다가가 그녀가 울음을 그칠 때까지 달래주어야 했다. 하지만 상황이 이상하게 돌아가는 것을 느꼈는지 새로운 여자친구가 급기야 그 테이블로 쳐들어왔다.

"봉규 씨, 지금 뭐하는 거예요?"

화가 난 새로운 여자친구의 기세가 심상치 않았다. 그야말로 두여자 간에 난투극이 벌어질 것 같은 일촉즉발 상황이었다. 그 상황에서 난감해 하는 나를 구해준 사람이 바로 그 단골 바의 여주인이었다.

나는 여자친구가 생기면 그녀들과 함께 그 바를 자주 들렀기 때문에 여자친구들도 여주인과는 어느 정도 아는 사이였다. 당시 상황이 이상하게 돌아가는 것을 눈치 채고 여주인은 새로운 여자친구를 끌고 밖으로 나갔고, 나는 전처를 계속 달래는 협동작전을 펼친 끝에 간신히 상황을 정리할 수 있었다.

이튿날 남미 파라과이로 가는 비행기에 몸을 실은 나는 심경이 복잡했다.

'그녀는 왜 나를 찾아왔던 것일까? 내가 부자였을 때 사귀다가 헤어졌고 이제는 파산했다는 것을 알고 있을 텐데 왜 나를 찾아다닌 것일까? 내가 가여워서 마지막으로 얼굴이라도 보고 싶었던 것일까?

머릿속이 깨질 것 같아서 승무원에게 계속 술을 주문해 마셨으나 취하질 않았다.

'아무리 그렇다고 해도 나를 만나기 위해 며칠씩이나 단골술집에서 나를 기다렸던 그녀. 더구나 나를 보자마자 하염없이 울었던 이유는 뭘까?

그녀가 펑펑 울던 모습이 머리에서, 아니 가슴에 남아 잊히질 않았다.

'결국 그녀는 나를 진심으로 사랑했던 것이다.' 나는 그런 사실을 뒤늦게 깨닫게 되었다. 파라과이에 도착한 나는 바로 다음날 새로운 여자친구에게 전화를 걸어 이별을 통보했고, 곧바로 전처에게 전화를 걸었다.

"너무 보고 싶어. 나를 기다려줄 수 있겠어?"

"그럼요…."

나는 그렇게 고백하고 몇 달 뒤 한국에 돌아와 그녀에게 청혼을 했다.

"나는 이제 더 이상 부자도 아니고, 외국에 나가서 살아야 하는데 많이 고생스러울 거야. 그래도 나를 좋아한다면…결혼해줄래?"

나는 그렇게 그녀와 결혼했고 8년 동안 우리는 부부로 지냈다. 내 인생의 한 부분은 그렇게 단골술집과 함께였다. 그곳에서 역사가 이루어졌고 잊지 못할 추억이 만들어졌다. 만약 단골술집이 없었다면 내가 그녀와 결혼하는 일은 없었을지 모른다. 비록 해피엔딩으로 끝난 결혼생활은 아니지만 말이다.

술과 여성, 그리고 연애는 늘 자연스럽게 엮이는 듯하다. 그래서 술집을 매개로 한 이런 에피소드는 무수히 많다. 영국에서는 이런 일이 있었다.

웨일스 남부 스윈시 시내에 있는 한 술집 간판에 어느 날 이런 문구가 내걸렸다.

"폴~ 나는 당신과 이혼하려 합니다." 그런데 다음날엔 이런 문구로 바뀌었다고 한다.

"그런데 개는 내가 키울 거예요."

이 글을 간판에 단 여성은 나중에 문구를 써붙인 이유에 대해서 이렇게 말했다고 한다.

"몇 년 동안 함께 살아온 남편이 바람났다는 것을 알고 화가 나서 이혼을 결심하게 됐습니다. 그래서 남편의 단골술집에 이런 문구를 달아놓으면 어느 정도 복수가 될 것 같아 그렇게 했습니다."

이 여성은 결혼 전에도 이 술집 간판에 남편인 폴에게 결혼해달라는 청혼의 글을 남긴 바 있다고 한다. 그러고 보면 단골술집은 연애하는 사람들에게 어떤 증인과 같은 존재가 아닐까 싶다. 두 사람의 연애 역사가 고스란히 담겨 있으니 말이다.

주폭이 된 조선시대 왕들

우리나라 사람들만큼 술을 좋아하는 민족이 또 있을까? 술을 즐겨 마시는 문화는 조선시대에 꽃을 피웠다고 볼 수 있다. 술을 얼마나 사랑했던지 숭음(崇飮)이라 부르기도 했는데, 이는 술을 숭상한다는 뜻이다. 조선시대 사람들은 몸이 아프거나 허약할 때 술을 약 대신 마셨다고 한다. 심지어 약을 먹을 때 술을 함께 마셨다고 하는데, 그래서 술을 약주(藥酒)로 부르는지 모르겠다.

그런데 남자들이란 지위가 높고 낮고 간에, 술을 좋아하고 즐겨 마시는 건 마찬가지인가 보다. 특히 조선시대 통치자들 가운데는 손에 꼽히는 주폭들도 있었다. 그들은 왜 주폭이 돼야 했고, 또 어떻게 술을 마셨을까?

최고로 손에 꼽히는 주폭은 바로 영조(英祖, 1694~1776)다. 그는 조선 21대 왕으로 조선왕조의 역대 임금 가운데 재위기간이 가장 긴 왕이기도 하다. 그가 술을 많이 마신 이유를 들자면 아마 태생과 관련이 있을 것이다. 영조는 미천한 무수리의 아들로 태어나 왕위에 오르기까지 많은 고초를 겪어야 했고, 재위 기간 중에는 숱한 변란과 당쟁을 치러야 했다. 때문에 괴로움을 달래고 스트레스를 해소하기 위해서 거의 매일 술을 마신 것이 아닐까 싶다.

술과 관련하여 영조에 대해서는 이런 기록이 남아 있다. 영조의 폭음을 걱정한 검토관 조명겸이 하루는 이렇게 아뢰었다.

"세간에 전해진 말을 옮기면 성상께서 술을 끊을 수 없다고들 합니다. 신은 그 허실을 알지 못하겠지만, 오직 바라옵건대 조심하시고 경계함을 보존토록 하십시오."

그러자 영조가 이렇게 둘러댔다는 것이다.

"내가 목이 마를 때 간혹 오미자차를 마시는데, 남들이 소주인 줄 의심을 하는 것이니라."

하지만 이후에도 영조의 음주는 계속됐다고 한다.

조선시대 두 번째 주폭은 조선 제3대 왕인 태종(太宗, 1367~1422) 이방원이다. 그는 아버지 이성계의 휘하에서 구세력을 제거하는 데 큰 역할을 하였으나 세자책봉에 불만을 품고 정도전 등을 살해하는 왕자의 난을 일으킨 장본인이다. 그는 왕자의 난을 계기로 재기에 성공했다. 그러나 그는 왕위에 오르는 과정에서, 또 왕위에 오른 뒤에도 피의 숙청을 계속 단행해야 했다. 손에 많은 피를 묻혔지만 다른 한편에서 보면 그는 500년 조선조 국가 운영의 밑그림을 완성한 군왕이었다.

특히 태종은 술 정치로 유명한데 정몽주와 술상을 앞에 놓고 '시' 대결을 벌인 유명한 에피소드가 있다.

고려가 기울어져 감을 느끼던 어느 날 이방원과 정몽주가 술자리를 가졌다고 한다. 자신의 야망을 실현하는 데 큰 걸림돌이 되었던 정몽주를 회유하기 위해 이방원이 먼저 시 한 수를 읊었는데 그게 바로 유명한 「하여가(何如歌)」다.

이런들 어떠하리 저런들 어떠하리

만수산 드렁칡이 얽혀진들 어떠하리

우리도 이같이 얽혀서 백 년까지 누리리라

이방원은 정몽주에게 고려 왕조에 대한 절개를 굽히고 자신을 따라달라는 마음을 '시'로 표현한 것이다. 「하여가」는 호방하고 다혈질인 이방원의 성격이 잘 드러나 있다. 그러자 정몽주는 이방원이 따라주는 술 한잔을 받아들고 바로 화답가를 부른다. 그것이 바로 우리가 잘 알고 있는 「단심가(丹心歌)」다.

이 몸이 죽고 죽어 일백 번 고쳐 죽어

백골이 진토 되어 넋이라도 있고 없고

님 향한 일편단심이야 가실 줄이 있으랴

정몽주는 이방원의 요청을 뿌리치고 고려 왕조에 대한 일편단심을 표현한 것이다. 하지만 두 사람의 이런 일화는 비극으로 결말을 맺는다. 그로부터 얼마 후 이방원은 심복 조영규를 시켜 선죽교에서 정몽주를 살해했기 때문이다.

세 번째 조선시대 주폭은 수양대군(首陽大君)으로 더 많이 알려진 조선왕조 7대왕 세조(世祖, 1417~1468)다. 그에 대한 역사적 평가는 엇갈린다. 어린 조카인 단종(端宗)의 왕위를 찬탈하고 수많은 신하들을 죽인 '피의 군주'인 동시에 부친인 세종의 위업을 계승한 치적을 인정받고 있기 때문이다.

세조 역시 주변 사람들과 술을 많이 즐겨 마셨나 보다. 하루는 세조와 함께 술을 마시던 정인지가 술에 취해 세조에게 '너'라고 불렀다고 한다. 이로 인해 그는 불경죄로 귀양을 갔는데, 세조는 술에 취해 생긴 일이라고 관대히 넘어가려고 했다고 한다. 하지만 여러 신하들이 들고 일어나는 바람에 할 수 없이 귀양을 보냈다고 알려진다.

그들도 결국은 인간이었던지라 인생사의 고민을 '술'로 달랬던 게 아닌가 싶다. 조선시대 주폭으로 꼽히는 왕들의 개인사를 보면 더욱 그렇게 느껴진다.

4

자위,
밥 먹듯 하라

중년남자는 시각적 욕망에 더 심취한다

"당신은 왜 아직도 예쁜 여자만 지나가면 정신을 못 차려."

"내가 언제~."

거리를 나란히 걷다가 이런 일로 말다툼하는 중년부부들을 흔히 볼 수 있다. 아무리 아내가 핀잔을 줘도 남편들의 이런 행동은 잘 변하지 않는다.

"나이가 들면 좀 나아질 줄 알았더니 어떻게 점점 더해. 나 참, 남 사스러워서~."

나이 들어서 주책이라는 아내의 핀잔을 들을 때면 '정말 내가 이상한가' 한번쯤 고개를 갸웃하게 된다. 하지만 그게 어디 내 의지대로 되는 일인가?

사실 여자는 청각과 후각에 민감하지만, 남자는 시각적인 것에 더 민감하다. 대부분의 남자들이 예쁜 여자를 좋아하는 건 시각이 발달해서 그렇다고 볼 수도 있을 것이다. 남자들이 비디오 게임에 더 강한 것도 화면을 봤을 때 반응하는 속도가 여성에 비해 더 빠르기 때문이라고 한다.

언젠가 TV에서 여성과 남성 사이에 어떤 감각 차이가 존재하는지 실험한 적이 있었다. 건강한 20대 남녀를 대상으로 각각 시각과 청각, 그리고 후각 검사를 실시했는데 시각 검사에서는 남자가 여자에 비해 물체를 세밀하게 구분해내는 능력이 훨씬 뛰어난 것으로 나타났다.

하지만 청각과 후각 검사를 해보면, 같은 크기의 소리와 냄새 자극에는 여자가 남자보다 훨씬 더 예민하게 반응하는 것으로 나타났다. 소리를 증폭시키는 청각세포의 능력은 여자가 남자에 비해 20% 정도 더 발달해 있었다. 이런 결과를 놓고 본다면 남자가 시각에 더 민감하다는 속설이 맞다고 볼 수 있는 것이다.

남녀가 이렇게 감각의 차이를 보이는 이유에 대해서는 여러 가지 학설이 제기되지만, 태아기 때 노출되는 성호르몬의 역할이 크다고 알려져 있다. 태아를 남성으로 발달하게 해주는 남성호르몬이 여러 감각 세포에 영향을 미친다는 것인데, 성 발달을 위해 분비되는 남성호르몬은 시각 세포들을 발달시키는 반면, 청각과 후각 세포에는 손상을 준다고 한다. 이런 영향으로 인해 남성은 시각에 강한 반면, 청각과 후각은 여성보다 둔한 것이다.

그런데 이 같은 감각의 차이는 나이가 들면서 좀 더 확연하게 드러나게 된다. 나이가 들수록 시각적인 특성이 젊었을 때보다도 더 발달하게 돼 욕망이 그쪽으로 강렬하게 나타난다는 것이다. 나이 들어서 주책 없이 젊고 예쁜 여성들을 힐끗거린다고 무조건 타박할 일이 아닌 듯싶다. 그런 이유 때문일까? 중년에 시각적으로 만족감을 얻는 즐거움은 내가 어떤 행위를 하는 즐거움 그 이상이다. 내가 AV 스타들을 보면서 자위행위를 하는 것도 같은 이유일 것이다. 나는 현존하는 AV 스타 중에 '애슐린 브룩'을 가장 좋아하지만 일본의 '아오이 소라'도 좋아한다. 이 두 명의 스타가 나의 자위행위의 정신적 파트너다. 나는 그녀들과의 자위행위를 통해 섹스 이상의 즐거움을 얻는다. 그래서 나는 중년남성들에게 자위행위를 권하고 싶다. 자기가 좋아하는 스타일의 여성을 파트너 삼아 자위행위를 해보라. 그 황홀함은 상상 이상일 것이다.

그런데 이렇게 유명한 AV 스타들은 세계의 수많은 남성들이 자신을 보면서 자위행위를 한다는 사실을 알고 있을까? 아마 그 사실을 알고 있다면 상당한 프라이드를 가지게 될 것이고, 그녀들 역시 엄청난 희열을 느낄지 모르겠다.

'누군가 나를 상대로 자위행위를 하고 있다'는 생각을 해보라. 그 기분이 어떨지.

나 역시 비슷한 희열을 느껴본 적이 있다. 나와 단 두 번의 섹스를 한 뒤에 헤어진 섹시한 여성이 있었다. 그런데 몇 년 후 그녀와 길에서 우연히 마주치게 된 것이다. 우린 자연스럽게 술자리를 갖게 되었는데, 그녀가 느닷없이 이렇게 말하는 것이었다.

"봉규 씨를 생각하면서 자위행위를 많이 했어요."

"어허~ 이거 참. 영광인데?"

겉으로는 태연한 척했지만 그때의 야릇하면서 황홀한 기분은 말로 표현하기 힘들었다. 그때 나는 'AV 스타들이 이런 기분이겠구나~' 하고 생각했다.

하지만 그날 그녀와 성관계를 갖지는 않았다. 아니, 정확하게 말하면 성관계를 가질 수가 없었는데, 아마 그녀도 나와 같은 생각이었을 것이다. 나는 그녀를 과거의 추억으로 남겨두고 싶어서 오랜만에 재미있게 담소를 나누는 것으로 만족해야 했다. 그렇게 헤어진 뒤 더 이상 그녀를 만날 수 없었는데, 지금도 가끔씩 그녀가 떠오르곤 한다. 아마 그녀가 "봉규 씨를 생각하면서 자위행위를 많이 했어요"라는 말 때문일 것이다.

이처럼 자위행위의 파트너는 실제 섹스 파트너보다 정신적으로 강한 유대감을 가질 수가 있다. 비록 그들 AV 스타와는 일면식도 없지만 나와는 정신적으로 강한 파트너십이 형성된다. 물론 일방적이지만 나에게는 애슐린 브룩이나 아오이 소라가 자위행위의 파트너이자 마음의 연인이다.

아무리 착하고 순종적인 여인일지라도 내가 원하는 대로 행동해주지는 않는다. 그러나 이들 AV 스타는 내가 필요할 때 언제든지 나타나 나를 즐겁게 해주고 내 마음에 꼭 맞게 행동하고 나를 따라준다. 때로는 컴퓨터를 통해, 때로는 스마트폰을 통해 그녀들은 나에게 최상의 만족과 행복감을 선사한다. 그래서 나는 거의 매일 그녀들을 만나면서 마음속의 연인으로 삼고 자위행위를 즐긴다.

여성들도 자위를 즐겨라~

성적으로 문제를 겪는 여성들이나 커플이 있다면 자위행위를 즐기라고 권하고 싶다. 특히 남녀가 서로 자위행위를 돕는다면 최상의 짜릿함을 맛볼 수 있는데 최근 이런 커플이 늘어나고 있다.

혼자서 자위행위를 하는 방법이야 굳이 말하지 않아도 알겠지만, 커플이 자위행위를 하려면 몇 가지 기술이 필요하다. 각자 자위행위를 하면서 동시에 상대의 자위행위를 도와주어야 하기 때문이다. 우선 자위행위로 극도의 쾌락을 맛보려면 키스는 필수적이다. 키스는 단순한 입맞춤에서 나아가 서로의 입술을 빨고 혀를 교환하는, 아주 진한 움직임이 포함된 섹스 행위다. 프렌치 키스를 하는 것만으로 질 삽입 섹스 없이 오르가슴을 느낀다는 사람이 많다.

입술과 혀는 손가락보다 더 자극적인 부위이기에 디 황홀한 행복감을 줄 수 있는 것이다. 이 때문일까? 성매매를 하는 여성들은 사랑하는 이가 아니면 입술만은 절대로 허락하지 않는다고 한다. 그런데 만약 자기 아내로부터 키스를 거절당한다면 얼마나 성적인 소외감을 느낄까?

그동안 성적 장애로 섹스가 불편하고 싫었는가? 부부 간의 섹스는 더 이상 지루하고 재미없어 흥미를 잃었는가? 그렇다면 이제부터 자위행위를 해보라.

부드럽고 달콤한 키스를 하면서 파트너와 함께 자위행위를 즐긴다면, 중년의 나이에도 얼마든지 적극적이고 능동적인 성적 행복감을 맛볼 수 있으니 말이다.

오르가슴을 느끼지 못하는 여성들

왜 여자들은 오르가슴을 느끼지 못하는 걸까? 이 의문을 갖게 된 것은 한 언론사의 기사 때문이었다. 2003년 내가 본 기사에 따르면 80%에 이르는 여성들이 일생 동안 한번도 오르가슴을 느끼지 못하거나 운이 좋게 몇 차례 느끼는 것에 만족하며 살아간다고 분석해놓고 있다. 또한 성적 욕구를 아예 못 느끼거나 섹스 자체를 고통으로 여기는 사람들이 많다는 것이다. 나에게는 충격적인 기사였다.

'그동안 내가 만났던 여성들도 대부분 오르가슴을 느끼지 못했다는 말인가? 그렇다면 섹스할 때 신음소리를 내며 황홀해 하던 모습은 과장된 행동이었나?

하지만 이어지는 기사 내용은 그럴 만도 하다는 생각이 들게 했다.

"성적 장애를 호소하는 여인들의 경우 물론 정신적 · 신체적인 장애요인도 있겠지만 가장 큰 이유는 문화적 요인 때문이다. 지나치게 금욕생활을 강조하거나 '여자는 조신해야 한다', '섹스는 아이를 낳을 경우에만 해야 한다' 는 등 그릇된 성교육을 시키는 집안에서 자라난 여성들은 섹스를 즐기지 못하는 경우가 많다."

그리고 보면 우리나라 여성들은 참 불행하다는 생각이 든다. 요즘의 젊은이들이야 개방적인 분위기에서 자라나 상황이 좀 다르겠지만 '순결과 정숙' 을 강요받으며 살아온 기성세대의 경우 많은 여성들이 섹스를 제대로 즐기지 못하면서 결혼생활을 이어온 것이다.

성에 대해 무지하거나 '섹스는 무가치하다' 는 가치관을 가진 사람들은 개인적 요인에 의해 장애를 가진 것으로 분류된다.

'내 몸매가 뚱뚱해서 그 남자가 싫어할 거야!'

'내 섹스가 파트너에게 만족을 줄 수 있을까.'

이렇게 자신감이 없거나 지나치게 걱정이 많은 여성들은 성적 장애에 시달리기 쉽다고 한다.

성적 장애를 가진 여성의 경우 그 원인이 기질적인 것에서부터 부부관계에 의한 것에 이르기까지 다양한 만큼 치료방법 역시 간단하지는 않다. 간단한 호르몬 요법으로 치유될 수 있는가 하면, 여성의 자위행위를 유도하면서 남편이나 파트너의 도움을 받아야만 하는 경우도 있다.

성치료 전문가들은 '성행위 직전 파트너와 성에 대해 대화를 나누거나 상대의 성감대 확인 훈련을 반복해서 하면 효과를 보는 경우가 많다'고 말한다. 또한 부드러운 붓이나 깃털 등을 이용해 상대의 성감대가 어디인지 확인한 후 '성감대 지도'를 만들어 활용하면 색다른 섹스를 즐길 수 있다고 조언한다.

여성들이 만족을 느껴야 파트너인 남성들도 만족을 느낄 수가 있다. 이제부터라도 상대가 성적 장애를 가지고 있는 건 아닌지, 나와의 섹스에서 과연 그녀가 만족을 하는지 좀 더 세심하게 관심을 가져보자.

5
나이 들수록
영화는 혼자 볼 것!

단돈 1만 원이 주는 무한한 행복감

지금 단돈 1만 원으로 하고 싶은 일을 하라면 당신은 무엇을 할 것
인가?

"나는 팥빙수를 먹고 싶어요."

"나는 뜨끈한 설렁탕."

"나는 찜질방 가서 땀을 쫙~ 빼고 싶은데?"

"향 좋은 아메리카노에 달달한 와플."

저마다 원하는 것이 이렇게 다를 것이다.

나는 주저 없이 '영화'를 택할 것이다. 내게 영화를 보는 것만큼
즐겁고 의미 있고 행복한 놀이는 없다. 만약 술을 마신다면 저녁 한
때가 즐거울 것이고, 맛있는 음식을 먹으면 몇 시간이 즐거울 것이

다. 그러나 좋은 영화를 보면 1주일 내내 행복할 수 있고 그 영화는 어쩌면 내 평생에 영향을 줄 수 있기 때문이다.

물론 시원치 않은 영화를 보게 되면 기분이 찜찜하고 시간이 아깝다는 생각이 든다. 반대로 좋은 영화를 보면 그 여운 덕분에 오랫동안 행복감을 맛보게 된다. 좋은 영화는 내 생각을 바꾸고 때로는 인생관에 영향을 미치는데, 영화 한 편에 감명을 받아서 인생을 바꾼 예는 무수하게 많다. 마치 좋은 책 한 권을 읽고 나서 인생을 바꾼 것처럼 말이다.

소년시절, 청년시절에도 좋은 영화들이 내 인생관에 많은 영향을 미쳤지만 중년의 나이에 들어선 지금도 마찬가지다. 내가 늦은 나이에 어렵게 공부를 마치고 돌아와 안정적인 직장을 얻지 않고 시사평론가나 방송일 같은 프리랜서를 택한 것도 영화의 영향일지 모른다. 중년의 나이에 보았던 영화 「버킷 리스트」가 큰 영향을 미친 것이다. '과연 내가 가장 좋아하는 일, 그리고 행복할 수 있는 일은 무엇이지?' 라는 질문을 스스로에게 던져보니 바로 답이 나왔다. 만약 그 영화를 보지 않았다면 나는 아마 다른 선택을 했을지 모른다.

영화 속에는 나보다 훨씬 극적인 사례가 있다. 내가 감명 깊게 본 영화 가운데 하나가 그것인데, 제러미 아이언스가 주인공으로 나왔던 「리스본행 야간열차」다. 영화 속에서 그는 우연한 사건으로 책을 한 권 읽게 되는데, 그로 말미암아 인생이 송두리째 바뀌게 된다.

영화 속 인생을 바꾼 중년남자 이야기

그는 스위스 베른의 한 고등학교에서 고전문헌학을 가르치는 평범한 중년의 교사다. 비가 오는 어느 날 그는 다리 위에서 자살하려는 젊은 여자를 구하게 된다. 그런데 묘령의 여자는 빨간색 코트만을 남겨둔 채 홀연히 사라진다. 빨간색 코트 안에는 포르투갈 어로 된 책 한 권과 리스본행 기차 티켓이 들어 있었다. 그때까지 그는 책 한 권과 기차 티켓 한 장이 자신의 인생을 송두리째 바꾸리라는 것을 까맣게 몰랐다.

제러미 아이언스는 베른 역으로 달려가서 여자를 찾아보지만 끝내 찾을 수 없었다. 대신 그는 그녀가 남긴 기차 티켓으로 얼떨결에 기차에 올라 리스본으로 향하게 되는데, 기차 안에서 그 여인의 코트 속에 있던 작고 낡은 책을 읽으면서 마치 마법에 걸린 듯 이상한 기분에 이끌리게 된다.

그 책에는 세 남녀 아마데우 프라도(잭 휴스턴), 조르주 오켈리(아우구스트 디엘), 에스테파니아(멜라니 로랑)의 이야기가 실려 있었다. 절친이던 아마데우와 조르주는 에스테파니아를 사이에 두고 갈등하고, 세 사람은 서로에 대한 오해로 인해 영영 헤어진다. 제러미 아이언스가 들고 있던 책은 바로 요절한 아마데우가 자신의 삶을 기록한 것이었다.

그는 아마데우의 삶을 추적해가면서 그가 남긴 깊이 있는 글과 그의 열정적인 삶에 빠져든다. 시골학교의 교사로서 평범한 삶을 이어가던 자신의 모습에 비하면 책 속에 나오는 아마데우의 짧은 생애는 참으로 강렬한 것이었다. 그는 책의 내용에 빨려 들어가면서 책 속의 주인공들 이야기를 추적해나간다.

그러던 중에 포르투갈에서 안경점을 하는 한 여자를 만나게 되고 그녀와 사랑에 빠지게 된다. 그가 다니던 스위스의 학교에서는 복귀할지 말지를 결정하라며 최후의 통첩을 해오지만 그는 결국 호기심을 놓을 수 없어 리스본에 남는다. 결국 그가 올라 탄 리스본행 야간열차는 왕복 티켓이 아니라 편도 티켓이었던 셈이다.

영화의 주인공은 늦은 나이임에도 불구하고 단 한 권의 책을 읽고 평생 살아왔던 자신의 인생을 미련 없이 바꿔버렸다. 어떠한 후회나 미련 없이 말이다. 이처럼 단 한 권의 책 또는 단 한 편의 영화가 한 사람의 인생을 뒤바꿔놓은 경우는 셀 수 없이 많을 것이다. 당신의 인생에 영향을 미친 영화는 무엇인가? 한번쯤 생각해보자.

혼자 영화를 보면 100% 몰입

좋은 영화를 볼 때는 얼마나 몰입하는가가 중요하다. 여자친구나 가족과 영화를 보면 100% 몰입하기가 쉽지 않다. 서로 방해하지 않고 영화에 몰입한다고 해도 옆에 앉아 있다는 사실만으로도 신경이 쓰이게 마련이다. 영화를 보다가 웃기는 장면이 나오면 서로 얼굴을 쳐다보고 같이 웃거나 이해가 안 되는 장면이 나오면 물어오게 마련이다. 그걸 대답해주다 보면 다른 장면을 놓치는데, 어쨌든 누군가와 같이 영화를 보면 완전 몰입이 쉽지 않은 게 사실이다.

물론 다른 사람과 같이 영화를 보는 게 꼭 나쁜 것만은 아니다. 좋은 사람과 좋은 영화 한 편을 보면서 서로 좋은 느낌을 공유하게 되고, 서로 더 좋은 느낌을 가질 수도 있다. 누군가와 영화를 볼 때는 그대로 즐기면 된다.

그렇지만 나는 진짜로 영화를 즐기고 싶다면 '혼자 보라'고 권하고 싶다. 나는 지금도 시간만 나면 혼자서 영화관으로 달려간다. 혼자 몰입해서 영화를 보는 즐거움은 어디에 비할 수 없을 정도다.

"왜 그렇게 전화를 안 받았어? 또 혼자 영화 보러 갔어?"

이런 질문을 받을 정도로 나는 스케줄이 비어 있을 때면 영화관을 간다. 그 시간만큼은 누구에게도 방해받고 싶지 않아서 휴대전화마저 꺼둔다. 물론 별로 끌리는 영화가 없을 때는 감명 깊게 본 영화를 보고 또 보기도 한다.

「대부」 같은 영화는 열 번도 넘게 봐서 대사를 외울 정도다. 물론 대부분 혼자 보았다. 그렇다고 데이트할 때 영화를 안 보는 건 아니다. 영화를 좋아하기 때문에 데이트할 때도 영화를 많이 보지만 '고전'이나 '명작'을 볼 때는 가능하면 혼자 보려고 노력한다. 그래야 온전히 영화에 몰입하고 또 음미하면서 볼 수 있기 때문이다. 더욱이 요즘은 얼마나 편한 세상인가? 집에서 VOD 서비스를 통해 흘러간 명화들을 골라서 볼 수 있으니 말이다.

얼마 전에는 로버트 드니로가 주연으로 명연기를 선보인 「원스 어폰어 타임 인 아메리카(Once Upon A Time In America)」를 TV로 보았다. 무려 3시간 반이 넘는 긴 영화였고 예전에 본 것이었지만 나는 완전히 몰입해서 새벽까지 보았다. 다음날 방송 스케줄이 예정되어

방송준비를 해야 하고 컨디션이 좋아야 했기에 조금만 보고 잠자리에 들려다가 끝까지 보고 말았다. 영화를 보는 내내 너무 행복했기 때문이다. 몇 시간 못 자고 방송준비 또한 제대로 못했지만 좋은 영화를 본 여운 때문인지 기분이 좋았고, 그래선지 방송이 술술 잘 풀렸다.

혼자 영화를 보면 좋은 점이 많다. 극장에서 영화를 보려고 할 경우 예약하지 않아도 언제나 자리를 잡을 수 있는 것이 장점이다. 보통은 다른 사람들이랑 같이 영화를 보러 오기 때문에 자투리 좌석 한두 개쯤은 남아 있게 마련이다. 짝수로 오지 않고 홀수로 오는 관객들이 있기 때문이다.

최근에는 「차가운 장미」, 「그랜드 부다페스트 호텔」, 「엣지 오브 투머로우」, 「리스본행 야간열차」, 「봄」, 「국제시장」, 「클라우즈 오브 실즈미라이」, 「내일을 위한 시간」, 「워터 디바이너」, 「아메리칸 스나이퍼」, 「퐁네프의 연인들」, 「꾸뻬씨의 행복여행」, 「인터스텔라」 등 명품 영화들을 다시 보며 행복한 시간을 보냈다. 이럴 때는 싱글이라서 참 좋은 것 같다.

국내 영화 「신세계」의 매력

내가 가장 많이 본 한국 영화로는 「신세계」를 꼽을 수 있다. 그 영화만을 5~6번은 봤을 것이다. 영화 자체도 인상 깊었지만 기억에 남는 명대사가 많았기 때문이다. 영화 속에서 정청 역의 황정민이 반대파에게 테러를 당한 뒤 병원에서 죽기 직전 이정재에게 한 대사는 그야말로 명품 중의 명품이다.

'브라더'로 부르면서 줄곧 형제처럼 조직을 같이 이끌던 이정재가 경찰의 프락치였다는 사실을 알게 된 황정민은 그에게 등을 돌리지 않는다. 대신 그에게 이런 말을 남기고 죽는다.

"독하게 굴어…그래야 니가 살아."

이 부분에서는 뭐라 말할 수 없는 남자로서의 진한 '전우애'라고나 할까? 가슴이 먹먹해지는 감동이 느껴졌다.

결국 이정재는 황정민의 유언대로 독하게 굴어 반대파와 경찰 조종자였던 최민식까지 전부 죽이고 황정민도 오르지 못한 보스 자리에 오른다.

영화 속 이종구 역을 맡은 방성웅의 명품연기도 빛났다.

"죽기에 딱 좋은 날씨네." 출소 후 죽음을 예감한 그가 죽기 직전 남긴 말이다. 그러고는 평소와 다름없는 모습으로 담배 한 대를 맛있게 태운다. 기억에 남는 명대사와 명장면이었다. 최민식, 황정민, 이정재 등 막강한 배우들에게 전혀 뒤지지 않는 연기력을 선보인 방성웅은 「신세계」를 통해 영화팬들에게 확실히 눈도장을 찍었다고 볼 수 있다.

「신세계」를 연출한 박정훈 감독은 세간의 평가대로 독한 이야기꾼이다. 「부당거래」에서는 정의가 없는 경찰과 검찰 등 정의의 사도들의 밑바닥을 보여주었고, 「악마를 보았다」에서는 광기와 분노로 가득한 선과 악을 보여주면서 선도 악이 될 수 있기 때문에 결국은 선이 패배한다는 섬뜩함을 폭로했다.

「신세계」에서는 선과 악의 개념 자체를 구분조차 할 수 없게 만들었다. 감독은 세상을 더 이상 아름다울 수 없는 공간으로 잔인하게 만들어버린다. 그는 경력이 그리 오래되지 않은 감독인데도 놀라운 연출력으로 독특한 상상력을 발휘했다. 그래선지 박정훈 감독의 영화에 자꾸 끌리게 된다. 다음에는 또 어떤 영화를 선보일지 기대된다.

6

남자의 치장은
무죄가 아니라 필수

중년에 명품 옷은 자격지심(自激之心)

누구나 옷만 잘 입어도 열 살은 젊어보이게 할 수 있지만, 반대로 열 살 더 늙어보일 수도 있다. 특히 중년에 들어서면 옷차림에 더 영향을 받는다. 어떻게 옷을 입느냐에 따라서 그 사람의 인격이랄까, 사회적인 위치까지 가늠하게 한다. 그렇다고 무조건 비싸고 좋은 명품으로 사 입으라는 말은 아니다. 옷을 잘 입으면 한층 젊게 살 수 있고 또 나이 듦으로 인한 멋스러움을 간직할 수 있기 때문이다.

비즈니스 이미지 컨설턴트 황정선 저자가 쓴『품격 입는 남자』에서는 중년남자의 옷차림에 대해서 이렇게 말한다.

"남자는 나이가 들면서 더 멋스러워진다는 말이 있지만 아무에게나 해당하는 말은 아니다. 큰 옷으로도 가려지지 않는 불룩 튀어

나온 뱃살, 최신 유행하는 옷을 입어도 어딘지 모르게 우스꽝스러운 옷차림은 중년의 당신을 수많은 아저씨 중의 한 명으로 전락시키기 십상이다."

이 글을 읽으면 누구나 위축되고 말 것이다. 그렇다면 어떻게 옷을 입으라는 말일까?

그는 이 책에서 누구도 중년남성을 함부로 아저씨라 부르지 못하게 만들 수 있는 4050 남성들의 스타일에 대해 나름대로의 해법을 제시한다.

- 젊어 보이고 싶다고 무조건 화려한 색, 화려한 치장을 하지 마라. 당신을 오히려 더 나이 들어 보이게 할 수도 있다.
- 나이가 들수록 명품 브랜드를 사는 것보다 자신의 스타일에 잘 맞는 옷을 고르는 것이 훨씬 중요하다.

아주 당연한 말 같지만 실천하기란 쉽지가 않을 것이다. 우선 나에게 맞는 스타일이 뭔지 잘 모르는 중년남성들이 대부분이다. 그동안 아내가 사다 주는 옷을 웬만하면 그대로 입었을 뿐 직접 쇼핑을 가서 내가 좋아하는 옷을 사 입는 중년남성은 별로 없을 것이기 때문이다. 하지만 이제부터라도 내게 어울리는 스타일, 내가 좋아하는 스타일을 찾아야 한다.

튀지 않는 옷을 입었는데 자세히 들여다보면 멋이 줄줄 흐르는 사람이 옷을 잘 입는 사람이다. 머리에서 발끝까지 명품으로 휘감고 자신을 뽐내는 사람은 보기에도 불편하다. 마치 변두리 싸구려

술집의 마담 같다고나 할까? 울긋불긋 휘황찬란하게 차려입었지만 역겹게 느껴지는 것과 마찬가지일 것이다.

중년이 되면 눈에 띄게 멋을 내려고 하기보다는 조화롭게 입어서 어울리는 게 더 중요하다. 옷이 아니라 사람이 돋보이도록 입는 남자가 옷을 잘 입는 남자다. 스타일이 유독 도드라져 보이거나 명품 옷을 일부러 티 나게 차려입는 남자는 촌스럽다. 그저 자격지심에 돈으로 갑옷을 두른 것같이 보여 안쓰럽기까지 하다. 혹시 백화점 명품관에 가서 판매원들이 "어머 잘 어울리세요, 너무 멋지세요"를 연발하는 데 혹해서 옷을 사 입고 있는가? 그렇다면 당신은 촌스러운 남자일 수 있다.

시계는 중년남자 패션의 핵심 포인트

남자들에게는 옷차림이 중요하지만 액세서리 또한 중요하다. 여성들에게 명품 핸드백이나 액세서리가 패션의 완성이듯, 남성 패션의 핵심 포인트는 바로 시계다. 그렇다고 롤렉스 금딱지나 파텍 필립(Patek Philippe) 같은 고급시계가 패션의 완성이라는 말은 결코 아니다. 패션과 어울리지 않으면 비싼 시계도 오히려 촌스러워 보일 수 있다는 얘기다. 물론 값 비싼 고급시계를 패션과 자신의 개성에 맞게 찬다면 더없이 멋져보일 수 있겠지만 말이다.

중년남자가 캐주얼한 복장과 함께 착용할 수 있는 100만 원대의 태그호이어나 100만 원 미만의 엠포리오 아르마니, 캘빈클라인, 몽

블랑, 티소, 팬디, 버버리 등은 개성 있는 중년남자의 멋을 표출해 낼 수 있는 대표적인 제품으로 꼽는다.

물론 여유가 있고 클래식한 복장을 즐긴다면 브레게, 바셰론 콘스탄틴, 필립 파텍 등 세계3대 명품 시계를 차서 럭셔리한 패션의 완성을 이룰 수 있겠지만 수천만 원에서 수억 원대를 호가하기에 일반인이 멋을 부리기에는 한계가 있고 잘 어울리지 않을 수 있다.

하지만 꼭 비싼 시계를 차고 다녀야 하는 건 아니다. 나는 '삼족오'라는 국산시계를 좋아하여 즐겨 차고 다닌다. 이 시계는 삼족오가 갖는 한민족의 위대한 정신을 확산시킬 목적으로 손목에 차는 시계에 삼족오 문양을 새겨 넣어 개발했다고 한다. 삼족오는 론칭 당시부터 아주 성공적인 시계 브랜드는 아니었다. 삼족오 브랜드에 깊은 애정을 가지고 있는 시계 컬렉터들조차 정작 삼족오 시계를 가지고 있는 이들은 드물 정도였다. 국내시장에서 이 정도니 세계시장에서는 불을 보듯 뻔하다는 평가가 나오기도 했다. 그러나 삼족오 시계 측은 세계 속의 한국산 명품으로 만들기 위해 글로벌에 친숙한 이미지인 '트리젠코(Trigenco)'라는 이름으로 론칭하면서 지금은 차츰 각광을 받고 있다. '삼족오'는 하늘과 사람을 연결하는 천지인(天地人)의 삼위일체를 뜻하며, 미래의 성공을 향해 힘차게 나아가고자 하는 역동적인 한민족의 이상을 담고 있다고 한다. 때문에 왠지 이 시계를 차고 다니면 일이 잘 풀릴 것 같고, 그래서 파이팅이 넘쳐난다. 그래서 나는 방송을 할 때도 항상 '삼족오' 시계를 찬다.

최근에는 스마트폰으로 시간을 볼 수 있기 때문에 군이 시계를 차지 않는 사람이 많이 늘어나는 추세다. 그럼에도 불구하고 예나 지금이나 남성 패션의 완성은 시계이기 때문에 멋쟁이들은 여전히 시계를 차고 다닌다.

취향에 맞는 시계를 자신의 패션과 잘 어울리게 차는 것이 우선 중요하고, 나아가 만약 자신만의 철학이나 스토리가 있는 시계를 찬다면 더욱 멋스러움을 풍길 수 있을 것이다.

또한 최근 주목받는 패션 액세서리로 패션 팔찌와 패션 목걸이가 있다. 요즘 TV를 보면 40대 중년의 남자 연애인들이 갖가지 팔찌를 한 모습이 많이 눈에 띈다. 요즘 팔찌는 남녀노소(男女老少) 가릴 것 없이 큰 인기를 끄는데 '나는 무리일 것'이라고 미리 포기하지는 말자. 남자 연예인들이 팔찌를 차고 다니는 것이 아주 자연스럽듯이 팔찌는 더 이상 여성들만의 전유물이 아니다.

팔찌는 '엣지남'에게도 중요한 패션 액세서리로 자리 잡은 지 오래되었는데 시계 모양의 팔찌부터 이니셜 팔찌, 비즈 팔찌, 고무 팔찌, 가죽 팔찌 등 종류도 다양하다. 내 취향에 맞는 것을 골라서 차보고 '이거다' 싶으면 계속 차고 다니면 된다. 패션은 다소 용기가 필요하다는 것을 잊지 말자.

팔찌의 효과는 생각보다 뛰어나다. 청바지에 티셔츠를 입었을 때 포인트로 패션 팔찌 하나만 차도 패션의 완성도를 높여줄 수 있기 때문이다. 패션 목걸이를 해도 멋져보일 수가 있다. 또한 노타이에 행커치프를 하는 것도 중년남성의 패션에 포인트를 주는 핵심 요소 중 하나다.

한창 인기를 끌던 드라마 「신사의 품격」을 보면 멋쟁이 중년남성들의 패션을 한눈에 볼 수 있다. 시계와 팔찌 같은 액세서리, 그리고 장동건이 선보인 부토니에(Boutonniere)는 정장을 주로 입는 40대 후반의 중년남성들에게 최근 각광받는 아이템이다. 넥타이를 매지 않고 심플한 슈트에 행커치프로 강렬하면서 조화로운 느낌을 줄 수가 있다. 행커치프의 베이스는 꽃, 동물, 인형 등으로 자신의 취향에 따라 캐릭터를 다양하게 고를 수 있다.

나도 대체로 노타이로 방송을 한다. 목이 짧은 편이라 넥타이를 매는 것보다 노타이에 행커치프를 하는 것이 더 잘 어울릴뿐더러 일반적으로 넥타이보다 노타이 차림이 더 젊어보인다. 그리고 노타이에 행커치프로 포인트를 주면 더 고급스럽고 세련된 느낌을 줄 수 있다.

청바지가 어울리는 사람이 돼라

남녀노소 영원한 패션 아이템은 아마 '청바지'가 아닐까? '청바지에 통기타'가 우리 대학시절을 상징했듯이, 사실 청바지는 젊은이들의 상징처럼 여겨져 왔다. 그런데 언제부턴가 청바지는 젊은이들의 전유물이 아니게 되었다.

삼성패션연구소에서는 2013년 6월 서울 시청역 · 삼성동 · 여의도에서 출근하는 남성 2057명의 복장을 조사했다고 한다. 그 결과 캐주얼 비중이 58.6%로 정장(41.4%)을 앞질렀다. 2007년에는 캐주얼의 비중이 30.9%에 불과했지만 점점 증가 추세로 변해서 6년 새두 배로 뛰었다. 반면 정장을 입는 비중은 2007년 69.1%에서 계속

줄면서 조사 시작 이후 최저로 떨어졌다.

아직도 대기업에서는 정장차림을 요구하지만 비교적 분위기가 자유로운 직장이나 프리랜서들은 청바지에 재킷 차림을 선호한다. 편하고 자유로워 보이고 무엇보다 젊게 보인다. 배가 많이 나온 중년들은 부담스럽겠지만 웬만한 남성들은 이제 청바지가 자연스럽다.

여성들도 마찬가지다. 「청바지가 잘 어울리는 여자」란 노래가 있듯이 예전엔 20대 젊은 여성들이 청바지를 입는 게 예뻤고 날씬해 보였다. 하지만 지금은 40~50대의 중년여성들도 청바지를 즐겨 입는다. 날씬한 중년여성들이 많아져서인지 청바지 차림이 오히려 세련되고 감각 있어 보인다. 아줌마가 아닌 활동적인 여성으로 보이기도 한다.

청바지를 입는 게 젊고 활동적으로 보이는 이유는 몇 가지 이미지 때문일 것이다. 우리 세대는 청바지, 하면 반항아의 대명사 '제임스 딘'을 떠올린다. 청바지에 하얀 티셔츠나 빨강 점퍼는 제임스 딘의 트레이드 마크였다.

그리고 최근 청바지를 새롭게 조명한 사람이 스티브 잡스다. 그는 전 세계인이 주목하는 신제품 발표 행사에 항상 검정 터틀넥 스웨터와 청바지, 그리고 운동화를 신고 나타나서 편안하고 자유로운 이미지로 자신만의 브랜딩을 완성하곤 했다.

나도 청바지를 즐겨 입고 다니는 청바지 마니아다. 방송을 하러 갈 때면 항상 청바지를 입는데 방송용으로 상의 재킷만을 협찬받는다. 보통 시사 프로그램의 경우 데스크 위로 상의만 화면에 비치기 때문에 상의는 재킷을 입고 하의는 청바지나 반바지를 입는 경우가 많다. 하지만 전신을 비추는 프로그램의 경우에도 나는 그냥 청바지를 입고 방송하는 경우가 대부분이다.

"박사님, 그렇게 입으니까 10년은 젊어보이세요. 30대라고 해도 믿겠어요."

내가 정장을 입었을 때와 청바지를 입었을 때 주변 사람들의 반응은 완전히 다르다. 청바지를 입으면 활동하기에도 편하지만 젊어보인다는 말을 자주 듣게 된다. '젊어보인다'는데 싫어할 사람이 어디 있겠는가?

사실 나도 시사평론만을 할 때는 주로 정장을 입었다. 그게 방송에 대한 예의인 것 같고 나이 먹은 사람으로서 점잖은 느낌을 주어야 한다는 생각이 있었기 때문이다. 하지만 방송을 하면서 그게 '나의 고정관념'이라는 사실을 깨달았다. 오히려 자유로운 분위기를 연출하며 청바지를 즐겨 입었더니 주변 사람들이 나를 더 편하게 생각하고 '젊고 적극적으로 보여 좋다'는 평가가 더 많았다.

최근에는 아내의 손을 뿌리치고 직접 '나홀로 쇼핑'에 나서는 중년남성들이 늘어나는 추세다. 오죽하면 '뉴 포티족(new forty族: 패션, 여가 등을 자신에게 투자하는 중년)'이라는 신조어까지 생겨났다. 바람직한 현상이라고 생각한다. 뉴 포티족은 인터넷, 패션 잡지 등을 통해 다양한 정보를 얻는데, 그러다 보니 이들을 겨냥한 매장이 속속 생겨나고 있다. 시중에는 중년남성을 위한 청바지가 따로 제작되어 출시 중이다. 즉 배가 살짝 나와도 청바지가 잘 어울리게 만드는 디자인 제품이 출시되는 것이다.

청바지를 즐겨 입다 보면 자연스레 다이어트를 하려고 노력하게 된다. 청바지를 입었을 때 폼이 나기 위해선 아무래도 뱃살을 빼야 한다고 스스로 자극받게 되는 것이다. 이것이 선순환의 법칙이 아 닐까? 그래서 다이어트를 하다 보면 나도 모르는 사이에 정말 청바 지가 잘 어울리게 된다.

젊게 살고 싶다면, 그리고 멋스럽고 여유 있는 중년이 되고 싶다 면 뉴 포티족의 대열에 합류해보라. 삶의 새로운 재미를 얻을 수 있 을 것이다.

7
혼자 하는
여행의 즐거움

혼자만의 여행은 '자기애'의 결정판

가장 하고 싶은 것을 꼽으라면 주저 없이 '여행'을 꼽는 사람들이 많다. 일상에서 벗어나 자유를 만끽함과 동시에 미지의 세계와 사람들에 대해 동경을 갖고 있기 때문일 것이다. 그런데 나는 이왕 여행을 갈 거면 '혼자서 가라'고 말하고 싶다. 틈만 나면 훌쩍 혼자 여행을 떠나는 나에게 사람들은 으레 묻는다.

"왜 혼자서 여행을 가는 거야? 외롭지 않아?"

"아니야. 여행의 참맛을 모르는구나? 혼자 여행하는 게 얼마나 좋은데?"

혼자 떠나는 여행이 즐거운 이유는 오로지 나에게만 집중할 수 있기 때문이다. 내가 좋아하는 모든 것을 마음껏 할 수가 있다. 일행이 없기 때문에 눈치를 보거나 상의할 필요가 없다. 그냥 내 기분 내키는 대로 내 발길 닿는 대로 가면 된다. 그 자유로움을 느껴보지 않은 사람은 짐작하기 어려울 것이다.

물론 동행이 있다면 '함께' 하는 것에서 느낄 수 있는 즐거움이야 있겠지만 한편으론 신경 쓰고 배려하느라 피곤함을 느낄 수 있다.

'같이 간 일행과 입맛이 달라 음식을 고르는 것에서 스트레스를 받을 수 있다. 아침에 기상 시간이 달라 여행 스케줄 맞추기가 쉽지 않다. 더구나 서로의 가치관이 달라서 원하는 여행의 콘텐츠가 다를 수 있다.'

결국 이런저런 이유로 갈등을 빚다 보면 스트레스를 받게 마련이고, 그게 쌓이면 충돌하게 된다. 오죽하면 신혼여행에서 돌아와 곧바로 이혼하는 '허니문 이혼'이 늘어나고 있을까?

신혼여행에서 사소한 말다툼이 폭력으로 번지거나 상대방의 집안을 헐뜯다가 이혼으로 이어지는 경우도 많다. 가끔 만날 때는 좋았는데 막상 아침부터 하루 종일 같이 생활하다 보니 서로의 생활 습관이나 가치관이 맞지 않아 고민하게 되는 것이다. 그러다 '평생을 이렇게 살아야 하나?' 하는 생각에까지 미치면 눈앞이 캄캄해지면서 '차라리 하루라도 빨리 이혼하는 편이 낫다'고 생각하고 공항에서 바로 헤어지자고 결심하게 되는 것이다.

서로 좋아서 결혼을 하고 떠난 신혼여행에서 그런 일들이 빚어지는데, 일반사람들이 함께 떠나는 여행은 오죽할까? 그만큼 여행을 같이한다는 것은 갈등 요소가 많이 잠재해 있고, 그게 언제든 불거질 수 있다는 것을 알아야 한다. 때문에 혼자 여행하기를 좋아하는 사람들은 한목소리로 이렇게 말한다.

"왜 굳이 그런 리스크를 안고 비싼 돈 들이고 아까운 시간을 허비해가면서 같이 여행길에 오르는가?" 그들은 혼자 가는 여행은 절대로 후회할 일이 없을 것이라고 강력 추천한다.

나도 싱글이기 때문에 혼자 여행을 가는 경우가 많지만 그때마다 색다르고 황홀한 경험을 했고, 그 추억은 지금까지 내 가슴속에 생생하게 남아 있다.

여행이란 어디론가 떠난다는 것이고, 떠난다는 것은 일상생활을 잊는다는 것이고, 잊는다는 것은 익숙해져 있는 습관이나 고정관념 자체를 버린다는 의미다. 버려야 새로운 것으로 채울 수 있지 않을까?

인생은 그리 길지가 않은데 우리는 매일매일 다람쥐 쳇바퀴 돌듯이 일상에 머물며 똑같은 생활을 하고 있다. 그리고 고정관념의 늪에서 한 치도 빠져나오지 못한 채 아까운 시간을 전부 탕진하고 죽기 직전에야 후회한다. '내가 왜 이렇게 살았을까?' 하고 말이다.

중년의 남성들이여~. 더 늦기 전에 떠나자. 이왕이면 혼자서 말이다.

기차여행의 매력

달리는 차창 밖으로, 고향 같은
마을이 내다뵌다.

집집마다 감나무 대추나무

잎새들 몹시 반짝거려

동네가 환히 들여다보인다

툇마루마다 반들반들 닦여져 있고

방안엔 머리 감아 빗은

달덩이 같은 처녀 꽃수틀 안고 있네

그 앞집 부엌에선

떡시루 김 오르는 거 보이고, 또

그 옆집 말끔히 쓸어진 뜰의

뽀얀 흙 위엔 암탉 한 마리 졸고

그 곁으로 어린애기 아장 걸어가고 있네

"아, 저기는 내 고향,

내가 자라던 동네

저 아장아장 걷고 있는 애기는

바로 내가 아닐까", 하는 순간

기차는 새된 기적 소리를 지르며

시커먼 터널 속으로 들어가고 있다

—김동리의 「기차여행」 〈문학사상〉 1998년 7월호에 공개된 미발표 유작시

혼자서 기차 타고 떠나는 여행의 매력은 그 어디에 비길 수 없다. 달리는 기차의 차창을 통해 스쳐 지나가는 풍경은 마치 동화 속 그림 같기도 하고 영화 속의 묵직한 스토리를 생각나게도 한다. 예전에는 청량리에서 통일호나 비둘기호를 타고 춘천까지 가려면 2시

간 정도 걸렸다. 춘천까지 가면서 마주치는 창 밖의 풍경은 아련한 젊은 시절의 추억을 떠올리게도 하고, 잊힌 옛사랑을 생각나게도 만들었다.

지금은 열차로 1시간이 채 안 걸린다. KTX의 등장으로 전국 주요 도시로 가는 속도는 빨라졌지만 기차여행의 낭만은 사라진 것만 같아 많이 아쉽다. 그러나 지금도 나는 울적할 때면 춘천 가는 기차를 타고 훌쩍 떠난다. 마치 젊은 시절로 돌아가는 타임머신을 탄 기분으로 말이다.

지금도 기차여행의 참맛을 즐기고 싶다면 영동선을 타면 된다. 영동선은 우리나라의 오지 산간과 바다, 그리고 간이역들을 다 거쳐가기 때문에 운치 있는 기차여행을 즐길 수 있다. 여행 전문가들은 영동선의 정동진역과 묵호역, 동해역 사이 바다가 시원하게 펼쳐진 구간을 최고로 꼽는다. 창 밖으로 한참 동안 이어지는 파란 바다와 하늘의 멋진 풍경을 보면 "우리나라도 정말로 아름답구나!" 하는 감탄사가 절로 나올 것이다.

기차여행 하면 뭐니뭐니 해도 유럽 여행이다. 유럽 여러 나라들의 아기자기한 풍경들을 기차 안에서 감상하는 것만큼 행복한 경험은 없을 것이다. 유럽 기차들은 복도와 구별돼 칸막이가 쳐 있어서 일기를 쓴다거나 와인 한잔을 마시면서 풍광을 감상하는 데는 그만이다.

유럽 각국의 간판급 초고속 열차는 영국과 유럽 대륙을 해저 터널로 연결하는 유로스타를 비롯해 프랑스의 테제베(TGV), 스페인 초고속열차 아베(AVE), 독일 초고속열차 이체(ICE), 이탈리아 철도청 초고속열차 프레치아로사 등이 있다. 특히 민영회사가 유럽 최신 열차 모델인 AGV 차량과 페라리 디자인을 접목해 선보인 또 다른 이탈리아 초고속 열차 이탈로와 동유럽 초고속 열차의 자부심으로 꼽히는 오스트리아의 레일젯, 스웨덴 고속열차 X2000이 대표적이다. 유럽 여러 나라들의 기차를 비교하며 타보는 재미가 쏠쏠하다.

북미의 기차여행도 유럽에 절대 뒤지지 않는다. 그중에서 단연 최고는 오랫동안 캐나다 최고의 열차 자리를 지켜왔으며 캐나다 관광의 꽃이라고 평가할 수 있는 '로키 마운티니어'를 꼽을 수 있다. 캐나다가 아닌 미국의 국경 지대에서 열차가 출발한다는 사실이 특이하다. 시애틀의 킹스트리트(King Street) 역에서 출발하는 '해안 구간(Coastal Passage)' 열차는 워싱턴 주를 거쳐 북쪽으로 향하는데, 한쪽에는 캐스케이드 산맥(Cascade Mountains)이, 다른 쪽에는 태평양 연안의 만과 물줄기가 그림을 그려 넣은 듯 펼쳐져 있어 최고의 코스로 인기가 높다.

앞만 보고 바쁘게 살아온 삶을 뒤돌아보며 나 자신을 찾아가는 데는 기차여행만큼 좋은 게 없다. 그동안 치열한 경쟁사회에서 뒤지지 않으려고 발버둥치면서 살아왔다면 단 며칠간이나마 마음먹고 혼자서 기차여행을 떠나보라. 기대 이상의 큰 선물을 받게 될 것이다. 아무리 세상이 변하고 시대가 바뀌었다고 해도 당신은 기차여행을 통해 잊어버렸던 그 무언가를 분명 되찾게 될 것이다.

이봉규가 추천하는 혼자 갈 만한 여행지

내가 가본 여행지 가운데 혼자서 떠나면 가장 좋을 만한 여행지들을 소개한다.

프랑스 파리

1989년 유럽 문화의 수도로 선정된 파리는 예술의 도시, 꽃의 도시라고 불리는 만큼 세계 최고의 관광도시다. 파리 시내에 즐비한 역사적인 건축물과 수많은 유명한 미술품은 파리가 왜 파리인가를 잘 대변해주는 듯하다. 거리를 걷고 있으면 마치 커다란 박물관 안에 들어와 있는 느낌마저 든다. 파리의 루브르 등 각종 박물관이나 미술관에는 프랑스에서 활약한 저명한 예술가의 미술품 외에 전쟁을 통해 얻은 전리품이나 외국에서 사들인 세계적인 소장품들이 전시돼 있다. 이 박물관을 다 둘러보는 데만도 며칠이 걸릴 것이다.

파리는 유럽에서 상대적으로 안전한 도시다. 골목마다 자그마하고 깜찍한 노천 카페와 분위기 있는 식당들이 즐비하다. 개선문 앞의 샹젤리제 거리를 구경하며 카페오레, 핫 초콜릿 등을 마시는 즐거움은 나 자신을 풍요롭게 만들어줄 것이다. 혼자 여행하는 사람들에게 유명한 카페는 카페 드 플로르(Café de Flore), 레 뒤 마고(Le Deux Magots)라는 것도 참고해서 떠나보자.

일본 오사카

일본은 가장 손쉽게 떠날 수 있는 곳이다. 특히 오사카에서 가장 중심지는 미나미 지역의 도톤보리인데, 먹을 곳과 쇼핑할 곳이 많다. 혼자서 배낭을 둘러메고 여기저기 기웃거리는 재미에 시간 가는 줄 모른다. 오사카의 기타(北) 지역 역시 백화점과 오사카 역으로 큰 번화가이지만 여행객에게는 미나미 지역이 낭만이 있어서 더 좋은 것 같다. 도톤보리에서 먹는 노릇노릇한 다코야키 맛은 정말 잊을 수 없다.

역사적 건축물이며 인기 있는 관광 명소이자 오사카의 상징인 오사카 성에는 일본정부가 중요 문화재로 지정한 13개의 건축물들이 있다. 20m까지 올린 가파른 벽은 일본 각지에서 오사카로 수송된 거석으로 만들어져 있다. 가파른 벽의 높이와 넓은 해자는 일본에 있는 그 어떤 성보다 뛰어난 장관을 이룬다.

중국 청도(靑島, 칭다오)

청도는 지역의 이름을 딴 칭다오 맥주와 라오산의 깨끗한 광천수로 유명한 도시다. 해양성 기후의 특성을 지녀 겨울에는 따뜻하고 여름에는 시원한 것이 특징이다. 특히 청도를 여행하다 보면 마치 독일에 온 듯한 이국적인 느낌을 받게 된다. 이는 청일 전쟁 후 독일이 1897년 청도를 극동의 근거지로 삼으면서 산동 반도 일대를 세력하에 두었기 때문이다. 그 영향으로 '중국 속의 유럽'이라는 애칭을 갖고 있을 정도로 독일풍의 이국적인 모습이 중국의 전통미와 잘 어우러져 있는 도시가 바로 청도다.

해변 휴양도시인 이곳에는 잔차오(棧橋), 사오칭다오(小靑島)와 '세계건축박람(万國建築博覽)'으로 유명한 팔대관(八大關) 관광 지구가 있다. 동부에는 스라오런(石老人)이라는 휴양지와 새로 개발되는 신도시가 있다. 이러한 자연, 인문 경관은 칭다오 여행에 무한한 매력을 더해준다.

브라질 리우데자네이루

내가 젊은 시절 방문한 매력적인 도시 리우데자네이루는 브라질 동남 지방의 대서양 연안에 위치한 항구도시다. 자연과 인공의 아름다움이 잘 어우러져 2012년에는 유네스코 세계 문화유산으로 등재되었다.

리우데자네이루의 카니발 축제, 삼바, 보사노바, 코파카바나 해변 등 축제가 많고 뛰어난 자연경관이 즐비하다. 특히 코르코바도 봉에 있는 세계 7대 불가사의 중 하나인 그리스도상과 설탕 봉우리라고 불리는 팡지아수카르 산은 이 도시의 상징물이다. 카니발 행렬을 볼 수 있는 삼보드로무, 세계에서 가장 큰 축구 경기장인 마라카낭 경기장 등은 이 도시의 주요 자산이다. 거리가 멀고 볼거리가 많은 만큼 넉넉한 시간을 할애해 떠나면 좋은 곳이다.

미국 뉴욕

연간 5000만 명의 관광객이 방문하는 세계 최고의 관광도시 뉴욕은 꼭 가봐야 하는 곳이다. 뉴욕에는 패션가의 상징인 5번로(Fifth Avenue)를 포함한 거리, 자유의 여신상을 포함한 랜드마크가 많고, 타임스 스퀘어는 '세계의 교차로(The Crossroads of the World)'라고 불린다. 타임스 스퀘어 부근에서는 브로드웨이 연극이 상연되며, 뉴욕은 엔터테인먼트 산업의 중심지로 일컬어진다.

뉴욕은 언제나 재즈로 흘러넘친다. 지하철과 공원에서 스트리트 재즈 뮤지션들을 만나는 일은 일상의 풍경이다. 뉴요커들은 '올해의 지하철 뮤지션'과 같은 상을 만들어 이들을 기린다. 좀 더 정제된 연주를 듣고 싶다면, '블루 노트' 등 유명한 재즈 클럽의 공연을 찾아가면 된다. 야외 공짜 공연도 굉장히 많다. 여름밤에는 링컨 센터나 강변 공원에서 벌어지는 스윙 재즈 댄스파티를 만날 수 있다.

미국 그랜드캐니언(Grand Canyon National Park)

절벽 위에 설치된 전망대에서 협곡을 내려다보면 그 장엄함에 입이 떡 벌어지지 않을 수가 없다. 대자연의 엄청난 광경 앞에 서 있으면 사람이란 참으로 미미한 존재라는 사실을 깨닫게 된다. 노새를 타거나 걸어서 협곡으로 내려가는 트레일 코스와 경비행기를 타고 공중에서 내려다보는 관광도 가능하다. 강에 의해 침식된 계단 모양의 협곡과 색색의 단층, 기암괴석들은 일출이나 일몰 때 훨씬 풍부한 색감을 드러내므로 한낮보다는 새벽이나 저녁에 이곳을 찾으면 더욱 아름다운 광경을 볼 수 있을 것이다.

그랜드캐니언은 경관이 아름다울 뿐 아니라 학술적인 가치가 높은 곳이다. 1500m에 이르는 협곡의 벽에는 시생대 이후 20억 년 동안의 많은 지층이 그대로 드러나 가히 '지질학 교과서'로 불린다. 도시에서의 일상에 지치고 답답함을 느낄 때 이곳을 찾아보라고 권하고 싶다.

여행에 대한 좋은 글귀들을 소개한다.

한번쯤 음미해 보길 바란다.

To travel hopefully is a better thing than to arrive.
(희망차게 여행하는 것이 목적지에 도착하는 것보다 좋다.)
―로버트 루이스 스티븐슨

Certainly, travel is more than the seeing of sights;
it is a change that goes on, deep and permanent, in the ideas
of living.
(확실히 여행은 단순한 관광 이상이다. 여행은 삶에 관한 상념들에 계속
해서 일어나는 깊고, 영구적인 변화다.)
―미리엄 비어드

여행과 병에는 자기 자신을 반성한다는 공통점이 있다.
―다케우치 히토시

Travel is only glamorous in retrospect.
(여행은 되돌아보았을 때에만 매력적이다.)
―폴 서룩스

He who would travel happily must travel light.
(행복하게 여행하려면 가볍게 여행해야 한다.)
―생텍쥐페리

Be open to your dreams, people.

Embrace that distant shore. Because our mortal journey is over all too soon.

(사람들이여, 마음을 열어 꿈을 꿔라. 저 멀리 보이는 해안가를 향해 나아가라. 죽음을 향해 가는 우리의 여행은 너무도 빨리 끝나고 말 테니.)

—데이비드 아셀

Dream

6장

내 인생에
황금 펀치를 날려라!

내가 무엇을 좋아했고,

무엇을 하면 행복했는지 스스로에게 물어보자.

그리고 이제 자신에게 이렇게 말해주자.

'이제 너 자신을 위해 행복하게 살아도 된다'고 말이다.

중년 이후 50년. 남은 인생을 행복하게 살 것인지,

아니면 불행하게 살 것인지는 지금 당신의 선택에 달려 있다.

1
파티를
기획하라!

파티? 별거 아니다

중년의 남자는 놀 곳이 마땅치 않다.

"이번 모임은 또 어디서 모이지?"

"별거 있어? 고기 굽고 소주나 한잔하면 되지."

모처럼 모임을 가지려면 마땅한 장소를 찾기 힘든 데다 무얼 할지 몰라 머뭇거릴 때가 많다. 그저 모이면 하는 거라고는 술 마시는 일이 전부다. 그나마 술을 못 마시는 사람은 모임에 가서도 별로 할일이 없어 멀뚱멀뚱 앉아 있다가 오게 된다.

그렇다고 룸살롱 같은 곳을 마음 놓고 드나들기가 쉽지 않다. 너무 비싼 데다가 나이 들어 가봐야 재미도 없고 손님 대접도 제대로 못 받는다. 돈 많은 사장님쯤 되면 모를까 괜히 후줄근한 모습으로 가봐야 룸살롱에서 일하는 젊은 아가씨들에게 놀림감이 되기 십상이다. 대놓고 매력 다 떨어진 아저씨 취급을 하니 괜히 자존심 상하고 위축돼 제대로 못 놀고 오히려 기분이 상해서 오기 일쑤다. 그러다 보니 포장마차 같은 곳에서 만나 죽자고 마셔대는데, 결국 몸만 망가지고 배만 부르지 재미가 없다.

나는 우리나라 중년남자들이 재미있게 놀기 위해서는 미국식으로 파티를 해야 한다고 생각한다. 영화나 드라마를 보면 각종 파티 장면이 자주 등장한다. 상류층의 럭셔리한 파티에서부터 각종 모임을 위한 크고 작은 파티까지.

남의 파티를 보는 것은 이제 익숙한데 왠지 우리와는 맞지 않는다고 생각한다. 장소도 마땅치 않고 준비할 것도 많고, 돈도 많이 들 것 같고 말이다. 하지만 전혀 그렇지 않다.

파티는 그리 거창한 게 아니다. 조금만 신경을 쓰면 꽤 근사하고 재미있는 파티를 즐길 수 있다. 만약 주변에서 불러주는 사람이 없으면 직접 파티를 기획할 수 있다. 집에서 해도 되고 파티 공간을 빌려도 된다. 최근에는 파티를 위한 공간을 비교적 저렴하게 빌려주는 시스템이 잘 갖추어져 있다.

파티를 기획한다는 것은 그리 어려운 일이 아니다. 마땅한 장소를 마련하고 같이 놀고 싶은 사람들을 부르면 그만이다. 같이 놀고 싶은 사람들을 초대하면서 그들에게 와인이나 각자 먹고 싶은 음식 한 가지씩을 가져오게 해도 된다. 간단한 샐러드나 과일, 후식 같은 것을 말이다. 주최자는 장소를 제공하고 간단한 음료수나 음식 한 가지 정도만 준비하면 된다. 그렇게 하면 주최자는 별로 큰돈을 들이지 않고 멋지게 파티를 열 수 있다.

초대받는 사람들의 입장에서도 4~5만 원짜리 와인 한 병만 사가지고 가면 되기에 큰 부담이 없다. 그 돈으로는 칵테일 바에서 몇 잔 마시지 못하는 것을 알기에 마음속 깊이 '땡큐'를 연발하면서 기쁘게 참여할 것이다. 더구나 선물받은 양주가 거실 장식장에서 잠을 자고 있다면 그럴 때 갖고 가면 된다.

파티의 호스트는 간단한 음료수와 안주만 준비하면 되는데, 안주 준비가 귀찮으면 족발이나 치킨을 시켜서 먹으면 된다. 장소가 가장 큰 문제인데, 주변 친구들 중에 누군가는 파티 할 공간을 소유한 사람이 분명히 있을 것이다. 거창하게 멋진 공간이 아니라도 상관없다.

퇴근 후 비어 있는 개인 사무실이라도 좋고, 창고도 좋고, 아파트도 좋고, 아파트 옥상도 좋다. 사전에 아파트 관리사무실과 협의하면 옥상을 사용하고 청소만 제대로 하면 된다. 만약 아무리 찾아봐도 마땅히 공간이 없다면 소정의 금액을 지불하고 장소를 빌리는 방법을 생각해볼 수 있다. 일단 계획하고 실천해보라. 파티를 즐기는 기분은 생각보다 아주 즐겁고 재미있다.

나는 가끔 문화평론가 김갑수의 작업실에서 파티를 연다. 지하에 마련된 드넓은 공간은 아주 훌륭한 파티 장소가 되어준다. 3만 장이나 되는 LP판이 있고 커피머신이 있고 아무리 음악을 크게 틀어놔도 밖으로 새어나가지 않게 방음시설까지 완벽히 갖춰놓았다. 밤새도록 술을 마시며 수다를 떨고 또 노래를 불러도 누구 하나 시끄럽다고 찾아오는 이 없다. 이보다 더 좋은 파티 장소는 없지 않을까 싶을 정도다.

누구를, 어떻게 초대할 것인가?

파티! 상상만 해도 즐겁고 가슴 설레지 아니한가?

'장소를 마련했는데, 그럼 누굴 초대할 것인가?'

파티를 열 때 무엇보다 중요한 것은 멤버들이다. 물론 내가 좋아하는 사람들이겠지만 초대할 멤버들의 남녀 비율이 비슷하면 분위기가 더 좋을 수 있다. 꼭 쌍쌍파티나 짝짓기 게임을 하는 게 아니라고 하더라도 남녀가 같이 노는 편이 남자들끼리 술을 퍼마시는 파티보다 훨씬 부드럽고 재미가 있다.

남녀의 비율은 물론 참석자들의 친소관계 또한 고려해야 한다. 참석자 모두가 서로 친구 사이라면 편안하고 즐거운 분위기에서 파티를 즐길 수 있을 것이다. 반대로 아는 사람이 없어도 취미나 하는 일들이 서로 비슷한 사람들이라면 알아가는 재미를 느낄 수 있다.

그러나 만약 단 한 사람만 제외하고 나머지 사람들이 모두 아는 경우라면, 그 한 사람은 파티에서 소외될 가능성이 크다. 반대로 한 사람은 모든 사람들을 알지만, 나머지 사람들은 서로 모르는 경우라면 그것 역시 좋은 구성이 아니다. 한 사람에게만 모든 관심이 집중돼 자칫 파티가 지루해질 수 있기 때문이다. 때문에 파티를 계획할 때는 아는 사람과 모르는 사람의 수에 적절한 균형을 맞추는 게 중요하다.

"박사님, 오늘 저녁에 시간 되시면 오실 거죠?"

"아 그럼~ 그런데 어떤 사람들이 초대돼서 오는 거야?"

"와보시면 알 거예요. 기대하셔도 돼요."

나는 아나운서 김성경의 생일파티에 초대를 받아 설레는 마음으로 참석한 적이 있다. 그런데 그때 참석한 사람들의 면면이 너무나 좋았기 때문에 편안하면서 즐거운 시간을 보낼 수 있었다. 막내인 김성경은 언니 둘(큰언니와 둘째 김성령)을 메인 게스트로 불러서 참석자들과 유대관계를 강화하면서 파티의 분위기를 고급스럽고 편안하게 이끌었다.

초대된 멤버들은 나를 포함해 김성경이 친하게 지내는 연예인들, 그리고 당시 그녀와 프로그램을 같이하는 방송인들이었다. 그러다 보니 서로 아는 사람들도 있었고 초면인 사이도 있었는데, 아는 사람과 모르는 사람의 비율이 적당해서 어색하지 않고 시간 가는 줄 모르게 파티를 즐길 수 있었다.

플라톤과 김정일, 그들의 파티

파티는 단지 놀고 즐기기 위해서 여는 건 아니다. 사업하는 사람들은 파티를 통해 네트워크를 강화하고, 정치인들은 파티를 통해 세력을 강화한다. 또한 어떤 사람들에게는 교육의 시간이 된다. 그렇게 본다면 파티는 누구에게나 무엇인가를 얻을 수 있는 기회이기도 하다.

플라톤은 『법률』에서 연회와 교육(drinking party and education)을 연관 지으면서 구체적으로 파티와 리더십의 관계를 거론했다. 사람들이 모이게 되면 어떤 종류의 모임이 됐든 반드시 지도자가 있어야 하는데, 친구 간의 회합에서도 모임을 질서 있게 이끌어갈 인도자가 필요하다는 것이다.

"연회에 참석한 사람들도 군대와 마찬가지로 통솔자를 필요로 하겠지요? 반드시 그 사회를 잘 알아야 해요. 그는 그때 그 모임에서 우의를 한결 돈독히 하고 아울러 이 기회에 장차 우의를 더욱 증진시켜야 할 책임이 있으니까요. 연회의 주인공으로서 성실하고 현명한 사람을 추대해야 하겠지요?"

또한 같은 책에서 소크라테스와 클레이아스와의 대화를 통해 '연회법(파티)'에 대해 거론하면서 파티의 목적에 대해서 언급했다.

"연회법은 큰 이득은 없습니다. 전반적으로 교육의 효과를 통해 전쟁에서 승리한 사람들을 위한 것이지요."

그러자 클레이아스는 파티와 교육에 대해서 이렇게 되물었다.

"친목회 같은 것이 질서 있게 이루어지는 것을 교육상 중시하고 있나 보군요?"

결국 플라톤이 파티와 교육의 중요성을 연관지어 생각하고 있다는 것을 말하는 것이다.

플라톤은 또한 연회에서 빠질 수 없는 술에 대해 거론하면서 '술자리가 시험(test)과 훈련의 방법임'을 주장했다. 다시 말해 술자리를 통해 사람들의 지나친 대담성과 극도의 무분별한 자부심을 시험할 수 있다는 것이다.

김정일도 파티를 자주 연다고 알려져 있다. 그는 주로 '술 파티'를 여는데 자신의 가신 그룹을 더욱 견고하게 다지기 위해서라고 한다. 자신의 측근으로서 자부심을 갖고 더욱 충성하게 만들려는 것이다. 한마디로 그의 리더십 가운데 하나가 바로 '파티 리더십'이라는 것이다. 하지만 그가 술 파티를 자주 여는 데는 또 다른 속셈이 숨어 있다고 한다.

전문가들은 그가 당 간부들하고 술을 마시면서 그들의 성품까지 일일이 체크하는 것으로 추정하는데, '누가, 언제 배신할 사람'인지 가늠해보려는 게 아닌가 싶다. 다시 말해 연회(drinking party)를 통한 일석삼조(一石三鳥)의 효과를 노리는 셈이 아닐까? 물론 김정일 자신이 '파티광'이기에 파티를 자주 여는 것이겠지만, 파티를 정치에 이용하는 것 또한 사실인 것 같다. 김정일이 파티를 열어 당 간부들의 성격을 파악하고 연회를 통해 교육을 한다는 점에서 플라톤의 사상과 매우 유사하다고 볼 수 있다.

김정일은 파티가 있을 때마다 항상 두 가지를 강조했다고 한다. 하나는 당의 비밀을 지키라는 것이고, 다른 하나는 간부 개인들에 대해서 환상을 가지지 말라는 것이다. 북한은 폐쇄된 사회이니만큼 비밀 엄수가 중요할 것이고, 간부들끼리 환상을 가지지 말라는 것 또한 자기만 바라보게 하려는 통치 스타일일 것이다. 다시 말해 김정일은 자기만의 방식으로 연회를 통해 당 간부를 교육시키고 있는 것이다.

플라톤과 김정일의 파티를 통한 교육방식에는 차이가 있지만, 파티를 시험(test)과 훈련(교육)의 장소로 활용한다는 측면에서는 어느 정도 유사점을 찾을 수 있을 것 같다.

럭셔리한 파티는 파티플래너에게 의뢰하라!

'내 인생에서 뭔가 특별한 기억을 남기는 멋진 파티를 하고 싶다면?'

파티는 단지 즐기기 위해서가 아니라 어떤 목적에 맞게 이용할 수도 있다. 만약 약혼이나 결혼 피로연같이 격식을 제대로 갖춘 파티를 열고 싶다면 파티플래너에게 의뢰하면 된다. 파티플래너는 파티매니저라고도 불리는데, 주최자의 요구에 따라 파티에 대한 자문 · 기획 · 섭외 · 진행 · 연출에 이르기까지 모든 걸 책임져준다. 어느 정도의 비용을 감수해야 하지만 말이다.

18세기 조선에서도 파티플래너는 존재했다고 한다. 조선 후기 저잣거리에서 가장 중요한 역할을 담당하는 사람이 '별감'이었다고 하는데, 당시 '놀이' 담당 별감들은 연회 행사장을 꾸미고 기생을 불러 가무를 제공했다고 한다. 지금으로 본다면 영락없는 파티플래너인 셈이다. 동서고금을 막론하고 '먹고 노는 일'은 살아가는 데 없어서는 안 될 아주 중요한 행위가 아니었나 싶다.

파티플래너는 파티의 기획뿐 아니라 테마 선정, 세부적인 프로그래밍, 장식 · 진행 등 파티와 관련된 모든 일을 책임지고 해주기 때문에 상당히 고급스런 파티 분위기를 연출할 수 있다. 비용 문제만 감수할 수 있다면 일생에 몇 번 정도는 럭셔리한 파티를 여는 것도 생각해볼 만하다. 내 인생에서 아주 중요하고 의미 있는 파티라면 말이다.

럭셔리한 파티에서 빠질 수 없는 것이 바로 와인이다. 비용을 줄이려면 참석자들에게 와인 한 병씩을 가져오도록 미리 주문하면 된다. 각양각색의 와인을 시음하면서 와인에 관한 대화를 나누는 것도 파티의 지루함을 사전에 봉쇄할 수 있는 중요한 요소 중에 하나가 아닐까.

헤밍웨이는 이렇게 말했다.

"식탁의 와인만큼 대화를 도와주는 것이 있을까? 와인에 대한 지식은 문화의 일부분으로 예술, 음악, 문학과 마찬가지다. 와인은 세상에서 가장 문화적인 것으로 완벽한 자연의 산물이며, 다른 어느 것보다 커다란 즐거움과 감흥을 불러일으킨다."

꼭 와인이 아니라도 좋다. 내가 좋아하는 술이나 음식 또는 소품을 활용해 나만의 특별한 파티를 기획해서 열어보자. 그 재미에 한 번 빠지면 파티하는 즐거움이 삶의 활력소가 되어줄 것이다.

2
상비약처럼 준비해야 할
여행 가방

젊은 시절보다 훨씬 값진 중년의 여행

"젊은 시절에는 시간은 많은데 돈이 없고, 중년이 되면 돈은 있는데 시간이 없다."

우리는 곧잘 이런 말을 한다. 그래서 어디로 훌쩍 여행을 떠나고 싶지만 그게 쉽지 않다고 하소연한다. 하지만 나는 나이가 들수록 어떻게든 여행을 자주 가야 한다고 생각한다. 젊은 시절에도 여행을 통해 얻는 것이 많지만 중년의 여행이 훨씬 더 값지다고 생각하기 때문이다. 같은 장소로 여행을 가더라도 더 많은 것을 보고 느끼고 깨닫게 된다.

인생의 모든 풍파를 다 겪고 난 뒤라서 그럴까. 일상을 떠나 마주하게 되는 낯선 마을의 풍경이 정겹고, 자연이 주는 신비스러움은 감동적이기까지 하다. 젊은 시절이라면 결코 느껴보지 못한 감정들이다. 때문에 어디를 가더라도 멋진 풍경과 아름다운 자연의 섭리에 감동을 연발할 수밖에 없다.

나는 한 종편 채널에서 방송 중인 중년을 위한 여행 프로그램 「건강한 여행 휴(休)」를 즐겨 본다. '중년의 여행이란 바로 이런 것이다'라고 방향을 제시해준다.

"지금까지 살면서 뭐가 그리 바쁜지 제대로 된 배낭여행 한번 가본 적이 없어요."

프로그램에서는 아직 배낭여행 한번 못해봤다는 함익병 피부과 전문의와 강용석 변호사가 친구가 돼서 여행을 떠난다. 여행이라고 해서 거창하게 준비를 갖춰 떠나는 것이 아니라 둘이서 가볍게 나들이하듯 떠나는데, 그래도 재미있고 유익할 수 있다는 것을 충분히 보여준다. 그들의 여행지는 일본의 나가노였다. 동계올림픽을 치른 곳이니만큼 높고 멋진 산이 많은 자연 휴양림이자 최근에는 장수마을로 떠오르는 핫한 곳이다. 둘 다 전문직이라 머리를 많이 쓰는 데다 스트레스도 많을 것이다. 두 사람은 부담 없는 캐주얼한 여행을 통해 서로 간에 힐링을 경험한다. 5대째 가업을 이어오고 있다는 나고야의 한 음식점에서 130년 전통의 장어덮밥 '히쓰마부시'를 맛보면서 느끼는 행복감…. 자칭타칭 꽃중년이라 불리는 두 사람이 모든 삶의 무게를 내려놓고 자연인으로 돌아간 모습이 마냥 여유롭게 보인다. 여행을 하는 내내 끝없는 수다를 떨며 토닥토닥 장난치는 모습은 마치 소년시절로 돌아간 듯 순수하게 다가온다. 그러다가도 진지하게 건강에 관한 정보를 교환하거나 토론하는 모습에서 젊은이들의 여행과는 다르다는 것을 확실히 느끼게 된다.

이들처럼 중년의 나이에는 삶의 노하우가 있기 때문에 누구나 여행을 통해 자유, 여유, 정보, 삶의 깨달음 같은 것을 동시에 느낄 수 있다. 그래서 틈나는 대로 여행을 떠나라고 말하고 싶다. '여행을 통해 인생의 참맛을 즐기라'고 말이다.

여행을 간다고 해서 오래 계획하고 준비할 필요는 없다. 배고프면 밥을 먹고 졸리면 잠을 자는 것처럼 여행을 하고 싶으면 당장 떠나면 된다. 매일 똑같은 옷을 입을 수 없고 365일 똑같은 메뉴로 밥을 먹을 수 없듯이, 어떻게 매일 똑같은 일상을 반복하면서 평생을 살 수 있겠는가?

"시간은 활시위를 떠난 화살촉 같다"는 말처럼 세월은 눈 깜짝할 사이에 지나간다. 흐르는 시간을 잡을 수 없듯이 누구나 금방 늙어가게 마련이다. 누가 시킨 것도 아닌데 일상의 노예로 살다가 세상을 떠날 때쯤 '내가 왜 이렇게 살았지?' 하고 후회해봐야 소용이 없다. 신이 주신 이 세상은 어마어마하게 넓고 또 엄청나게 아름답다. 그걸 직접 밟고 보고, 만지고 느낄 자유까지 우리네 인간은 가지고 있는 것이다.

"Just do it!"

즉흥적인 여행의 즐거움

"너는 아느냐, 미지의 나라에 대한 향수와 조바심 나는 호기심, 우리들을 비참한 일상으로부터 해방시켜줄 이 알 수 없는 열병을? 너를 닮은 그 나라에서는 모든 것이 아름답고 풍요하며, 고요하고 기품이 있어 공상만 하여도 하나 이상의 나라가 생겨나고 삶은 호흡하기에도 부드럽고 행복은 침묵과 결합한다. 우리가 살아야 할 곳이 그곳이며 우리가 죽음을 기다려야 할 곳도 그곳이다."

—보들레르, 『여행에의 초대』

보들레르가 말한 것처럼 숨이 막히고 비참한 일상에서 해방되려면 언제든 마음 내킬 때 떠나야 한다. 계획된 여행보다는 즉흥적인 여행에서 더 멋진 감동을 받기가 쉬운 법이다. 꼭 유명하고 비싼 휴양지가 아니더라도 1박2일 멋지게 즐길 여행 코스는 너무나 많다. 우리나라에서 아직 가보지 않은 곳들이 얼마나 많은가. 기분이 울적해지거나 외로움을 느낄 때면 주저 없이 떠나야 한다.

반대로 기분이 좋고 일이 술술 잘 풀릴 때도 여행을 떠나라고 권하고 싶다. 여행지에서 자연과 함께 시간을 보내다가 자신을 돌아보면 스스로 겸손해지게 마련이다. 신이 창조한 대자연 앞에 서면 인간은 한낱 먼지 같은 존재라는 사실을 실감하게 되는 것이다. 별것도 아닌 일에 흥분하고 일희일비(一喜一悲)하며 목숨을 걸었던 못난 자신을 발견하고는 숙연해질 수밖에 없다.

음악의 장르 가운데 재즈의 매력은 즉흥적으로 연주하는 자유로움에 있다고 할 수 있다. 여행도 마찬가지라서 미리미리 계획하고 예약하고 잔뜩 기대하고 떠난 여행은 오히려 피곤할 수 있을 것이다. 즉흥적으로 간단하고 자유롭게 떠나는 여행은 마치 나이트클럽에서의 즉흥 만남처럼 신선하다고나 할까? 즉흥 여행의 즐거움은 해보지 않은 사람은 아마 상상조차 할 수 없을 것이다.

즉흥 여행을 위해서는 항상 자동차 트렁크에 여행가방을 비치해 두어야 한다. 언제든 떠날 준비를 하고 있어야 여행이 현실이 되는 법이다. '세면도구, 내의, 티셔츠, 반바지, 슬리퍼, 책'과 같은 물품 이 트렁크에 비치되어 있다면 그냥 떠나면 되는 것이다.

심한 스트레스를 받은 날은 퇴근 후 술집으로 향하는 대신 가까 운 청평이라도 달려가보자! 복잡한 도심을 벗어나 호숫가 식당에서 송어회에 소주 한잔 기울이면 마음이 금방 누그러질 것이다. 혼자 중요한 결정을 내려야 할 때 가까운 휴양림을 찾아 새소리를 듣고 숲 향기를 가득 맡는다면 후회 없는 판단을 내릴 수 있을 것이다.

어느 날 MBN 방송국에서 기자생활을 하는 친한 후배 이정석이 전화를 걸어왔다.

"선배, 이번 주말 어때요? 혼자 떠나는 것도 좋지만 이번엔 선배 와 함께하면 좋을 것 같아요."

여행을 너무나 좋아하는 후배다. 그래서 그는 주말마다 무조건 여행을 떠나곤 하는데, 그의 차에는 여행에 필요한 모든 물품이 빠 짐없이 비치되어 있다. 텐트는 기본이고, 침낭, 식기, 여행용 의자, 랜턴, 심지어 야외용 스피커까지 자동차에 싣고 다닌다.

"좋아. 그러잖아도 떠나고 싶었는데."

그렇게 해서 그 후배와 단 둘이서 즉흥적으로 안면도로 떠난 적 이 있었다. 물론 나는 아무런 준비 없이 그의 차에 무임승차한 뒤 안면도에서 1박2일간을 보냈다.

빈손으로 간 나는 그의 차에 비치되어 있던 물건들이 얼마나 소중하게 느껴지던지…. 그리고 그때 나는 처음으로 '남자 둘이서 여행을 가도 즐겁구나!' 하고 생각했다.

별이 쏟아질 것 같은 안면도의 밤하늘. 명당자리에 텐트를 치고 밤새 술을 마시고 음악에 취한 그 밤, 나는 쏟아지는 별빛만큼이나 행복했다.

즉흥 여행을 떠나려면 굳이 목적지를 정하지 않아도 된다. 그냥 차를 몰고 서울을 빠져나가면 모든 것이 새롭게 느껴질 것이다. 시골 장터가 구수하고, 미장원 간판이 친근하고, 월남치마를 입은 아주머니들의 모습이 정겹다. 그러다가 어느 시골 초등학교의 운동장을 거닐게 되면 가슴이 뭉클해지기도 한다. "청군 이겨라, 백군 이겨라!" 운동장을 가로지르며 열심히 뛰었던 그 시절의 내 모습이 보이는 것 같아 나도 모르게 추억에 젖어들게 된다. 그러다 운동장을 빠져나오면 대도시에서는 잘 볼 수 없는 사진관의 쇼윈도에 걸린 가족사진들이 마치 영화의 한 장면같이 느껴진다.

나는 서울 출신이고 오사카, 워싱턴 D.C., 뉴욕 등 대도시에서만 외국생활을 했기 때문에 시골마을에 가면 나도 모르게 흥분이 된다. 그리고 모든 것이 정겹고 아름답게만 느껴진다.

"아직도 저런 이발관이 있네~. 영화에서나 나오는 장면인 줄 알았는데…."

눈에 보이는 모든 것에 감탄사를 연발하니 같이 여행을 갔던 일행들은 하나같이 나에게 "오버하지 말라"며 충고한다. 원래 오버를 잘하는 성격이지만 모든 것이 신기하고 새로운 시골 모습에 절로 흥분이 되는 걸 어떡하란 말인가?

　나와 반대로 시골에서 살아가는 사람들이라면 대도시의 모습을 마주하면서 흥분하게 될 것이다. 빽빽한 도심의 빌딩 숲에 흥분이 될 것이고 세련되고 늘씬한 도시의 젊은 여성들이 거리를 활보하는 모습에 눈이 휘둥그레질 것이다. 더욱이 도심의 밤거리는 어떤가? 화려한 네온사인과 사람들을 유혹하는 상가와 술집들…. 대도시 밤거리는 시골사람들에게 더없이 멋진 신세계의 여행지가 될 것이다.

자연은 신이 우리에게 준 선물

여행의 묘미는 대자연을 만나는 것이라고 생각한다. 대자연은 인간이 도저히 정복할 수 없는 성역(聖域)인 동시에 인간을 편안하게 쉬게 하는 안식처다. 대자연 앞에 서면 아무리 힘센 인간도 나약하다는 것을 깨닫게 되고, 반대로 보잘것없는 처지의 잔뜩 위축된 인간도 대자연 앞에서 힘을 얻을 수 있기 때문이다.

　그렇기에 대자연과 인간은 동서고금을 막론하고 늘 예술가들의 영원한 화두요, 과제였는지 모른다.

　19세기 초 독일을 대표하는 낭만주의 작가인 프리드리히는 대자연의 풍경화를 그린 화가로 유명하다. 그의 관심사는 늘 신비롭고 엄청난 자연과 이기적이고 보잘것없는 인간의 관계였는데, 그는 늘 이 두 가지를 그만의 예술적 표현으로 그려냈다. 그에게 자연은 절대적 존재이자 신비로운 성역 같은 곳이면서 인간과 모든 생명의 안식처였다.

영국의 작가 W. H. 허드슨(1841~1922)의 소설 『녹색의 장원』에는 대자연과 인간의 관계가 잘 그려져 있다. 『녹색의 장원』은 1887년 남아메리카의 가이아나에 망명 중이던 '아벨'이라는 남자가 베네수엘라의 밀림지대를 모험하면서 겪는 내용을 그린 작품이다. 소설에서는 주로 주인공이 겪는 드러난 현실보다는 정신적인 모험에 초점을 맞춰 이야기가 전개된다.

주인공 아벨은 돈이면 뭐든지 할 수 있고 돈을 벌 수 있는 일이면 물불 안 가리는 야성적인 사나이다. 그런데 대자연을 접하고 교류하면서 야수 같고 욕심 많던 주인공은 서서히 변해간다. 그가 갖고 있던 인간 본연의 순수성에 눈을 뜨게 된 것이다. 어쩌면 우리도 그 소설의 주인공처럼 조금은 탐욕스럽게 이 세상을 살아가는지 모른다. 그렇기에 대자연을 마주하게 되면 나약한 나의 존재를 인정하고 순수한 본연의 모습을 찾게 되지 않을까?

실제로 나는 소설 『녹색의 장원』 속의 주인공처럼 대자연을 경험한 적이 여러 번 있었다. 그 가운데 하나가 바로 남미의 브라질, 파라과이, 그리고 아르헨티나, 이렇게 삼각 국경지역에 있는 '이과수' 폭포였다. 나는 이과수를 보고 나서 엄청난 대자연의 광경 앞에 무릎을 꿇지 않을 수 없었다.

'이과수'는 원주민 '과라니 족'이 붙인 이름으로 '큰 물'이라는 뜻인데, 나 역시 그 폭포를 바라보며 한동안 말을 이을 수 없었다. 오죽하면 미국 루스벨트 대통령의 아내 엘리너는 "불쌍한 나이아가라!"라고 탄식을 했을까! 나이아가라보다 엄청난 '이과수' 폭포를 보면서 차마 다른 말로는 형용할 수 없어 그렇게 탄식처럼 내뱉은 말일 것이다. 그것은 세계를 쥐락펴락 하는 최강대국 미국의 대통령 아내로 폼을 잡고 살아왔지만 대자연의 엄청난 힘 앞에서 보잘 것없는 '나'를 발견했다는 고백일 수도 있을 것이다. 나 역시 이과수 폭포 앞에서 그 같은 심정으로 무릎을 꿇었으니 말이다.

이과수 폭포는 너비가 4.5km에 평균낙차가 70m로 규모만을 놓고 본다면 세계에서 가장 큰 폭포다. 게다가 크고 작은 폭포까지 합하면 무려 275개나 되기 때문에 폭포를 바라보고 있으면 대자연의 신비로움이 살아 숨 쉬는 성역 같은 느낌마저 든다. 인간의 손이 닿지 않은 원시림으로 뒤덮인 주변은 폭포와 삼림과 계곡이 어우러져 장관을 연출한다. 그렇기 때문인지 영화 「미션」의 배경도 바로 이곳이다.

세상사에 시달리고 지칠 때 도시를 떠나 자연 속으로 들어가보자. 그곳에서 휴식과 위로를 얻고 다시 내 자리로 돌아올 수 있을 것이다.

3
세계 일주?
별거 아니다!

돈이 없어도 떠날 수 있는 세계여행

세계일주를 떠나려고 열심히 돈을 모으고 있는가? 하지만 반드시 돈이 있어야 떠날 수 있는 건 아니다. 요즘은 해외여행이 일상화되면서 젊은이들도 최소한의 비용만 가지고 여행을 떠난다. 적당히 여행하다가 그 나라 사정에 밝아지면 아르바이트를 하면서 여행경비를 만드는 것이다. 접시 닦기, 서빙 등 찾아보면 할 수 있는 아르바이트는 다양하다. 그래서 대학생들의 경우 일을 하면서 3개월, 6개월, 길게는 1년 동안 외국생활을 하고 돌아온다.

중년이라고 해서 못할 일은 없지 않을까? 누구나 자신만이 잘하는 특기가 있을 것이다. 어떤 사람은 수학을 잘하고, 어떤 사람은 피아노를 잘 치고, 어떤 사람은 요리를 잘한다. 이렇게 당신이 잘하는 그 무엇들이 세계일주를 하면서 돈을 벌 수 있는 무기가 되는 셈이다.

참고로 우리나라 사람들의 수학실력은 세계 최고수준이다. 아마 대학을 나온 정도라면 어느 나라에서나 수학 과외선생을 할 수 있을 것이다. 우리나라에서 영어강사를 하는 백인들 가운데는 실력도 없고 대학 문턱에도 가보지 않은 사람들이 적지 않다고 들었다. 그들 가운데 일부분은 아주 높은 임금을 받으면서 세계여행을 하고 있는 것이 아닐까? 6개월은 한국에서, 다음 6개월은 일본에서, 그 다음은 중국, 대만 등에서 여행을 계속할 수 있는 것이다. 영어권에서 태어나고 피부 색깔이 다르다는 것이 그들의 유일한 무기인 셈이다.

만약 해외에서 수학을 가르칠 수 없다면 한국어를 가르치면 된다. 한국 사람이 한국어를 가르친다면 해외 어느 나라에서나 대접받을 수 있을 것이다. 그게 여의치 않으면 한국식당에 취직하는 방법도 있다.

내가 아는 후배는 여행 중 경비가 떨어져 급한 대로 한국식당을 찾아가 사정했다고 한다.

"여행 경비를 마련해야 하는데 한 달만 아르바이트를 할 수 없을까요. 서빙, 접시 닦기 아무 일이나 괜찮아요."

"종종 한국 젊은이들이 이렇게 찾아온답니다. 아르바이트가 필요하지는 않지만 바쁜 시간에만 한번 해봅시다."

다행히 주인은 야박하게 굴지 않고 후배를 한 달간 채용해주었다고 한다. 세계 어디를 가나 한국식당이 있다. 정 급할 때면 후배처럼 한국식당을 찾아가 사정을 해볼 수 있을 것이다.

만약 요리에 자신이 있다면 좌판을 펼치고 한국식 빈대떡을 부쳐서 팔면 불티나게 팔릴 수도 있다. 장사에 자신 있는 사람이라면 한국에서 액세서리 같은 것들을 공수받아 길거리에서 좌판을 놓고 파는 것도 방법이다. 마음만 먹으면 할 수 있는 일은 무궁무진하다.

남미에서는 '벤데도르(vendedor)'라고 불리는 외판원들을 직업으로 가진 사람들이 많다. 그들은 주로 한국 사람들이 운영하는 봉제공장에서 옷을 구입한 뒤 큰 가방에 넣고 다니며 판매한다. 마치 우리나라의 1960~70년대 아줌마 외판원들이 화장품이나 옷가지들을 보따리에 넣고 다니며 팔던 것과 같은 모습이다. 이렇게 세계일주를 하면서 현대판 보따리장수를 하는 방법도 있다.

누구나 해외에서 '벤데도르'를 할 수 있다. 언어가 문제라면 간단하게 그 나라 말만 익히면 되는 것이다. 복잡한 회화는 필요 없고 간단하게 숫자와 인사말 정도만 알면 얼마든지 장사할 수 있다. 우리가 해외에 가서 간단하게 쇼핑을 하는 것처럼 '가격' 정도만 말해 줄 수 있으면 되니까 말이다.

아일랜드 태생의 '봉이 김선달'

얼마 전 영국을 열광시킨 TV 다큐멘터리 「80일간의 거래일주」는 나에게 깊은 인상을 남겼다. 다큐멘터리의 내용은 한마디로 세계일주를 하면서 돈을 버는 한 남자의 이야기인데 원작인 『나는 세계일주로 경제를 배웠다』를 근간으로 영상물을 만든 것이다. 책의 저자인 코너 우드먼은 세계적인 컨설팅 회사의 전직 애널리스트로 6개월 동안 세계를 여행하면서 직접 물건을 사고팔면서 체험한 경제를 아주 실감나게 소개한다.

그는 모로코, 수단, 잠비아, 남아프리카공화국, 인도, 키르기스스탄, 중국, 일본, 브라질, 멕시코 등 본인이 가보고 싶었던 모든 나라에 여행을 가서 돈이 될 만한 일이면 무엇이든 했다고 한다.

"낙타에서부터 커피, 말, 와인, 목재까지 돈이 될 만한 것은 무엇이든 사서 팔았죠. 그런 일을 반복하면서 비즈니스와 사람, 경제의 본질을 비로소 이해하게 되었습니다."

4대륙 15개국에서 장사하면서 겪은 일들을 어찌 다 말로 할 수 있을까? 그는 성공과 실패를 거듭하면서 상상조차 못한 난관에 부딪히기도 했다. 언어와 문화가 전혀 다른 나라에서 장사를 한다는 게 결코 쉬운 일은 아니었을 것이다. 다큐멘터리에서는 그가 겪어야 했던 곤경과 어려움을 극복해가는 과정을 생생하게 보여주었다.

나는 저자인 우드먼이 애널리스트 출신이자 경제학 전공자여서 돈벌이에 능숙할 것이라고 생각했다. 그러나 이국(異國) 땅에서 마주한 능수능란한 상인들은 결코 만만한 상대가 아니었다. 고비고비마다 전혀 예상치 못했던 사건이 터져 곤경에 빠지기도 했는데, 그런 에피소드들은 단순한 재미를 넘어 섬뜩함을 주었다.

수단에서는 낙타를 구입하려다가 스파이로 몰려 감금될 뻔한 적이 있었고, 멕시코에서는 서핑보드를 팔려다가 익사 위기에 처하기도 했다. 일본에서는 어선을 타고 나가 3일 밤낮을 고생했는데 고작

150엔(약 2000원)밖에 벌지 못하는 수모를 당했다.

하지만 그가 6개월 동안 여행하면서 벌어들인 돈을 한국 돈으로 환산하면 5000만 원 정도다. 여행을 시작할 때 5000만 원 정도의 돈을 들고 나섰는데, 여행을 마치고 돌아올 때는 1억 원을 들고 왔으니 세계일주를 하면서 투자금의 배의 수익을 올린 셈이다.

많은 어려움을 겪었지만 결국 그는 자신의 목표인 세계일주를 하면서 돈도 벌어들인 셈이다. 그뿐만 아니라 그 이후 방송과 책이 큰 인기를 끌면서 강연 요청이 쇄도하는 바람에 애널리스트로 일할 때보다 훨씬 더 많은 돈을 벌고 있다. 하지만 가장 중요한 건 그가 세계일주를 하면서 정말 행복했고 그 무엇과 바꿀 수 없는 일생일대의 소중한 경험을 했다는 것이다. 아마도 그는 억만금을 주어도 바꿀 수 없는 값진 보물 같은 추억을 자신의 인생 저장고에 차곡차곡 쌓아놓았을 것이다.

그의 겁 없는 도전은 모든 꿈을 접고 일상에 파묻혀 하루하루 근근이 살아가는 한국의 중년남자들에게 용기와 희망을 제시해준다.

무일푼으로 세계일주한 독일 남자

돈 한 푼 없이 빈손으로 세계일주에 성공한 독일인도 있다. 그는 코미디언 '미카엘 비게'로 2012년 한국에서 화제가 된 적이 있다. 한국 나이로 39세. 막 중년의 나이에 접어든 그는 베를린에서 출발해 150일 동안 전 세계를 누비고 다녔는데, 무전여행(無錢旅行)을 위해 남의 차를 얻어 타는 히치하이킹은 기본이고 노숙마저 서슴지 않았다.

여행 초반에는 노하우가 없어서 쓰레기통을 뒤져 음식을 먹기도 했다고 한다. 그러나 차츰 해외생활이 익숙해지면서 청소, 설거지 등을 해주고 음식을 받는 방법으로 끼니를 해결하고, 일반인들에게 느닷없이 "하룻밤 재워줄 수 있냐?"고 청해서 숙박비를 해결하기도 했다고 한다.

여행경비를 마련하기 위해 길거리에서 '베개싸움'을 하고, 심지어 '인간 소파'가 되기를 마다하지 않았다고 한다. 그의 무전여행은 남극을 끝으로 대장정의 막을 내렸는데, 많은 고생을 한 것 같지만 정작 그의 얼굴은 더할 수 없이 행복해 보였다. 만약 넉넉한 경비를 갖고 호화 여행을 했다면 그 같은 행복한 얼굴을 할 수가 없지 않았을까 싶다.

"여행을 통해 얻게 된 건 무엇보다 돈으로 바꿀 수 없는 소중한 경험이었습니다. 여행 중에 백만장자를 만나기도 하고 노숙자를 만나기도 했는데, 그런 다양한 사람들과의 만남을 통해 삶의 의미를 다시 한 번 되새기는 계기가 됐습니다."

그는 무전여행을 통해 '돈의 의미', '삶의 의미', '행복의 의미' 등 값진 지혜를 배우는 축복을 얻었다고 고백했다. 그리고 값진 경험을 했을 뿐만 아니라 자신감도 함께 얻었다고 했다.

그는 자신의 여행담을 담은 책『땡전 한 푼 없이 떠난 세계여행 (How to Travel the World for Free: I Did It, and You Can Do It, Too!)』을 출간하기도 했다.

중년의 나이에 행복하려면 자신감이 중요하다. 자신감이 있어야 일도 잘되고 가정도 편안하고, 싱글인 경우 연애도 술술 잘 풀린다. 어깨가 축 늘어져 자신감을 잃어버린다면 모든 것이 끝장나고 말 것이다. 그런 의미에서 무일푼으로 배짱 좋게 세계일주에 도전하고 고진감래 끝에 여행을 잘 마무리한다면 모든 일에서 자신감을 회복할 수 있지 않을까.

'꿈을 쫓는 모험가' 김찬삼

우리나라에도 일찍이 세계여행에 도전한 용감한 사람이 있었다. 바로 김찬삼(1926~2003)이다. 그는 우리나라에서 해외여행의 개척자로 인정받는 독보적인 인물로 1958년부터 3년에 걸쳐 제1차 세계일주 여행을 마쳤다. 이후에도 30여 년 동안 세 번에 걸쳐 세계일주를 했고 20여 회의 테마여행을 통해 160여 개국, 1000여 개의 도시를 방문했다. 이를 거리로 환산하면 지구를 32바퀴 돈 것과 같고, 시간으로 치면 여행에만 꼬박 14년을 할애한 셈이다.

그는 법관의 아들로 태어났지만 보통 사람들처럼 출세만을 쫓지 않았다. 자신의 꿈이었던 탐험가가 되기 위해 평생을 도전하는 삶을 살았다. 지리와 역사를 가르치던 교사 시절에 학생들에게 직접 본 것을 가르치겠다는 마음으로 세계여행을 꿈꾸고 실행에 옮겼던 것이다.

김찬삼은 모험심이 강한 괴짜였던 것 같다. 자신이 어린 시절부터 존경하는 슈바이처를 직접 만나기 위해 아프리카 오지로 찾아갈 정도였으니 말이다. 어린 시절 마르코 폴로의 『동방견문록』을 읽고 나서는 언젠가 그 길을 거슬러 '김찬삼의 서방견문록'을 쓰겠다고 다짐했는데, 실제로 그는 꿈을 이루기 위해 예순 살이 넘은 나이에 '실크로드' 여행길에 올랐다. 그는 한마디로 '꿈을 쫓는 모험가'였다. 그가 작성한 세계 곳곳에서의 생생한 여행담은 그의 제자들뿐 아니라 우리 민족에게 꿈과 용기를 심어주었다.

예순이 넘은 나이에도 불구하고 무전으로 세계일주에 나선 김찬삼의 용기와 꿈은 지금의 무기력한 40~50대 중년남자들에게 경종을 울리고 있다.

4

악기로 마음을
사로잡아라!

악기 다루는 남자에 약한 여성심리

'너의 침묵에 메마른 나의 입술, 차가운 내 눈빛에 얼어붙은 내 발자욱~.'

대학시절 양희은의 히트곡 「이루어질 수 없는 사랑」은 통기타를 치는 사람들의 지침서 같은 노래였다. 기타를 치면 제일 먼저 배우는 노래가 이 노래였기 때문이다. 우리 시대에는 통기타가 유행했기 때문에 남학생들이 청바지에 기타를 메고 다니면 여학생들의 시선을 한눈에 받고는 했다. 이상하게 여성들은 기타 잘 치는 남자들을 좋아했기에 통기타를 치면서 팝송 한두 곡 정도 부르는 친구들은 어디에 가나 여성들의 인기를 독차지했다.

여자들은 젊든 나이를 먹었든 간에, 악기를 잘 다루는 남자들에게 약한 것 같다. 왜일까? 여자들이 천성적으로 남자들보다 감성적이어서 그런 것 같다. 남자는 동물적이라서 그런지 일단은 예쁜 여자들에게 끌린다. 하지만 여자들은 남자가 잘생겼다고 무조건 넘어가지는 않는다. 오히려 그 남자의 독특한 매력이나 능력에 끌리는 것 같다.

그래선지 악기를 잘 다루는 남자는 여심을 끌기에 충분한 조건 하나를 가지고 있다고 생각한다. 못생긴 여자의 피아노 실력이 아무리 수준급이라고 해도 남자들은 그 여자를 내 여자로 만들고 싶어 하지 않는다. 하지만 못생긴 남자라도 악기를 잘 다루면 여자들은 그 남자에게 마음을 빼앗기기 쉽다.

나도 피아노 연주 솜씨가 자칭타칭 수준급이다. 모임 같은 데서 우연찮게 피아노를 연주하면서 노래를 부르면 여성들의 태도가 달라진다. 나를 보는 시선이 확실히 호의적으로 바뀌는 것을 금세 알 수 있다.

"언제부터 피아노를 치셨어요? 실력이 보통이 아닌데요? 너무 좋았어요."

심지어 신청곡을 부탁하는 여성들도 있다. 그럴 때면 내가 그저 그런 보통 남자에서 꽤 괜찮은 남자가 된 것 같아 기분까지 으쓱해진다.

그래서 여자의 마음을 사로잡고 싶다면 악기 하나쯤은 다루라고 권하고 싶다. 물론 악기를 다루는 직업을 가지고 있다면 더없이 좋겠지만, 아마추어라도 어느 정도 악기를 다룰 수 있다면 여심을 사로잡기에 충분하다. 프로급으로 잘 연주하지 않아도 남자가 악기를 연주하면 반전의 매력을 발산할 수 있기 때문이다.

평소 무식할 정도로 터프한 남자가 피아노를 치거나 플루트를 연주하면 그 의외성에 여성은 놀라게 된다. 반대로 공부만 열심히 했을 것 같은 엄친아 타입의 의사, 변호사, 교수가 피아노를 치면서 노래를 부르면 여성들은 "어라~" 하면서 심장이 두근거리게 마련이다. 사업에 매달려 일만 할 것 같은 남자가 기타를 치면서 발라드를 부른다면 여성들은 그 남자 역시 다시 볼 것이다.

언젠가 박신양이 SBS 드라마 「파리의 연인」에서 피아노를 치면서 노래를 부른 적이 있다. 유리상자의 「사랑해도 될까요」를 불렀는데 이 노래까지 덩달아 사람들에게 큰 인기를 끌었다. 드라마의 한 장면이었지만 박신양의 피아노 치는 모습은 여성 시청자들의 마음을 흔들어놓기에 충분했다. 극중에서 박신양의 피아노 실력은 프로급이 아니었는데도 마치 자신이 여자 주인공이 된 것처럼 많은 여성들이 부러워했다. 드라마가 방송된 이후 한동안 피아노 연주를 하면서 프러포즈하는 게 유행이었을 것이다.

이상순의 기타에 반해버린 이효리

이효리와 이상순의 결혼은 모든 남성들에게 충격이었다. 매력적이고 섹시한 톱스타 이효리가 재벌도 아니고 슈퍼스타도 아닌, 평범하고 가난하고 못생긴 기타리스트와 결혼하다니 믿어지지 않았던 것이다. 그러나 그 후 그런 선택을 한 이효리를 남자들은 더 좋아하게 되었다.

이효리는 「힐링캠프」에 출연하여 이상순의 집에 놀러 갔을 때 처음에는 오래된 옥탑방에 사는 그에게 실망했다고 털어놨다. 그런데 나름대로 잘 꾸며놓고 기타를 연주하는데 방음할 필요가 없는 옥탑방에서 살면서 다른 사람 시선에 신경 쓰지 않으며 행복하게 사는 그를 보면서 반하게 되었다고 한다.

"오빠 나랑 결혼해줘서 정말 고맙고, 내가 혼자 남겨두고 서울에 녹화하러 올 때마다 미안하고. 그렇지만 오빠 치는 기타, 이런 걸로 산 거 알지?"

이효리는 또 다른 방송에 나와 남편 이상순에게 영상편지로 이렇게 전하며 애정을 표현했다.

"내가 열심히 해서 오빠 원하는 악기 다 사줄게. 사랑해~."

이상순의 기타 치는 모습이 너무 멋지기 때문에 기타는 얼마든지 사준다고 말하는 이효리가 너무 멋있게 보였다. 같은 남자로서 그가 정말 부러웠다.

이효리는 블로그를 통해 제주도에서의 일상 사진들을 공개하기도 했다. 특히 '상순과 나'라는 글과 함께 여러 장의 사진을 올렸는데, 남편의 기타 연주에 맞춰 미소를 짓는 등 행복한 표정을 감추지 않고 있다. 이효리는 남편 이상순의 기타 치는 모습에 정말 반했나 보다. 행복해서 미치겠다는 표정이 그걸 잘 말해주는 듯하다.

정치인의 악기연주는 선거전략 중 최고

악기로 상대의 마음을 사로잡는 건 남녀 사이에서만 통하는 전략이 아니다. 정치인들도 연주하는 모습을 종종 선거전략에 활동한다. 클린턴 전 미국 대통령은 색소폰을 멋지게 연주해 미국인들의 마음을 단번에 사로잡을 수가 있었다. 가뜩이나 열정적인 이미지를 지닌 클린턴이었기에 색소폰을 연주하는 그의 모습은 최고의 남성미를 풍기기에 충분했던 것이다.

노무현 전 대통령의 어설픈 기타 솜씨는 대중들을 열광하게 만들었다. 그의 투박한 목소리와 초보실력의 기타 연주가 앙상블을 이루면서 대중의 심금을 울렸던 것이다. 만약 그의 기타 솜씨가 수준급이었다면 오히려 잘 어울리지 않았을지 모른다.

박근혜 대통령의 피아노 실력은 대단하다. 대통령의 딸인 데다 공부도 잘하는 원칙주의자인 그녀는 피아노 실력이 수준급이어야 어울린다. 노무현 전 대통령과 반대로 만약 박근혜 대통령의 피아노 실력이 초보였으면 오히려 이상했을 것이다. 아버지 박정희 전 대통령도 중급 이상의 피아노 실력을 가진 것으로 알려졌다.

오세훈 전 시장도 드럼 연주를 선보이면서 대중들에게 강하게 어필했다. 그는 2007년 서울 드럼페스티벌에서 알렉산더 버시바우 주한미국 대사와 함께 드럼 연주를 해서 화제가 되었다. 오 전 시장의 드럼 솜씨는 비록 초보 수준이었지만 빠른 박자의 리듬 앤드 블루스인 원곡을 큰 실수 없이 소화해냈다. 반면 함께 참여했던 버시바우 대사의 드럼 연주 실력은 프로 수준이었다.

이렇듯 악기를 연주하는 것은 자신의 이미지를 긍정적으로 만들 뿐 아니라 대중의 마음을 사로잡는 마법 같은 힘을 갖고 있다.

6개월만 투자하라!

'악기를 배우고 싶은데 이제 시작해서 언제 연주를 해~.' 이런 생각을 할 수 있다.

물론 사람의 능력에 따라 다를 수 있지만, 일반적으로 피아노와 바이올린 같은 악기는 중년의 나이에 처음 배우기에는 다소 무리가 따른다. 생각보다 많은 시간과 노력을 투자해야 한다. 그래도 그 악기가 너무나 좋아서 꼭 배우고 싶다면 중년의 나이라고 포기할 이유는 없다.

하지만 각고의 노력을 한다는 것 자체는 다른 한편으로는 스트레스가 될 수 있기 때문에 가급적이면 쉬운 악기를 택해서 배우는 것이 현명하다. 프로로 전향할 것도 아니고 취미로 악기 연주를 하고자 시도하는 것인데, 굳이 스트레스를 받으면서까지 배울 필요는 없다고 생각한다. 그러면 즐거움이 사라져서 악기 연주의 꿈을 일찍 포기할 수 있을 것이다.

누구나 6개월 정도 배우면 자신이 좋아하는 몇 곡 정도 연주할 수 있는 악기는 많다. 드럼, 기타, 플루트, 알토 색소폰 등이 그것이다. 설령 6개월 투자해 단 한 곡만을 연주할 수 있어도 얼마나 멋진 일인가? 중년신사가 드럼을 치고 색소폰을 연주한다면 젊은 남자들보다 훨씬 더 남자의 향기가 묻어난다. 중년남자에게 악기 연주만큼 강력한 무기는 찾아보기 어려울 것이다.

나도 종종 피아노 연주를 하지만 악기 연주를 안 해본 사람들은 그 맛을 알 수 없을 것이다. 술보다 맛있고 섹스보다 짜릿하다. 게다가 한번 배워두면 평생 취미생활을 할 수 있으니 한번 도전할 만한 가치가 있지 않을까?

5
복고풍 유머로
매력을 발산하라!

복고풍 유머가 강타한 영화계, 가요계, 광고계

숨 쉴 틈 없이 바쁘게 돌아가는 요즘 우리 사회에 복고풍 유머가 강력한 카운터펀치를 날리고 있다. '왜 그리 최신만을 고집하고 난리인가?' 하고 대중들이 마치 반문하는 듯한데, 이 같은 현상은 영화계를 넘어 광고계, 가요시장까지 점령하고 있다.

가요계에서는 얼마 전 걸그룹 '크레용팝'이 선풍적인 인기를 끌었다. 트레이닝복에 헬멧을 착용한 다소 우스꽝스러운 복장에 '직렬 5기통 댄스'라는 독특한 안무가 화제를 모았다. 그런데도 젊은 층은 물론 남녀노소 누구나 크레용팝을 좋아했다. 어린아이들까지 그들의 노래와 춤을 따라하며 흉내 낼 정도였으니 그들의 인기를 짐작할 만하다.

크레용팝은 B급 취향을 자극하는 복고풍 의상에 단순한 리듬과 음악으로 승부수를 던졌는데, 그런 점이 대중에게 어필한 것으로 보인다. 음악적인 완성도가 그리 높은 것도 아니고 멤버들의 가창력이 아주 뛰어난 것도 아니었다. 하지만 기존 아이돌 그룹의 짜서 맞추어놓은 듯한 식상한 패턴에 질린 대중들을 개성 넘치는 그들의 B급 코드가 단숨에 사로잡은 것이다.

영화 「써니」는 관객으로 하여금 타임머신을 타고 1980년대로 돌아가도록 만들었다. 이 영화는 촌스러웠지만 낭만적이었던 1980년대의 추억을 유머러스하게 풀어갔다. 1980년대 청춘들의 대표적 놀이 공간인 롤러스케이트장과 그곳을 배경으로 흐르는 음악 등은 40~50대 중년들에게 과거의 향수를 자극하기에 충분했다.

텔레비전 광고에서도 복고풍 유머가 빛을 발하고 있다. 유치하지만 한 번 보면 웃음이 빵빵 터지면서 머릿속에 콕 박히는 이른바 '키치 광고'가 대세를 이루고 있다. '키치 광고'란 통속적이고 천박한 작품을 뜻하는 독일어 '키치(Kitsch)'에서 유래했다.

'키치 광고'의 대표적인 예는 복고풍 유머를 제대로 발산한 영화배우 김보성의 '의리 광고'다. 그는 비락식혜의 광고에 등장해 "으리~!"를 연발하는데 다소 유치한 듯하지만 왠지 정겨운 느낌이 들어서 기분 좋은 웃음 코드를 선사한다. 이 광고로 비락식혜의 매출이 전년 동기 대비 35%나 증가했다고 한다.

이처럼 복고풍 유머는 영화, 가요, 광고 등 전 업계를 강타하면서 현대의 각박한 세상을 순화시키고 있다. 바쁜 현대를 살아가면서 지칠 대로 지친 사람들의 응어리진 몸과 마음에 복고풍 유머가 위로를 주는 게 아닐까 싶다.

이제 중년남성들도 행복해지려면 자연스럽게 복고풍 유머를 즐길 줄 알아야 한다.

복고풍 유머로 무장한 글로벌 스타 '싸이'

전 세계를 강타한 싸이의 뮤직 비디오 「강남스타일」 역시 복고풍 유머로 무장하여 전 세계를 사로잡았다. 유튜브 조회 건수에서 세계 신기록을 세우는 등 싸이의 「강남스타일」이 한류의 새로운 지평을 열었다고 해도 과언이 아닐 듯하다.

가사 내용 역시 압권이다.

"나는 사나이

점잖아 보이지만 놀 땐 노는 사나이

때가 되면 완전 미쳐버리는 사나이

근육보다 사상이 울퉁불퉁한 사나이

그런 사나이…

갈 때까지 가보자~"

놀기 좋아하는 '싸이'를 그대로 표현한 것 같은 이 부분의 가사는 철학적이기까지 하다.

KT경제경영연구소 보고서에 따르면 "「강남스타일」은 장기적 경기침체에 최근 계속되는 이상 기후 등 세계인들에게 팽배한 '불안' 트렌드를 감지한 것 같다"면서 "싸이가 선택한 것은 '섹시'와 '유머', 말춤이라는 '복고풍'이며 이 세 가지의 적절한 조합으로 불황기 사람들의 니즈를 파고 든 것"이라고 밝혔다.

싸이는 패션도 복고풍 유머코드로 무장했다. 이른바 '싸이 패션'에 대한 대중의 폭발적인 관심도 불황기 사람들의 니즈를 훔친 것이 아닐까 싶다.

김삿갓 조선시대 유머

유머 한두 개쯤은 알아두자. 유머도 해본 사람이 할 수 있다. 너무 삶에 지치고 찌들어보이거나 점잔을 빼는 사람보다는 적당히 복고풍 유머를 발산하는 중년에게 사람들은 호감을 더 많이 가질 것이기 때문이다. 인터넷에 떠도는 유머 한 가지를 소개한다.

김삿갓이 춘천 소양강변에서 나룻배를 탔다.

얼씨구? 노 젓는 이가 처녀 뱃사공이다.

수작 걸지 않으면 김삿갓이 아니다.

김삿갓 그예 한마디 농을 걸친다.

"여보 마누라. 노 좀 잘 저으소."

처녀 뱃사공 펄쩍 뛰며

"어째서 내가 댁의 마누라요?"

김삿갓 태연히 답한다.

"내가 당신 배에 올라탔으니 내 마누라지."

강을 건너 김삿갓 배에서 내린다.

이때 처녀 뱃사공 회심의 한마디.

"내 아들아, 잘 가거라."

김삿갓 눈이 똥그래져서

"아니, 내가 어찌 그대의 아들인고?"

우리의 처녀 뱃사공 왈,

"내 뱃속에서 나갔으니 내 아들 아닌감!"

김삿갓 오장육부가 시원해질 정도로 껄껄 웃는다.

"헉! 맞는 말일세그려! 하하하! 어머님! 만수무강하소서. 하하하!"

자신에게 맞는 유머를 한두 가지쯤은 개발해서 다니자. 유쾌하고 유머 있는 남성으로 인기를 얻게 될 것이다.

6
늦깎이 공부도
진짜 재밌다

정말 재미있는 중년의 공부

지금 나이에 인생을 돌이켜보면 내가 가장 열중했던 일이 공부였던 것 같다. 나는 어려서부터 놀기를 좋아하는 성격이라 공부와는 전혀 어울릴 것 같지 않았지만 결국 늦은 나이에 공부를 시작했고, 공부의 재미를 알게 됐다. 만약 남들처럼 정상적으로 학업의 코스를 밟았더라면 아마 박사학위는커녕 석사학위도 중간에 포기했을지 모른다.

나는 고등학교 때 두 번이나 가출했기 때문에 수업 일수가 모자라 퇴학을 당할 위기에 처해 있었다. 그나마 고등학교 졸업장을 받을 수 있었던 건 고등학교 3학년 때 담임선생님(홍성렬)의 헌신적인 제자 사랑 덕이었다.

"지금 이대로는 퇴학을 시킬 수밖에 없어요. 단, 1년을 다시 학교에 더 다녀 수업 일수를 채운다면 졸업을 시켜줄 수 있습니다."

당시 담임 홍성렬 선생은 제자의 미래를 걱정한 끝에 이런 묘안을 제시했고, 부모님이 감사하는 마음으로 제의를 받아들였다. 그 덕에 나는 고등학교를 4년 다닌 뒤 겨우 졸업장을 받을 수 있었다.

"이제 정신 차리고 공부해야지. 남들처럼 대학에 진학하고 그래야 사업을 물려받을 수 있지."

부모님은 내가 다른 사람들처럼 대학에 진학하길 원했다. 하지만 나는 여전히 정신을 못 차리고 방황했고, 놀기 좋아하는 철부지였다. 마음을 잡은 후에도 나는 대학 공부 대신 자의반 타의반으로 사업하느라 바빠서 세월을 보내야 했다. 내가 공부를 하겠다고 마음먹은 것은 결혼한 뒤인 30대가 넘어서였고, 30대 중반이 돼서야 대학을 졸업할 수 있었다.

다른 사람들에 비해 늦은 나이에 공부하려니 처음에는 머리가 잘 돌아가지 않아서 힘들기도 했지만, 점점 재미가 있었다. 보통 열 살 정도 어린 학생들과 공부를 해야 했기에 그들을 따라가려면 그저 열심히 하는 수밖에 없었다. 게다가 당시의 나는 딸 하나를 둔 가장이었기 때문에 공부에만 열중할 수 없는 처지였다. 생활비를 벌어가면서 공부해야 했기에 무척 힘든 나날을 견뎌야 했다. 하지만 지친 몸을 이끌고 수업에 들어가면 교수들의 강의가 너무 재미있어 신바람이 났다.

늦은 나이에 시작한 공부였지만 나는 다름대로 평점을 잘 받고 졸업할 수 있었다. 그리고 늦깎이 공부에 재미를 붙인 나는 내친김에 미국 유학을 결심하고 열심히 준비한 끝에 마흔 살에 조지워싱턴(George Washington University) 대학원에 입학할 수 있었다. 그리고 3년 뒤에 석사를 마쳤다. 나에게는 참으로 귀중한 시간들이었다.

졸업 후에는 워싱턴 D.C.의 한인방송에서 방송기자 겸 앵커로 활동했는데, 당시 워싱턴 D.C.에 출장 온 한국경제TV의 보도본부장에게 발탁되어 2002년 귀국했다.

그때 내 나이는 이미 40대 중반을 넘어서고 있었다. 하지만 늦게 시작한 공부에 대한 열정은 식을 줄 몰랐다. 결국 쉰 살에 박사공부를 시작해서 6년 뒤인 2013년 56세 나이로 한국외국어대학교에서 정치학 박사학위를 받을 수 있었다.

천하에 놀기 좋아하는 한량이었던 내가 늦은 나이에 공부를 시작해 박사학위까지 받을 줄 누가 알았을까? 단언컨대 누구나 중년의 늦은 나이에 공부를 시작한다면 그 어떤 일보다 재미있게 몰입할 수 있을 것이다. 혹시 배움에 미련이 남아 있는가? 그렇다면 중년의 나이에 공부에 몰입하는 즐거움을 만끽해보라고 권하고 싶다.

73세의 할머니 시인 등단, 60세 한의사

뒤늦게 공부를 시작한 사람들을 주변에서 어렵지 않게 찾아볼 수 있다. 얼마 전 일성여자 중·고등학교 제10회 팝송경연대회에서 하모니카 동아리 학생들이 멋진 무대를 선보여서 화제가 됐다. 그런데 일성여자 중·고등학교는 2년제 학력인정 평생학교로 제때 학업을 마치지 못한 40~80대 만학도들이 공부하는 곳이다.

늦은 나이에 기술교육을 받는 사람들도 늘어나는 추세다. 얼마 전 한 지방지에는 여든을 훌쩍 넘긴 장문자 할머니가 비가 오나 눈이 오나 10년째 충주시청으로 가서 정보화 교육을 받고 있다는 기사가 실린 적이 있었다. 보통 사람들이라면 '굳이 그 나이에 정보화 교육을 받을 필요가 있을까?' 라고 생각할지 모른다. 할머니는 충주시에서 정보화 교육이 처음 시작되던 2002년부터 남편과 함께 컴퓨터를 배우기 위해 교육장을 찾았다고 한다. 부부가 함께 치매도 예방하고 취미생활도 할 겸 컴퓨터를 배우기 시작했다는데, 2005년 남편이 지병으로 거동이 불편해지고 난 뒤에도 혼자 교육장을 다니고 있다고 한다. 얼마나 열심히 교육을 받으면 교육생들 사이에서 '반장 할머니'로 통한다고 한다. 장 할머니의 꿈은 실버 컴퓨터 강사라고 한다. 그 나이에도 꿈을 꿀 수 있는 할머니가 참 행복해 보였다.

일흔이 넘은 나이에 대학에 다니며 등단할 할머니도 있다. 73세의 유정자 할머니는 경남대학교 국어국문학과 4학년에 재학 중인 만학도다. 그 나이에 대학에 다니는 것도 대단한데 틈틈이 쓴 시를 통해 시인의 꿈을 이뤘다고 한다. 문학전문지 계간 〈열린 시학〉을 통해 특별추천 시인으로 등단한 것이다. 할머니는 뒤늦게 꿈을 이룬 것이다. 이 얼마나 가슴 벅찬 일인가? 할머니의 등단 소감은 곱씹어볼 만한 내용이었다.

"거울에 비친 모습은 할머니이지만, 젊은이들과 어울리다 보니 나이를 잊고 산다. 꿈을 현실로 발현시키는 것은 자신의 열정에 달렸다고 생각한다. 인간만이 가지고 있는 최고 장점인 단단한 의지를 가지고 쇠약해져 가는 육신을 추슬러 영혼의 눈을 크게 뜨고, 터널을 건너는 중이다."

유정자 할머니는 손자·손녀뻘인 대학생 못지않은 뜨거운 창작 열정으로 '토지백일장', '전국대학생 무진기행 백일장', '경남대학교 10·18 문학상' 등에서 다수 입상해 이미 '할머니 대학생 시인'이란 대접을 받고 있다고 한다.

예순 살에 한의사가 된 사람도 있다. 만학도 정승호 씨의 이야기인데, 그는 지난 1971년 서울대학교 철학과를 졸업한 뒤 금융업계에서 27년간 근무하다가 2010년 제천 세명대학교에 학사 편입을 했다고 한다. 정년이 가까워지자, 제2의 인생을 어떻게 살 것인가 고민하던 중 같이 늙어가는 노인들이 여생을 조금이나마 편하게 보낼 수 있도록 돕기 위해서 한의학 분야에 발을 디뎠다는 것이다. 그 나이에 새로운 분야에 도전해 자격증까지 따기란 결코 쉬운 일이 아니었을 것이다.

"60대의 나이에 국가시험을 준비하려다 보니, 힘든 일이 한두 가지가 아니었습니다. 체력이 문제였지만 외운 것들도 돌아서면 잊어버려 어려움이 많았죠. 하지만 아침 6시부터 밤 10시까지 꾸준히 공부하며 어려움을 극복했습니다."

그는 "같이 늙어가는 노인들의 여생에 도움이 되도록 한의원을 개원해 제2의 인생을 시작할 것이다"고 포부를 밝혔다.

보통사람들 같으면 '그동안 열심히 살아왔으니 이제 여생을 편안하게 보내야겠다'고 생각할 수도 있는 나이다. 하지만 멈추지 않

고 계속 도전하는 그들의 인생이 더없이 멋지고 아름답게 느껴지는
건 아마 나 혼자만이 아닐 것이다.

만학도 연예인들

연예인 가운데에는 만학도가 꽤 많다. 1980년대 최고의 인기 듀오
로 많은 사랑을 받던 수와 진의 쌍둥이 동생 안상진(53세, 1962년생)은
현재 백석대학교에서 신학 공부를 하면서 다양한 봉사활동에 참여
중이다. 악몽 같던 사고 이후 20여 년의 시간이 흐르면서 그들은 이
따금씩 방송에 출연하며 활동을 이어왔다.

　인기가도를 달리던 수와진은 1989년 동생 안상진이 한강 둔치
공원에서 괴한의 습격을 받아 생사를 오가는 중상을 입으며 사실상
활동을 접었다. 하지만 우여곡절 속에서 형제의 자선 공연은 30년
가까이 이어졌다. 그동안 800여 명의 심장병 어린이들에게 새 생명
을 안겨준 수와진의 동생 안상진은 뒤늦은 나이에 신학 공부에 푹
빠졌다고 한 방송을 통해 고백했다.

　배우 김수로는 2013년 마흔 나이에 대학에 편입한 연예계 대표
적인 만학도다. 김수로의 대학 동기생은 그보다 한참 어린 나이인
걸그룹 소녀시대 윤아와 원더걸스 선예다. 이들은 동국대학교 09학
번이다.

　김제동 역시 늦깎이 대학생의 길을 걷는 중이다. 계명문화대학
관광학과를 졸업한 김제동은 2013년 성공회대학교 신문방송학과 3

학년 편입학 전형에 지원해 합격해서 다니고 있다. 배우 김정은과 이다해 등도 만학도의 길을 걷고 있는 것으로 알려졌다. 이들은 건국대학교 예술문화대학 예술학부 영화전공이다.

공부하는 데에 늦은 나이란 없다. 더구나 중년의 나이에 공부를 시작해 새로운 꿈을 이루어간다면 그 얼마나 가슴 벅찬 일일까?

7

노후대책은
바보 같은 짓이다

오늘을 즐겨라!

"이제 자식들도 웬만큼 다 키웠으니 여행도 좀 다니고 취미생활도
하고 그래?"

"어휴. 그럴 틈이 어딨어. 아직 빚도 다 남았고 노후대책도 안 해
놨는데."

평생 처자식 뒷바라지하느라 일만 해온 내 친구와 내가 자주 나
누는 대화다. 우리 나이 또래가 다 그렇지만 머리는 하얗게 새어서
중늙은이 같은 데다가 얼굴에는 깊은 주름이 여기저기 패어 있다.
얼핏 보면 60대 같기도 하다. 그 친구를 볼 때마다 속이 상해서 "이
제 좀 너를 위해 살아봐"라고 말하지만 내 말은 늘 귓전으로 날려버
린다.

"너 이러다가 금세 환갑 되고 칠순잔치하게 된다. 인생은 짧아."

"…아직은 아니야."

내가 보기에 이제는 적당히 자신을 즐기며 쉬엄쉬엄 일을 해도 앞으로 먹고사는 데 지장이 없을 듯한데 뭐가 그리 불안한지 주말에 마음 놓고 여행 한번 못 간다. 이러다 나중에 '땅을 치고 후회하지' 싶다.

나는 20년 후에 행복하게 사는 것보다는 지금 행복하게 사는 것이 훨씬 더 중요하다고 생각한다. 그렇다고 오늘을 흥청망청 살자는 뜻은 아니다. 20년 후에도 내가 이 세상에 존재한다고 자신 있게 말할 수 있는 사람이 과연 얼마나 될까? 사람의 일이란 알 수 없는 법. '몇 달 후에 교통사고로 죽을 수도 있고 몇 년 후에 전쟁이 나서 나 역시 수많은 전쟁의 희생자 가운데 한 명이 될 수도 있다.' 어쩌면 '사스'나 '에볼라' 같은 공포의 바이러스에 감염돼 죽을 수도 있을 것이다.

20년 후의 행복을 위해 '지금의 행복을 포기'하는 것이야말로 진짜 바보 같은 짓이다. 영화 「죽은 시인의 사회(Dead Poets Society)」에서 로빈 윌리엄스는 아이들에게 유명한 대사를 던진다.

"오늘을 즐겨라!"

이 영화를 통해 "오늘을 즐겨라!"라는 말은 전 세계 사람들에게 많은 공감을 불러일으켰다.

나 역시 이 말을 가슴 깊이 새기고 있다.

카르페 디엠(Carpe diem)은 호라티우스의 라틴 어 시 중에서 한 구절로부터 유래한 말이다. 이 명언은 다른 말로 번역하면 "현재를 잡아라!(Seize the day.)"라는 의미다. 카르페(Carpe)는 '뽑다'라는 의미를 가진 카르포(Carpo)의 명령형이었으나, 오비디우스는 '즐기다, 잡다, 사용하다, 이용하다'라는 뜻의 단어로 사용하였다. 디엠(Diem)은 '날'을 의미하는 '디에스(dies)'의 목적격으로, '디에스'의 목적어다.

카르페 디엠은 호라티우스가 지닌 에피쿠로스학파의 배경으로 이해되고 있는데, 호라티우스의 "현재를 즐겨라, 가급적 내일이란 말은 최소한만 믿어라!(Carpe diem, quam minimum credula postero)"의 부분 구절이다.

그러나 정작 멋진 대사를 훌륭하게 연기해오던 명배우 로빈 윌리엄스는 2014년 8월 우울증에 시달리던 끝에 자살하고 말았다. 그의 죽음이 참으로 안타까웠다. 멋진 대사를 훌륭하게 연기했지만 정작 자기 자신은 그 말의 참뜻을 마음속 깊이 새기지 못했던 것 같다.

불투명한 미래 때문에 너무 불안해 하지 말고 오늘을 즐겨야 한다. 즐거운 하루하루가 쌓이면 행복한 날들의 페이지도 차곡차곡 쌓이는 법이다.

중년남자들이여! 이제부터 오늘을 과감하게 즐기자!

"내일 일은 난 몰라요~"

찬송가에도 "내일 일은 난 몰라요~"라는 구절이 있다. 당장 내일 무슨 일이 일어날지 예측할 수 있는 사람이 있을까? 내일 할 일을 계획하고 각오를 다질 수는 있지만, 내일 어떤 일들이 내 앞에 닥칠지는 아무도 모르는 법이다. 그것은 인간의 영역이 아닌 신의 영역이기 때문이다.

황정민과 임수정이 열연한 영화「행복」에서 두 사람은 아픈 몸으로 찾아간 요양원에서 운명적인 사랑을 하게 된다. 미래를 예측할 수 없는 상황에서의 만남이라 더 간절했는지 모른다. 서울에서 클럽을 운영하며 방탕한 생활을 해오던 영수(황정민)는 사업에 실패하고 애인과 헤어진 상태에서 설상가상으로 간경화까지 앓게 된다. 영수는 주변 사람들에게 유학을 떠난다고 거짓말을 하고 시골의 요양원인 '희망의 집'을 찾아간다.

그곳에서 운명적인 사람을 만나는데, 8년째 '희망의 집'에서 요양하면서 환자들을 돌보는 은희(임수정)였다. '건강을 되찾아야 한다'는 공통의 목표를 가지고 있던 두 사람은 누가 먼저랄 것 없이 서로에게 연정을 품게 되고 끈끈한 사랑으로 이어진다. 영화에서 은희는 숨이 차면 금방 죽을 수 있는 중증 폐질환 환자이지만 언제나 낙천적이고 긍정적이다.

서로의 아픔을 보듬어주면서 사랑이 깊어진 두 사람은 곧 요양원을 나와 공기 좋은 시골에서 함께 살기 시작한다. 동거하는 동안 두 사람은 서로의 건강을 필사적으로 챙기면서 끔찍하게 사랑한다. 그러다 두 사람의 사랑에 금이 가기 시작한다. 점차 건강을 되찾게 된 황정민이 시골생활에 답답함을 느끼면서 화려했던 도시생활을 그리워하게 된 것이다.

그때 시골생활이 지루해진 영수가 은희에게 이런 말을 던진다.

"노후대책에 얼마가 드는지 알아? 4억 7000이야~."

그러자 은희는 말한다.

"왜 오지도 않은 미래를 벌써부터 걱정하고 그래요? 하루하루 이렇게 살면 되지"라고 답한다. 은희에게는 오늘의 하루하루가 더 소중하다는 의미다. 그 하루하루를 잘 살아내면 행복한 미래가 차곡차곡 쌓인다는 뜻일 것이다.

나도 아마 평상시에 그 말을 들었으면 그냥 흘려버렸을지 모른다. 그러나 영화를 보면서 듣게 된 그 대사는 내 마음 속에 깊은 인상을 남겼다. 지금의 하루하루가 내게는 얼마나 소중한 것인지. 그냥 지나쳐버린 날들이 후회스럽기까지 하다.

지금 이 순간이 행복해야 진짜 행복한 것이라는 그 말을 백번 공감한다. 내가 지금 이렇게 자유롭게 좀 튀게 살아가는 것도 아마 그 영향일 것이다.

"노년을 위해 주식을 샀는데 이 효과는 대단했다. 일주일 후 나는 노인이 되었다."

—에디 캔터

"행복에는 날개가 있다. 따라서 붙들어둘 수가 없다."

—실러

"사람은 행복하기로 마음먹은 만큼 행복하다."

—링컨

자식 성공이 노후대책은 절대로 아니다

내가 자유로워지기 위해서는 자식으로부터 놓여나야 한다.

『자식 성공이 부모 노후대책이 아니다』(이계순, 2001)라는 책에는 성공하는 자식을 만들기 위해서는 부모가 자식 옆에 따로 서야 한다고 말한다. 자식만을 위해 모든 것을 희생하고 난 뒤 빈껍데기만 남은 자기 자신을 보면서 노후를 걱정하고 안타까워한다. 자식을 뒷바라지하느라 정작 자신의 노후대책은 실패했다고 생각하는 것이다.

자식을 우등생 만들어서 일류대학 보내는 데 진을 다 빼고 난 뒤 "내가 너를 어떻게 키웠는데~"라고 한탄해봐야 아무 소용이 없다는 것이다.

"행복을 깨닫는 데 쉰 살은 늦지 않다는 것을 예순이 돼봐야 안다"고 그 책은 힘주어 말한다. 본문 중 다음과 같은 말을 깊이 새겨둘 필요가 있다.

"따뜻한 어느 봄날 메추라기 부부는 나들이 준비를 했다. '엄마 아빠가 없는 동안 멀리 가지 말고 집근처에서 잘 놀라'는 당부를 새끼들에게 하고 골짜기를 내려오다가 사냥꾼을 만났다. 메추라기 부부는 사냥꾼에게 친절하게 인사했다. 사냥꾼은 메추라기 부부한테서 이 산속에서 가장 아름답고 잘난 것은 내 새끼이니 잘 봐 달라는 부탁을 받고 그것을 지켰다. 메추라기 부부가 볼일을 마치고 돌아오다가 사냥꾼을 보는 순간 그냥 울기 시작했다. 의아해서 쳐다보는 사냥꾼에게 메추라기 부부는 이렇

게 말했다. 이 세상 부모들은 제 새끼(자식)를 제일 잘났다고 생각하
는 부모의 마음을 사냥꾼 당신은 모르느냐면서 눈물을 닦으며 비켜
갔다."

자식의 운명을 부모가 어찌할 수 없다는 해학이다. 자식의 인생
은 그들 것이니 스스로 설계하고 운영하게 만들어야 한다. 그래서
실패를 해도 그들의 책임이요, 그들의 팔자인 것이다. 자식이 자신
의 소유물인 양 운명을 좌지우지하겠다고 덤비면 큰 오산이다. 그
럴 힘은 메추리뿐만 아니라 인간에게도 주어지지 않았다. 또한 자
식의 성공을 부모의 노후대책으로 기대하는 것 역시 눈치 없고, 염
치 없는 짓이다. 자식으로부터 과감하게 독립해야 나도 행복해질
수 있는 것이다.

지금부터 50년, 어떻게 살 것인가?

노후에 집 없고 돈 없다고 너무 걱정하지 말자. 정 없으면 시골에
들어가서 살아도 된다. 지금도 시골의 농가 주택은 100만 원이면
살 수 있다고 한 부동산 전문가가 TV 방송에서 말한 적이 있다. 그
래선지 산에서 사는 사람들의 이야기는 요즘 방송국마다 인기다.
이는 자연에서 살고 싶은 사람들의 심정을 반영한 것이기도 하지
만, "노후에 돈 떨어지면 어떻게 살아야 하나?" 하고 걱정하는 사람
들에게 어떤 대안을 제시하는 것 같기도 하다. 그래서 시청률도 제

법 잘 나오는 것이 아닐까?

앞으로의 시대는 노인들이 지금보다 더 쉽게 일자리나 아르바이트를 구할 수 있을 전망이다. 바야흐로 100세 시대라고 하니 70~80대에도 건강하기만 하면 쉽게 일자리를 찾을 수 있을 것이고, 지금의 중년들이 노인이 될 때는 지금보다 훨씬 살기가 좋아질 것이다. 앞으로 정치인들도 서로 앞다퉈 '노인 일자리 창출'에 노력할 것이기 때문에 벌어놓은 재산이 없더라도 크게 걱정할 필요가 전혀 없다. 표심으로 정치인들을 위협하는 노인들의 파워 덕분이다.

문제는 건강이다. 건강을 잃으면 돈이 아무리 많아도 불행한 노후생활이 될 것이고, 건강하면 돈이 없어도 행복하게 노후생활을 할 수 있을 것이다. 건강 챙기는 일이 곧 노후대책이요 가장 중요한 일이라고 생각한다.

지금의 중년남자가 노인이 되면 국민연금을 받을 수 있고, 노인의 일자리도 늘어나며, 노인 복지수준도 더욱 좋아질 것이기 때문에 미리부터 겁먹을 이유가 없다. 산 입에 거미줄 치겠는가? 튼튼한 국가가 있고, 따뜻한 위로를 줄 이웃과 사회가 언제나 우리 곁에서 버텨주고 있지 않은가?

건강하다면 누구나 행복한 생활을 할 수 있으니 이제 노인 타령은 하지 말자. 우리는 노인이 되려면 아직 멀었다. 대신 행복한 노년을 보내기 위해 더 늦기 전에 가정의 노예, 일의 노예가 되지 말고 훌훌 털어버리고 나 자신을 되찾아보자.

가정에서나 사회에서 자신의 자리를 지키며 맡은 바 책임을 다하기 위해 지난 수십 년간 얼마나 치열하게 살아왔던가?

내가 무엇을 좋아했고, 무엇을 하면 행복했는지 스스로에게 물어보자.

그리고 이제 자신에게 이렇게 말해주자.

'이제 너 자신을 위해 행복하게 살아도 된다' 고 말이다.

중년 이후 50년.

남은 인생을 행복하게 살 것인지, 아니면 불행하게 살 것인지는 지금 당신의 선택에 달려 있다.

남자의 독립

1판 1쇄 발행 2015년 4월 17일
1판 2쇄 발행 2015년 6월 1일

지은이 이봉규
펴낸이 김병은
펴낸곳 (주)프롬북스

기획편집 서진 노영실
편집진행 안진숙 박지영
표지 정다희
본문 정현옥
마케팅 조윤규

등록번호 제313-2007-000021호
등록일자 2007.2.1.

주소 경기도 고양시 일산동구 장항동 정발산로 24 웨스턴돔타워 T1-706호
문의 031-926-3397
팩스 031-926-3398
전자우편 edit@frombooks.co.kr

ISBN 978-89-93734-47-8 13320
정가 15,000원